HORA
DE RECOMEÇAR

AMÉRICO SIMÕES
GARRIDO FILHO
Ditado por Clara

HORA
DE RECOMEÇAR

Barbara

Revisão: Sumico Yamada Okada
Capa e diagramação: Meco Simões Garrido
Foto capa: Martin Benik/Alamy/LatinStock

Dados Internacionais de Catalogação na Publicação (CIP)
(Câmara Brasileira do Livro, SP, Brasil)

Garrido Filho, Américo Simões
Hora de recomeçar/ Américo Simões. - São Paulo: Barbara Editora, 2016.
1. Espiritismo 2. Romance espírita I.Título.
08-0616   CDD-133.93
ISBN: 978-85-99039-82-3
Índices para catálogo sistemático:
1. Romances espíritas: Espiritismo   133.93

BARBARA EDITORA
Rua Primeiro de Janeiro, 396 – 81
Vila Clementino – São Paulo – SP – CEP 04044-060
Tel.: (11) 26158082/ (11) 9 92084999
E-mail: editorabarbara@gmail.com
www.barbaraeditora.com.br

Essa é uma obra de ficção baseada em fatos reais. Quaisquer opiniões ou pontos de vista expressos pelos personagens são características da personalidade de cada um e não necessariamente representam as opiniões e pontos de vista do autor, da Barbara Editora, sua matriz, funcionários ou qualquer uma das empresas filiadas.

Todos os direitos reservados.Nenhuma parte desta obra pode ser reproduzida ou transmitida por qualquer forma e/ou quaisquer meios (eletrônico ou mecânico, incluindo fotocópia e gravação) ou arquivada em qualquer sistema de banco de dados sem permissão expressa da Editora (lei n° 5.988, de 14/12/73).

Compre em lugar de fotocopiar. Cada real que você dá por um livro recompensa seus autores e os convida a produzir mais sobre o tema; incentiva seus editores a encomendar, traduzir e publicar outras obras sobre o assunto; e paga aos livreiros por estocar e levar até você livros para a sua informação e o seu entretenimento. Cada real que você dá pela fotocópia não autorizada de um livro financia um crime e ajuda a matar a produção intelectual em todo o mundo.

O direito autoral deste livro e dos demais do autor, patrocina projetos sociais e artísticos em prol do crescimento artístico e cultural de cada semelhante. Em nome de todos que são agraciados por tudo isso, o nosso muito obrigado.

Precisamos aprender bem cedo
que somos melhores quando
acreditamos em nossas capacidades.

L. Gasparetto

Capítulo 1

A família Bianucci

Valdomiro Bianucci conseguira grande êxito nos negócios, investindo numa fábrica onde logo se confeccionavam as melhores gravatas do país, meias masculinas, cuecas, chapéus, bengalas, guarda-chuvas e capas para chuva. Sua ascensão financeira logo fez dele um homem orgulhoso, sempre disposto a usar seu poder para conseguir tudo o que queria.

Casara-se com Osmarina Vieira, também de família abastada com quem duplicou sua fortuna e viveu até a morte. Teve amantes, como a maioria dos homens da época, algo que todos sabiam, mas fingiam que não. Em casa, apesar de severo, a esposa o tratava com respeito, pois assim deveria agir uma mulher segundo os bons costumes da época.

O casal teve dois filhos: Ludgero e Ítalo, ambos com personalidades muito distintas.

Para Ludgero, por exemplo, o fato de o pai ter amantes era inconcebível. Para ele, casamentos se solidificavam na base do respeito e do amor sincero, jamais por meio de mentiras e traições.

Ítalo, por sua vez, pouco se importava com as amantes do pai, contanto que ele continuasse bancando seus exageros. Mulheres, bebidas, aventuras e loucuras sem nenhuma responsabilidade era o que ele mais apreciava da vida. Estudos, nem pensar, para que estudar se o pai era rico? A vida era curta demais para se perder tempo estudando, especialmente aquilo que nunca faria uso no futuro.

Seus excessos, no entanto, levaram-no a uma morte prematura. Numa madrugada, voltando com os amigos da boemia, ao passarem pelo Viaduto do Chá, o jovem, totalmente alcoolizado, cismou de curvar sobre a amurada do local, para poder ver a avenida lá embaixo com maior nitidez, desequilibrou-se e caiu, tendo morte instantânea.

Sua morte serviu para muitos de seus amigos de boemia e esbórnia, como um alerta para os seus exageros. Muitos, depois de refletirem sobre a perda do amigo, assentaram-se mais, dando rumos mais saudáveis as suas vidas. Infelizmente, até hoje, em qualquer parte do mundo, é com os erros dos outros que muitos evitam o mal em suas próprias vidas.

Valdomiro sofreu, sim, pela morte do filho, no entanto, recuperou-se logo, voltando para suas amantes e seu trabalho ininterrupto. Para ele, assim como foi para Ítalo, a vida era muito curta para se perder com lamúrias e tristezas.

Osmarina, por sua vez, sofreu horrores pela perda do rapaz e foi na fé que ela encontrou algum conforto para o seu coração dilacerado. Secretamente, culpava o marido pelo que acontecera, acreditando ter sido uma punição dos céus por ele traí-la descabidamente e abusar do poder que o dinheiro lhe punha nas mãos.

Em 1954, Ludgero casou-se com Odília Vieira, com que teve apenas um filho: José Augusto, nascido em meados de 1955, a quem dedicou muito amor.

Odília, de família humilde, não se orgulhava nem um pouco de sua origem. Desde o seu casamento, afastara-se de todos que a fizessem se lembrar dos tempos em que viveu na pobreza. Até mesmo dos parentes mantinha distância. Por isso, desde cedo, ensinou ao filho, que não havia nada pior na vida, do que a pobreza da qual se deveria manter distância a todo custo. Deveria, sim, tratar com respeito qualquer pessoa, independentemente de sua classe social, mas jamais manter amizade com pessoas de classe inferior à deles, pois para ela, a pobreza era tão contagiosa quanto uma gripe. Quem não se protegesse...

Em 3 de outubro de 1978, José Augusto se casou com Sônia Regina Amaral e logo o casal se tornou um dos mais ricos e invejados da cidade.

Sônia pertencia a uma família de classe média alta e apesar de ela ter tido sempre fartura na vida, estudado num dos melhores colégios da capital e feito viagens caríssimas na companhia de seus pais e irmãos pelo Brasil e exterior, ela almejava mais, meta que conseguiu atingir, casando-se com José Augusto. Agora ela era parte do que se podia chamar de *la crème de la crème* da sociedade Paulistana, frequentado os mais elegantes e respeitados clubes da cidade, tendo preferência especial pelo Clube Pinheiros e se hospedando somente nos melhores hotéis das cidades do Brasil e do exterior, onde passavam fins de semana prolongado e férias de inverno e verão.

Com Sônia Regina, José Augusto teve três filhos: Juliano, Danilo e Inês que logo se tornaram a alegria de seus avós paternos: Ludgero e Osmarina. O casal era simplesmente louco pelos três, para os quais compravam tudo o que queriam, até mesmo além do que pediam.

Por Inês, Ludgero e José Augusto tinham verdadeira adoração. O nascimento da pequena renovara suas vidas. Percebendo, desde garotinha, o fascínio que exercia sobre os dois, Inês dominava ambos com um simples sorriso ou olhar. Bastava fazer beicinho para intimidá-los a lhe comprar tudo o que desejava. Ai se não o fizessem.

Tanto Inês quanto seus irmãos, Juliano e Danilo, desde pequeninos estudaram na melhor escola particular da cidade de São Paulo, onde só a elite paulistana tinha acesso. Cursaram também a melhor e mais cara escola de inglês da época e como atividade física, Juliano e Danilo fizeram artes marciais, enquanto Inês fez balé.

Ao se apaixonar pelas corridas de cavalos, Juliano foi aprender equitação no Jóquei Clube de São Paulo, incentivado pelo avô, enquanto Danilo preferiu se ocupar com nada além do que já fazia, para não prejudicar seus estudos. Logicamente que havia dois choferes para levá-los e buscá-los de suas atividades diárias.

Nas horas de folga, e principalmente aos fins de semana, todos frequentavam o Clube Pinheiros, compartilhando bons momentos.

Logo no início da adolescência, Juliano passou a se exibir para as garotas, mostrando seu corpo atlético e suas roupas caras, que realçavam ainda mais sua beleza e jovialidade. Nos bate-papos, não poupava elogios a sua pessoa, além de falar, com grande orgulho e entusiasmo, a respeito de suas viagens para o exterior. Com os amigos exibia-se falando dos carros importados do pai, da riqueza que possuíam e do carro que ganharia ao completar seus dezoito anos.

José Augusto havia realmente prometido ao filho, assim como para os demais, um carro de presente assim que completassem seus dezoito anos. Seria um carro esporte, o mais luxuoso que existisse na ocasião, além de um curso numa faculdade de renome, totalmente financiada por ele. Ganhariam também uma casa construída num dos condomínios mais privilegiados de Alphaville, onde José Augusto também construiria uma nova morada para ele e a esposa morarem.

Inês não era muito diferente do irmão mais velho. Somente Danilo era mais discreto em relação à fortuna da família, nunca se gabando do que tinham, especialmente na frente dos menos afortunados.

Quando Ludgero adoeceu, José Augusto assumiu o controle da empresa por completo, trabalhando com afinco para garantir e honrar o nome do pai e do avô, que fizeram da empresa, uma das mais destacadas do ramo no país. Também para garantir um futuro promissor para os filhos que tanto amava.

Aos 18 anos, como o pai havia lhe prometido, Juliano ganhou seu carro, uma belíssima BMW, de cor prata, como ele tanto queria. Com ela, o jovem parecia desfilar pelas ruas dos Jardins, sempre ao lado de belíssimas garotas do seu meio social, sempre jogando conversa fora, sem ter preocupação alguma na vida. Em muito ele se assemelhava a Ítalo Bianucci, irmão de Ludgero, que fora sempre um bon-vivant incorrigível, e morrera de forma tão estúpida quando voltava da boemia e passava pelo Viaduto do Chá.

Aos 18 anos, Juliano se tornara um jovem alto, bonito e de corpo atlético; cabelos castanhos e fartos, cuja voz ressoava entusiasmada e cheia de orgulho de si e de tudo mais que possuía. Visto que seu pai sempre lhe dera tudo de mão beijada: "bastou pedir, está na mão!", ele nunca teve muito interesse em se dedicar aos estudos, tampouco pensar no que lhe daria seu sustento no futuro.

"Para que me preocupar com estudo e trabalho, se tenho pai rico?", dizia a qualquer um que quisesse ouvir. "Quando eu sentir necessidade de trabalhar, arranjarei um emprego na empresa do papai, com alto salário e a liberdade de eu entrar e sair dali quando eu bem quiser."

Escolhera o curso de Propaganda e Marketing na faculdade porque ficava a poucas quadras de sua casa e ouvira dizer que era um curso fácil de levar, sem muito estudar. Quando enjoou, abandonou a faculdade sem pensar duas vezes, e passou a procurar por outra, sem muita pressa. Por fim decidiu-se pelo curso de administração.

Danilo, seu irmão, já pensava diferente sobre a vida. Queria conquistar as coisas por mérito próprio. Aborrecera-se muito quando não conseguiu passar, após diversas tentativas, numa faculdade de medicina do governo. Foi com aperto no coração que ele acabou aceitando a sugestão do pai:

"O tempo e o dinheiro que você vai perder fazendo mais um cursinho para passar numa faculdade pública, Danilo, você usa para pagar uma faculdade particular.", observou José Augusto.

"Mas, papai, uma faculdade de medicina particular é caríssima."

"Filho, esqueceu-se de que seu pai é um homem rico? O custo de uma faculdade particular para mim é quase nada. Curse uma e não se preocupe com o dinheiro, pagarei tudo e com muito gosto. Acredito no seu potencial como pessoa e como futuro médico."

Danilo, emocionado, abraçou o pai, externando todo o seu carinho e admiração que tinha por ele. Desde então, o rapaz se empenhava ao máximo para obter as melhores notas no seu curso na PUC.

Juliano e Danilo haviam tido o mesmo tipo de criação, com José Augusto suprindo a necessidade de ambos, a todo o momento; dando-lhes sempre mais do que era preciso, mimando-os extremamente. Todavia, cada um cresceu muito diferentemente um do outro. Juliano, um *bon-vivant* inveterado, Danilo, um responsável ao extremo.

Danilo fisicamente era bem parecido com o irmão, só mesmo na personalidade os dois diferiam um do outro, radicalmente. De acurada educação, sua voz era baixa, mas expressiva, a de uma pessoa determinada, sem perder a polidez e a simpatia de sempre.

Seu ingresso na faculdade de medicina fora comemorada com muita alegria, especialmente por parte de Lígia Barros, sua namorada, garota de gentileza e polidez impressionantes, culta e esforçada, uma alma admirável, sempre eficiente e disposta a ajudar quem precisasse dela, fosse rico ou pobre. Amava Danilo, com todo respeito que o amor pode conceder a uma pessoa.

Muito amorosamente ela elogiou o namorado:
– Estou tão orgulhosa de você, meu amor.
– De mim?!
– Lógico! Por ter passado na faculdade que tanto queria e por ser esse cara maravilhoso.
– Motivo de orgulho eu seria se tivesse passado numa pública, Ligia. Aí, sim!
– Bobagem! Passar numa faculdade particular de medicina é tão difícil quanto entrar numa estadual. Independentemente da qual você curse, o mais importante é sair dela com o diploma na mão. Não é fácil. Requer muito mais esforços do que se pensa.
– Isso lá, é verdade. Mas eu hei de conseguir. Com você ao meu lado, vou me sentir bem mais estimulado.

Ela o beijou e perguntou, o que há muito queria saber:
– Você nunca me contou exatamente o que o levou a querer ser médico.
– Não? Pois vou lhe contar. Foi quando meu avô Ludgero adoeceu. Eu era simplesmente apaixonado por ele, tanto quanto pelo meu pai. Não era para menos, meu pai vivia enfurnado no trabalho, não tinha todo tempo para mim, quando tinha estava exausto do trabalho, ou seja, muito cansado para brincar comigo. Com meu avô era diferente, ainda que continuasse trabalhando na empresa, parecia ter todo o tempo do mundo para mim, por isso vivíamos grudados. Dedicados um ao outro, constantemente. Minha avó dizia que nem com o filho ele tivera tanta intimidade. Ele me adorava da mesma forma que eu o adorava.

Um dia, então, ele adoeceu e os exames mostraram que a doença era grave, em poucos meses ele estaria morto. Aquilo foi um baque para mim, eu queria tanto ajudá-lo e acreditei que se eu fosse médico, eu teria mais chances de curá-lo. Foi aí que surgiu o meu interesse pela medicina e, inconscientemente decidi ser médico. Deram-lhe seis meses de vida, ele durou seis anos, superando as expectativas médicas, foi surpreendente!

Ele queria porque queria, me ver entrando na faculdade e viu, tanto que só morreu dias depois de eu ter passado no vestibular. Acho que foi esse ideal que o manteve vivo por todos aqueles anos. O amor que sentia por mim o fez ser mais forte do que a doença que se alastrava pelo seu corpo.

– Que história bonita a sua e a de seu avô!

– Eu também gosto. Toda vez que a relembro, me arrepio e sinto vontade de chorar.

Ela novamente o beijou, carinhosamente e sorriu, lindamente para ele, procurando lhe transmitir algum conforto.

– Pena que você não o conheceu, teria gostado muito dele e ele de você. Era um homem extraordinário. Tal qual meu pai.

– Não nos conhecemos por questão de dias, não é mesmo?

– Sim. Ele faleceu numa sexta e o nosso primeiro encontro, a sós, aconteceu somente na semana seguinte.

– Que pena!

– É. Nem tudo se consegue na vida.

Ela novamente sorriu ternamente para ele e disse:

– E é tão bom quando a gente reconhece que alguém se tornou tão importante na nossa vida, não é mesmo?

– Se é.

Voltando os olhos para o passado, Danilo um tanto emotivo, comentou:

– Ainda me lembro, como se fosse ontem, o dia em que nos conhecemos na Ofner e a paixão começou a explodir dentro de mim como fogos de artifício em festa de final de ano. De repente, eu queria frequentar a doceria não pelos doces deliciosos e sim para poder revê-la.

Ela riu e ele completou, entusiasmado:

– Se eu não tivesse tido medo de receber um não de você, teríamos nos aproximado um do outro muito mais rapidamente. Teríamos certamente começado a namorar um ano antes. Como a gente é bobo e inseguro.

– Acontece que eu também me sentia insegura em relação a você. Um cara rico e bonito, que interesse poderia ter por mim, uma garçonete da Ofner? Por isso eu também tive medo de demonstrar interesse por você e receber um fora.

– Fomos, então, dois bobos.

– Dois sem noção. Dois fora da casinha.

Riram.

– Mas então a coragem veio à tona...

– Finalmente!– exclamou ele bem humorado.

– Sim, finalmente – respondeu ela, também sorrindo. – E você falou claramente que queria me conhecer melhor, perguntou-me quando isso seria possível e combinamos de sair no meu dia de folga. Não à noite porque eu fazia faculdade e você concordou.

Ele fez uma pausa para rir de suas próprias palavras e lembranças até concluir com uma pergunta bastante condizente com o amor que sentia pela jovem:

– O que virá agora, Ligia?

– Agora, exatamente agora – brincou ela – acho que uma jornada de estudo e muito namoro até que estejamos verdadeiramente preparados para nos casar.

– Não sei se quero esperar terminar a faculdade para me casar com você. Vai ser tempo demais. Serão ainda mais quatro anos pela frente, isso se eu não for reprovado em nenhum, e depois mais dois anos de residência.

– Verdade, mas o tempo passa tão rápido.

– Mas se houver uma chance de a gente se casar nesse meio, seria legal. Não quero demorar para ter filhos, senão ficarei muito velho para curtir a vida ao lado deles. Quero ter pelo menos três, tal qual tiveram meus pais. Não me importa o sexo, contanto que sejam meus e seus, maravilha!

– Três?! Será que eu aguento?

– Se não aguentar, não tem problema. Contanto que continue ao meu lado, meu mundo já estará ganho.

Novamente eles sorriram um para o outro e se beijaram, dessa vez, por repetidas vezes.

O namoro de Danilo com Ligia Barros era o maior desgosto na vida de Sônia Regina Bianucci, mãe do rapaz. Sendo Lígia de família humilde, ela simplesmente abominava a jovem, em todos os sentidos. Em muito ela se assemelhava à sogra que também nunca se simpatizara com a união de ricos com os menos afortunados.

Juliano, por influência da mãe, repelia qualquer garota que não pertencesse a sua classe social, sempre que podia caçoava do irmão, por ele namorar aquela que ele abertamente chamava de pobretona, na frente de todos.

Inês também reprovava a moça, deixando bem claro para as amigas e parentes que ela não aceitava Ligia como sua futura cunhada. Tanto que não pretendia convidá-la para sua festa de dezoito anos que em breve aconteceria no famoso e requintado Clube Pinheiros, um dos mais bonitos e tradicionais da cidade de São Paulo.

Na festa só estariam suas amigas, filhas de pais riquíssimos, com as quais passava muitas tardes nos melhores shoppings de São Paulo, comprando sempre algo muito além do que precisava e fazendo planos e mais planos de viagem para um fim de semana prolongado ou férias. Inês também não era muito de estudar, cursaria a faculdade de turismo, também por achar que seria um curso muito mais fácil de se levar.

Quando não "perdia" tempo com a faculdade, Inês Bianucci se dedicava ao namorado, Eduardo Queirós, por quem tinha verdadeira adoração. Era simplesmente apaixonada por ele desde os 13 anos de idade, quando cursaram o mesmo colégio. Eduardo também era filho de uma das famílias mais abastadas de São Paulo, proprietária dos cinco mais famosos supermercados, frequentado especialmente pela elite paulistana.

É no meio dessa elite que começa nossa história, envolvendo a vida de José Augusto, Sônia Regina e a de seus três filhos: Juliano, Danilo e Inês Bianucci.

Capítulo 2

A festa de aniversário de Inês Bianucci

O ano era 2000 e Inês estava prestes a comemorar sua décima oitava primavera com uma magnífica festa no salão para festas do clube Pinheiros. José Augusto havia acabado de chegar a sua casa, encontrava-se, no momento, recostado nas almofadas cuidadosamente ajeitadas sobre o sofá da sala de visitas da belíssima mansão em que vivia com a esposa e os três filhos no Jardim Europa, o bairro mais nobre da cidade de São Paulo. Respirava tão pesadamente que parecia sentir falta de ar. Seus olhos, de um castanho escuro e profundo, fixavam um ponto qualquer do aposento, procurando evitar novamente pensar naquilo que tanto o afligia. O homem de estatura mediana, cujo rosto denotava orgulho e determinação, naquele momento, expressava apenas desalento e insegurança.

Quando seus olhos avistaram, sobre a mesinha ao lado do sofá, um dos convites do aniversario de 18 anos da filha, ele o apanhou, leu-o e franziu o sobrolho em desagrado.

Foi então que a voz aguda da esposa, subitamente, quebrou o silêncio da casa. Falava consigo mesma, como se ela própria fosse surda. Um minuto depois, encontrava o marido sentado ali, quieto, com o olhar perdido no nada. Seu rosto exuberante e entediado, endureceu ao vê-lo naquele estado.

– José Augusto?! – chamou ela, estranhando a sua apatia. – Está tudo bem?

Ele a olhou, enquanto seus lábios tremeram ligeiramente, ao tentar sorrir para ela.

– Não ouvi você chegar, meu bem... Há quanto tempo está aí, sentado, com essa cara de tacho?!

Pareceu-lhe que houve uma pausa longa antes de ele responder a pergunta:

– Há uns dez, quinze minutos, Sônia...

Ela novamente observou seu rosto com atenção e insistiu na pergunta:

– Está tudo bem com você? Aconteceu alguma coisa?

– Não... Nada não... – a resposta dele soou sem muita convicção.

– Tem certeza?!

– Estou apenas cansado, Sônia.

– Você me parece cansado e deprimido. Nunca o vi assim antes. Talvez devesse consultar um médico. Pode ser estafa. Não sei se sabe, mas uma estafa pode afetar e muito a saúde física. O Henrique da Lourdinha Vilela, fora sempre muito saudável até que um dia, começou a chorar por tudo e por nada. A Lourdes o aconselhou então a procurar um médico, ao que ele se recusou terminantemente, cedendo somente quando foi assinar um cheque e não conseguia mais se lembrar da própria assinatura. O estresse o estava matando, foi preciso tirar férias. Esse talvez seja o seu caso, meu bem. Faz tempo que você não dá uma parada para viajarmos, só nós dois.

– Faz tempo que não dou uma parada? Como assim, Sônia? – irritou-se o homem. – Quatro meses atrás fomos passar o feriado prolongado em Buenos Aires, no feriado anterior, ficamos cinco dias no Chile. Em julho do ano passado passamos quarenta dias na Europa...

– Meu querido, viajar nunca é demais. A Carlota e o Afonso Pelizon viajam muito mais do que isso.

– Eles são milionários, Sônia.

– Nós não ficamos muito atrás deles, não, meu querido. Não seja modesto, por favor! Agora se levante e vá tomar seu banho. Nada melhor do que um banho para renovar nossas energias.

Sem muita vontade, José Augusto caminhou para o seu quarto, uma bela e espaçosa suíte, querendo muito acreditar que o banho realmente pudesse melhorar o seu astral. Ao passar pela foto emoldurada do pai, ele rapidamente virou o rosto na direção oposta. Quis evitar o seu olhar que mesmo numa simples foto lhe parecia muito real, como se ele estivesse ali de fato, olhando para ele, atento aos seus atos.

Após o banho, antes de deixar o quarto, José Augusto olhou-se no espelho, admirou-se por alguns segundos e disse:
– Coragem, homem, coragem.
Minutos depois estava sentado à mesa na companhia da esposa e dos filhos. Entre uma garfada e outra, Juliano gabava-se de suas últimas proezas no campo afetivo. Voltando-se para Danilo, caçoou:
– Danilo, meu irmão, até quando você vai continuar sendo um zero à esquerda? A vida não é feita só de estudo, não! Você precisa curtir a vida e com muitas mulheres. Siga o exemplo aqui do seu irmão e você será bem mais feliz, acredite!
– Ora, Juliano, eu tenho namorada, esqueceu?
– E só porque tem namorada não pode mais viver a vida?! O tempo passa Danilo, você não vai ser mocinho para sempre. Depois vai estar velho demais e feio demais para conquistar as garotas.
– Eu já conquistei a mulher que me interessa, Juliano.
– Você é muito otário, meu irmão. Desde quando uma mulher só basta na vida de um homem?
– Respeito, Juliano, estamos à mesa – pediu José Augusto, ligeiramente severo.
– Estou falando mentira, papai?! Ora, não sejamos hipócritas.
Danilo tentou se defender mais uma vez:
– Juliano, eu não posso levar a vida que você leva, estando eu cursando uma faculdade de medicina. A faculdade, além de ser período integral, exige de mim atenção 24 horas. Se eu não me dedicar, vou repetir de ano, o que significa mais despesas para o papai, pois é ele quem arca com as mensalidades, você sabe.
– Dinheiro para o papai não é problema, maninho.
– Mesmo assim, não acho certo abusar.
– Por que escolheu esse troço, então? Tivesse optado por uma faculdade mais *maneira*, que se *leva na flauta*, assim como a minha.
– Escolhi medicina porque me identifiquei com a medicina.
– Só você mesmo para jogar sua juventude, única, em troca de uma faculdade babaca que nem essa.
Sônia Regina aconselhou o filho:
– Coma agora, Juliano, senão a comida vai esfriar.
– *Tá* bom, *mãe...*

O jantar transcorreu ao som da voz grave e empolgada de Juliano que não conseguia deixar de se gabar de sua vida de clube e festas, cercado de mulheres lindas, ricas e joviais.

Assim que terminaram de comer a sobremesa, uma deliciosa torta holandesa, Danilo foi para o seu quarto estudar, enquanto Juliano pegou sua BMW para ir ver a namorada do mês. Sempre passava na casa delas antes de esticar a noite numa balada, aventurando-se com novas garotas, bebida e maços de cigarro.

Assim que José Augusto se acomodou no sofá para assistir ao Jornal da Noite, Sônia Regina foi até ele e disse:

– José Augusto, amanhã tenho de pagar a segunda parcela da floricultura que vai fazer a decoração da festa do aniversário da Inês. Também a do clube, do DJ, do Buffet e do costureiro que está fazendo os nossos vestidos. O meu e o da Inês.

– Tudo assim de uma vez?!

– Como assim, José Augusto?! Você nunca foi de regular dinheiro. Pago tudo com o meu cheque ou com o seu?

– Com o meu. Vou preenchê-los agora.

Foram tantos cheques que ele ficou confuso, chegou a errar por três vezes. Assim que a esposa tomou as folhas de sua mão e deixou o aposento, a expressão no rosto de José Augusto passou de ansiedade para algo facilmente reconhecível como perto do desespero.

– Oh, meu Deus! – exclamou, afundando o rosto entre as mãos.

Uma semana depois, como previsto, acontecia a festa de dezoito anos de Inês no salão de festas do Clube Pinheiros, primorosamente decorado para a ocasião. Com forros belíssimos, candelabros lindíssimos, repletos de velas e arranjos de flores excepcionais. O lugar logo estava tomado de convidados vestidos elegantemente, rindo à toa e esbanjando descontração. Nunca uma festa particular, ali, reunira tanta gente importante. Além dos familiares, amigos, colegas e o namorado da aniversariante, estavam presentes também os amigos de clube de José Augusto e Sônia Regina, grandes empresários tal como ele e membros da alta sociedade. Os jovens dançavam descontraídos numa pista cercada por luzes piscantes, ao som de um D.J muito entusiasmado, tocando o que havia de melhor da *pop music* na época.

Juliano Bianucci estava ainda mais atraente do que costumava ser. Usava gel nos cabelos, puxados para trás, para suavizar o volume, realçando seu rosto lindamente barbeado e bronzeado, seus lábios levemente carnudos e seus olhos castanhos, vivos, sempre atentos a tudo. O terno impecável de linho italiano vestia muito bem seu corpo jovem e escultural. Por entre todos, ele transitava, pavoneando-se todo, rindo alto, jogando a cabeça para trás, esnobe como nunca.

Danilo vestia-se tão elegantemente quanto o irmão, também destacando sua juventude tão bela, a qual nessa idade pensamos ser eterna. Ao seu lado estava Ligia, que mesmo não tendo sido convidada por Inês, foi levada à festa pelo namorado, porque assim ele achou que deveria ser. A jovem também estava lindamente vestida com um vestido simples, levemente bordado de lantejoulas e miçangas na altura do busto, comprado no Brás, mas que se parecia e muito com qualquer outro vendido pelas mais caras boutiques dos Jardins.

Margot, a namorada oficial de Juliano, na ocasião, também estava deslumbrante, trajando um vestido tomara que caia com uma saia toda de babados.

Inês, a dona da festa, vestia simplesmente o que de melhor o dinheiro poderia lhe comprar, um modelito especialmente desenhado pelo mais conceituado estilista da ocasião. Andava por entre os convidados como se fosse uma pluma levada ao vento, distribuindo sorrisos encantadores para todos, feliz por ser o centro das atenções. Ao seu lado se mantinha Eduardo Queirós, seu namorado desde os treze anos de idade, moço de finos tratos e acurada educação, também filho de um dos homens mais ricos de São Paulo.

Ao som do melhor DJ da ocasião, velhos e novos pares iam se formando ao longo da festa para dançarem alegremente pela pista de dança. Ali, todos os problemas eram esquecidos, todas as amarguras e preocupações perdiam a força diante de tão contagiante alegria e luxo.

Os garçons admiravam os convidados e os donos da festa, imaginando o quanto a vida de rico era maravilhosa; invejando, descaradamente, suas posições ou querendo que perdessem tudo o que tinham, de raiva por não terem o mesmo.

Uma garçonete se virou para a outra, enquanto aguardavam

nova bandeja de doces para servirem aos convidados e disse, suspirando:

– O dinheiro é mesmo maravilhoso... Ai como eu queria ser rica... Rica que nem um deles.

– É, mas você não é, e acho bom voltar a trabalhar – respondeu a amiga, sem se deixar deslumbrar por tudo aquilo.

– Trabalho, trabalho, trabalho... Enquanto eu tenho de trabalhar, eles se divertem.

– Lógico, porque agora é a hora da diversão deles. A sua é na nossa hora de folga.

– Mas esses aí não precisam trabalhar para viver.

– Só porque você quer, Marília. Todo mundo trabalha para viver. Muitos desses aí, inclusive, trabalham dobrado, incansavelmente.

– Facinho.

– *Tô* falando.

– Como *cê* sabe?

– Dinheiro não cai do céu não, filha. É fruto de muito *trampo*. Sabe aquelas fantasias lindas e luxuosas que você vê no carnaval do Rio de Janeiro, pois bem, foram feitas uma a uma, trabalhosamente. Costurando miçanga atrás de miçanga, lantejoula atrás de lantejoula, e canutilho atrás de canutilho até ficarem uniformes daquele jeito.

Marília olhou para a colega de trabalho, sem compreender de fato o quão verdadeiro era a sua afirmação.

– Tudo exige trabalho – continuou Rosecler num fôlego só. – Mesmo que você tenha nascido rica ou ficado rica ao longo da vida, você tem de continuar trabalhando para manter o que conquistou.

– Se esses ricos aí têm mesmo que trabalhar bastante para terem o dinheiro que têm, então vida boa mesmo é a dos atores e das atrizes da TV.

– Ah, *tá*. Eles também trabalham e muito, minha querida.

– Só porque você quer, Rosecler. Uma novela não dura mais do que uma hora, e eles nem sempre atuam durante a novela toda, às vezes é uma ceninha ou outra, coisa de não mais do que cinco minutos.

– E você acha mesmo que eles só trabalham durante esses cinco minutos? Vão lá no Projac, gravam os cinco minutos e voltam para casa? Rápido assim?

– Lógico. E fazer filmes é ainda muito mais fácil porque os filmes são bem mais curtos do que as novelas.

Rosecler riu.

– Marília, minha querida, para se filmar uma ceninha de cinco minutos, leva muitas vezes quase um dia inteiro. Os atores têm de ir para os locais de gravação, decorar os textos enquanto os cenários são montados e detalhes da filmagem são acertados. Há também ensaio. Numa entrevista uma atriz *global* contou que eles terminavam as gravações muitas vezes na madrugada e como precisavam recomeçar logo de manhã, não compensava nem voltar para a casa, dormiam ali mesmo para economizarem tempo. Li certa vez, numa revista, um ator de Hollywood contando que antes de chegar a Hollywood, ele pensava que a vida de um ator era a coisa mais fácil que pudesse existir. Jamais passou pela sua cabeça que fosse feita de trabalho árduo, com horas e horas de gravação para aproveitar uma ceninha ou outra. E tem mais, vida de ator e atriz é muito incerta, uma hora tem trabalho noutra não. Numa novela é o protagonista, noutra um personagem que mal aparece. Num filme ou novela ou seriado, um personagem deseja ter uma loja bem sucedida, minutos depois ele já tem o tal comércio tão desejado. O tempo para obter o sucesso não é demorado como na vida real, dando a falsa impressão aos que assistem que nossos desejos podem e devem se materializar tão rápido quanto num filme, seriado ou novela.

Marília, ainda desconfiada de que as palavras de sua amiga, não fossem verdadeiras, respondeu:

– Eu não entendo, se a pessoa já tem dinheiro, por que trabalhar? Eu no lugar dela não trabalharia nunca mais. Deixaria meu dinheiro no banco e viveria, usufruindo dele.

– Você não entende mesmo nada de economia, Marília.

– E você, por acaso, entende, Rosecler?

– Entendo o suficiente para saber que sem trabalho não há dinheiro para fazer festas lindas como essa e garantir o nosso emprego. O sucesso de um é o sucesso de muitos, foi isso que aprendi com um professor muito querido do colegial, um homem, em minha opinião, brilhante.

– Sei.

Foi então que Danilo se aproximou de Marília para apanhar

um drinque. Os olhos da moça brilharam.

– Ai, se ele me desse bola – suspirou ela, lançando um olhar empolgado para a amiga. – Eu *tava* feita!

– Vai sonhando...

– Aí eu entrava *pra society! Ia deixá* as *colega* com inveja de mim!

– A mesma que você sente dos ricos, não é mesmo?

– Pior!

Ela riu.

Rosecler riu com ela e voltaram a servir os convidados.

A tão badalada festa foi noticiada em muitas colunas sociais, revistas e até mesmo no programa de variedade de Amaury Junior. No dia seguinte, logo pela manhã, Inês partiu para Cancun onde passaria uma semana na companhia de suas três melhores amigas. A viagem também fora presente de seus pais e logicamente que ela quis viajar com o namorado, mas ele, responsável ao extremo como sempre, não se deixou perder a faculdade que cursava com dedicação, tampouco o trabalho, ainda que fosse na empresa de sua família.

Capítulo 3

Surpreendentes revelações

No seu dia de folga, Marília Dias foi visitar sua madrinha, uma mulher muito sábia, por ter sempre lido muito, e vivido sob a guarda de forças do além em prol de sua sabedoria.

— Sábado passado, trabalhei numa festa, madrinha... Foi luxo só. Só tinha ricos e mais ricos e mais ricos. Ah, como eu queria ser um deles, madrinha. Vestir aquelas roupas elegantes e luxuosas, aqueles brincos de brilhante, colares de pérola, broches, pulseiras... Acho que não existe nada na vida melhor do que a riqueza, madrinha. Não é mesmo?

— Será? – questionou a mulher, lançando-lhe um olhar perspicaz.

— Não existe, madrinha! Pode acreditar.

Num movimento rápido, a mulher segurou a ponta do nariz de Marília com uma das mãos e, com a outra, tapou-lhe a boca. Marília foi ficando vermelha, enquanto se agitava toda, para tentar se livrar da súbita loucura de sua madrinha.

Ao ver-se livre novamente, arquejando violentamente, a jovem perguntou:

— O que deu na Senhora, madrinha? Queria me matar, é?

A mulher, muito sabiamente respondeu:

— Foi só para *te* mostrar, minha afilhada, que existe, sim, algo melhor do que a riqueza. O ar que a gente respira.

— Mas o ar não me dá joias caras, vestidos lindos e festas maravilhosas.

— Mas o ar *te* dá vida, vida para viver o que há de mais precioso na vida que é: a própria vida.

— Uma vida sem graça, né? Pois a vida de pobre como a minha

23

não tem graça nenhuma.

– Pois tem algo pior do que a pobreza nos seus mais variados níveis, minha querida. É a pobreza de espírito que nos impede de agradecer pelo pouco ou muito que se conquista, vivendo, assim, eternamente insatisfeito. Seu emprego no Buffet, por exemplo, é excelente, porque permite que você trabalhe em lugares bonitos e em meio a pessoas bonitas, comendo sempre do que há de melhor na culinária, pois também pode se servir de tudo que os convidados se servem. É um emprego, na minha singela opinião, muito agradável. Quando comparado a outros, é excelente!

– É, nesse ponto a Senhora tem razão. De fato, há empregos piores... De qualquer modo eu ainda acho que se eu fosse rica, aí, sim, valeria realmente a pena viver. Porque eu não teria preocupação alguma, problemas, infelicidade, insatisfação, reviravoltas, gente falsa e fingida ao meu redor... Teria somente alegrias, constantemente. Uma vida fácil, extremamente fácil.

– Doce ilusão a sua, pensar que a vida dos ricos é mais fácil do que a dos pobres. Eles adoecem do mesmo jeito que os pobres, têm também suas decepções no amor, reviravoltas, falsidade ao seu redor, tudo, enfim, que todos têm em qualquer parte do mundo. Também vivem, constantemente, grandes desafios e riscos, pois investem muito dinheiro numa empresa ou num produto que pode não ter o êxito esperado.

– Ainda assim as coisas para eles me parecem ser mais fáceis.

– Parecem, só parecem... A verdade é que a vida impõe desafios a todos: ricos e pobres, pretos e brancos, altos e baixos, bonitos e feios, católicos e espíritas, corintianos e palmeirenses, sagitarianos e taurinos. Todos, sem exceção, estão fadados a enfrentar desafios na vida e superá-los para o crescimento pessoal e espiritual de cada um.

– Bom, isso é o que a Senhora pensa, *né,* madrinha? *Pra* mim, rico é muito mais feliz do que pobre por terem de tudo, por poderem comprar de tudo, até o mundo se quiserem.

– Marília, minha afilhada querida, sugiro a você, urgentemente, que amplie seus conhecimentos sobre a vida. Só mesmo compreendendo melhor o que se passa realmente por trás de tudo e de todos, você se tornará mais feliz; vai reclamar menos de tudo e apreciar todos com mais alegria, especialmente a si mesma.

Mas Marília ainda não tinha estrutura suficiente para compreender tão preciosa informação.
– Não adianta, madrinha, eu nunca vou ser feliz totalmente. Só rico é porque jamais enfrenta problemas na vida. Jamais.
– Você tem ainda muito o que aprender sobre a vida, minha querida.
– A Senhora fala que nem a Rosecler.
– Então essa sua amiga Rosecler é muito sábia.
– Sei.
E jovem fez simplesmente um muxoxo.

Enquanto isso, no Jardim Europa, Danilo Bianucci chegava à casa da família. Ao passar pela porta que dava acesso à sala de visitas, avistou o pai recostado numa das lindíssimas poltronas revestidas em couro legítimo, um pouco afastada das demais. Parecia não prestar a menor atenção ao que se passava ao seu redor. Tinha os olhos presos nas próprias mãos, pousadas em seu colo, na altura da pélvis. Seus olhos estavam vermelhos e esbugalhados como se tivesse bebido ou chorado muito.
Só então Danilo percebeu que havia uma forte tensão na atmosfera do lugar. Entrou no aposento, olhando com atenção para José Augusto que, ao perceber sua chegada, evitou olhar diretamente para o filho. Sentindo-se ligeiramente atônito, Danilo lhe perguntou:
– Papai, está tudo bem? Aconteceu alguma coisa?
O homem levantou os olhos vagarosamente na sua direção, tentou responder a sua pergunta, mas não conseguiu.
– O Senhor estava chorando? O que houve? – indagou o rapaz, agachando-se ao seu lado e pousando a mão sobre seu antebraço. – Abra-se comigo, papai. O que aconteceu? Por que está chorando?
Diante do silêncio de José Augusto, Danilo insistiu mais uma vez:
– Vamos, papai, fale... Por que está assim?
Finalmente José Augusto encontrou forças dentro de si para se expressar.
– Por que... Porque sou um fracasso – respondeu ele, finalmente.
– Ora, papai, não diga isso. O Senhor é um sucesso, um tre-

mendo homem de negócios.

– Mentira!

– Não seja modesto.

– Danilo, ouça-me bem, eu perdi tudo. Tudo, está me ouvindo?

– T-tudo, o quê, papai?

– A empresa, tudo! Decretamos falência agora à tarde.

– Como isso pôde ser possível, papai? Uma empresa não decreta falência assim de uma hora para outra.

– Não aconteceu de uma hora para outra, filho. Já vínhamos enfrentando problemas há muito tempo, eu só não quis dizer nada para vocês porque eu sentia vergonha, ainda sinto, por ter levado o nosso patrimônio à ruína. Eu sou um fracasso, Danilo... Um fracasso!

Seu coração batia tão apressado que José Augusto chegou a ficar tonto.

– Não se deprima assim, papai. Deve haver uma saída.

– Não há.

– Mamãe já sabe?

– Não tenho coragem de lhe contar.

– Mas ela precisa saber. Todos aqui de casa precisam saber.

– Eu quero morrer de vergonha.

– Não diga isso, papai.

– Quero sim! Para um homem nas minhas condições, só me resta mesmo essa saída.

– Não se esqueça de que o Senhor tem a nós, sua família, ao seu lado. Pessoas que o amam, capazes de dar a vida pelo Senhor.

José Augusto pareceu não ouvi-lo, sua voz se sobrepôs à do filho, dizendo:

– Sua faculdade, filho, não terei mais condições de pagar por ela. Na verdade, nunca tive. Fiz empréstimos em cima de empréstimos para ir acertando as mensalidades... A empresa já andava ruim há muito tempo.

– O Senhor não devia ter feito isso. Deveria ter nos contado a verdade.

– Era humilhante demais para mim, ter de expor a desgraça em que nos metemos.

– O Senhor tem de ser forte, papai. Para recomeçar a vida.

– Eu, um homem de 48 anos recomeçando a vida? Onde é que você já viu um homem nessa idade conseguir tal feito? Emprego digno eu não vou conseguir com os anos que tenho, nem adianta procurar.
– Não custa tentar, o Senhor tem muitos amigos...
– Quem vai querer empregar um administrador de empresa que afundou a própria empresa, herança do pai e do avô? Quem, me diga?
– O Senhor pode trabalhar noutra função.
– Que função, Danilo? Só sei fazer o que fazia, e o que fazia, percebo agora, eu nem sabia fazer direito.

Nisso se ouviu a porta da frente da casa se abrindo e se fechando, e a seguir os passos ecoantes de Sônia Regina, chegando de mais uma jornada de compras nas melhores butiques dos Jardins. Entrou carregando um tufo de sacolas. Ao avistar o marido e o filho, exclamou:

– Ah, vocês estão aí!

Foi até a sala, depositou os pacotes sobre o sofá e desatou a falar:

– Vejam só os vestidos que comprei. Um mais lindo que o outro. José Augusto, querido, lembra aquela gargantilha de ouro que eu tanto queria, pois bem, resolvi me dar de presente. Danilo, venha cá, ajude-me a prendê-la em torno do meu pescoço, filho.

Só então a mulher percebeu que havia alguma coisa de errado com o marido e com o filho.

– Que caras são essas? Nem num velório se encontra gente tão borocoxô como vocês.
– Mamãe...
– O que houve?
– Papai precisa lhe falar. A sós.
– O que foi? Morreu alguém? Vamos, Danilo, diga logo.
– Não, mamãe, não morreu ninguém. Ouça o que ele tem a lhe dizer, é muito importante, para todos nós.

Sem mais, Danilo se retirou da sala, deixando Sônia Regina ansiosa e inquieta com o que estava por vir.

José Augusto olhou para a esposa, desnorteado. Abriu a boca, mas não conseguiu emitir som algum. Ele parecia tão amedrontado quanto um animal encurralado; algo que deixou a mulher tomada por um medo repentino.

– O que foi, José Augusto, não me mantenha mais em suspense, desembucha homem, está conseguindo me deixar aflita.

Ele levou ainda uns bons segundos até que conseguisse dizer o que carecia de urgência:

– Eu fali.

– O quê?!

– Isso mesmo que você ouviu, Sônia, eu fali!

Sônia Regina sentiu como se tivesse levado um soco no estômago.

– Você só pode estar brincando.

– Não estou. Nossa empresa abriu falência hoje... Agora há pouco.

– Você não pode ter deixado isso acontecer conosco! – retrucou a esposa, boquiaberta, e olhos dilatados pelo choque. – Pare de brincar comigo, por favor! Se queria me pregar um susto já conseguiu, parabéns, agora chega de brincadeira.

Os olhos vermelhos dele, vertendo-se em lágrimas, deixaram claro para ela, infelizmente, que não havia brincadeira alguma.

– Não pode ser... – murmurou ela, procurando onde se sentar. – Se a empresa estava falindo, por que não me disse antes?

Nem foi preciso ele responder, ela mesma deduziu qual seria a sua resposta.

– Por vergonha, não foi? Vergonha de que eu e todos mais descobríssemos que você é um fracasso quanto aos negócios. Não é isso, José Augusto? Um fracasso!

De repente, ela agarrou seus próprios cabelos num gesto desesperador e gritou, histérica, batendo os pés feito uma garotinha birrenta.

– O que você fazia naquela espelunca todos os dias? – trovejou, em meio a histeria. – Se não era bom o suficiente para dirigir uma empresa, contratasse alguém mais capacitado. Não é à toa que seu pai tinha muito medo de deixar a empresa nas suas mãos. Deveria saber, por intuição, que você, cedo ou tarde, a levaria para o buraco. Que você era um inútil...

A menção do pai fez José Augusto desabar num choro agonizante. Mesmo diante do seu estado desesperador, Sônia Regina não lhe perdoou:

– Não adianta chorar, *seu* palerma. Só nos resta agora morrer, morrer de vergonha diante dessa tragédia.

Ela voltou a se sentar na pontinha do sofá, mergulhou o rosto entre as mãos, tentando conter o ódio e a revolta que explodiam em seu peito naquele instante.

– Meu Deus, o que as pessoas vão pensar de nós? Vão dizer pelas costas: lá vão os fracassados, os falidos! Vou ser alvo de chacota em todos os salões de beleza dos Jardins, dos grandes clubes, jantares, de tudo, enfim... Vão caçoar de mim, vão me apelidar de "a esposa do burro que afundou a empresa do pai e do avô".

José Augusto nunca pensou que poderia se ferir tanto com as palavras da esposa. Após breve pausa, ela mudou de expressão, e com certa alegria, falou:

– A casa nova... Pelo menos ainda temos a casa nova em Alphaville, não?

A resposta dele foi imediata:

– Não temos.

– Não? Como não?

– Hipotequei a casa para conseguir empréstimos necessários para ir tocando a empresa e mantendo as nossas despesas mensais. A casa foi confiscada pelo banco. Ela e as demais que estavam sendo construídas para os nossos filhos. Só nos restou mesmo esta casa... Por enquanto.

– E quanto à casa da praia, os apartamentos no Rio ou em Miami?

– Não restou mais nada, Sônia, eu sinto muito.

– Isso só pode ser um pesadelo. Não tem outra explicação.

O próximo a chegar a casa foi Juliano e, assim que viu o irmão, perguntou, com bom humor:

– Você em casa a essa hora, Danilo?

– Durmo cedo, Juliano, esqueceu-se?

– Ah, sim – debochou o rapaz. – CDFs dormem cedo!

Prestando melhor atenção a ele, Juliano perguntou:

– Por que essa cara de tacho?

– O papai está na sala conversando com a mamãe.

– E daí?

– E daí que acho que ele também quer falar com você.

– Comigo? Por quê? Vai me dar bronca? Ele que não se atreva.

Minutos depois, José Augusto contava ao filho mais velho os últimos acontecimentos.

29

Juliano, enviesando o cenho, pensando não ter ouvido certo o que ouviu, perguntou:

– Eu ouvi direito? O Senhor quer fazer o favor de repetir?

José Augusto atendeu humildemente ao pedido do filho que nem esperou o pai terminar sua narrativa, para dizer:

– O Senhor só pode estar brincando, não é mesmo?! – havia em seu tom de voz, raiva e ódio emergentes.

José Augusto quis muito responder que "sim", que tudo não passava de uma brincadeira de muito mau gosto; mas que armas tinha contra a realidade?! Nenhuma.

Juliano sacudiu a cabeça, descorçoadamente, e fez um estalido com a língua.

– *Me* explica! – pediu ele, a seguir, num misto de ódio e ironia. – Como é que o Senhor conseguiu acabar com tudo o que o seu pai e seu avô construíram com tanto empenho?! Explica, porque por mais que eu tente, não consigo compreender.

José Augusto levantou-se e foi até o filho.

– Desculpe-me, Juliano. Perdoa a este pai que...

– Não me toque! – trovejou Juliano, dando um pulo para trás. – Afaste-se!

Danilo, disposto a abrandar os nervos à flor da pele, de todos os trancafiados naquela sala, adentrou o local e pediu, com calma sobrenatural:

– Este não é um momento para nos revoltarmos contra o nosso pai, Juliano. É um momento para nos unirmos. Darmos apoio um para outro!

Juliano, jogando a cabeça para trás, numa gargalhada debochada, respondeu:

– Você é mesmo um otário, Danilo. Sempre foi! Só quero ver como vai pagar a sua faculdade, agora que o grande José Augusto Bianucci acabou com toda a nossa fortuna.

– Eu dou um jeito.

Foi Sônia Regina quem respondeu:

– Dá, é? Quem vai ajudá-lo, aquela sua namoradinha pobre?

– Mamãe, não fale assim da Lígia.

– Eu avisei vocês, desde garotos – continuou Sônia, desdenhando o pedido do filho –, escolham uma mulher rica para se casarem, uma pobretona não serve para nada.

Diante do sofrimento do pai, Danilo achou melhor não continuar o assunto. Simplesmente voltou-se para ele e disse:

– Papai, venha tomar um suco.

– Aproveite! – zombou Juliano. – Aproveite hoje, porque amanhã pode ser que o Senhor não tenha sequer água para beber.

– Juliano – falou Danilo, elevando a voz.

– É isso mesmo, Danilo! É bom ele já ir se acostumando com os efeitos da sua incompetência.

– Você também tem de ir se acostumando a essa nova realidade, Juliano.

– Eu? Eu ainda tenho meu padrinho que é rico e pode me estender a mão numa hora dessas e você, quem é seu padrinho, Danilo? Duas caveiras!

– Eles realmente não podem me ajudar...

– A não ser que ressuscitem, *né?* – Juliano gargalhou, avermelhando-se todo.

Danilo não se deixou abalar, respondeu à altura, o que ditava o seu coração:

– Eu tenho capacidade e potencial para seguir em frente, contando comigo, agora mais do que nunca.

– Boa viagem! – zombou Juliano, jogando-se no sofá e bufando de ódio.

Enlaçando o ombro do pai, como faz um bom amigo, Danilo o encaminhou até a cozinha.

– Não importa o que aconteça, papai – falou, emocionado. – Pode contar comigo para o que der e vier.

– Obrigado, Danilo. Muito obrigado. – Abaixando a cabeça, entre novas lágrimas, José Augusto completou: – Sinto-me tão mal com tudo isso. Tão mal.

– Vai passar, papai. Tudo passa. E nesse período pode contar comigo, sempre! Eu o amo muito.

E o filho estava sendo mais uma vez sincero com o pai.

Naquela noite, ao recolher-se para dormir, José Augusto recebeu da esposa um lençol e um travesseiro.

– Vá dormir no quarto de visitas – disse ela sem nenhum tato.
– Nem que eu tome a caixa toda de soníferos, acho que sou capaz de dormir. Se passar a noite em claro, já vai ser insuportável, mais insuportável ainda será tê-lo ao meu lado. Um fracassado, oposto do homem com que eu me casei, e sonhei ser feliz pelo resto da

31

minha vida.

Tudo o que José Augusto disse foi:

– E o nosso amor, Sônia? Toda aquela dedicação que você tinha por mim?

– Foi tudo inútil... Se eu soubesse que ia acabar assim, eu teria me divorciado de você enquanto ainda tinha alguns trocados.

Ele pensou em dizer mais alguma coisa, mas desistiu, ao vê-la impaciente, querendo fechar a porta do quarto com ele do lado de fora do aposento. Sem mais, José Augusto se encaminhou até o quarto de visitas onde se deitou na cama sem sequer ajeitá-la. Sobre a colcha de linho que estava ali, ele procurou se esquecer de tudo para adormecer. Foi difícil, sim; seus pensamentos, muitos ao mesmo tempo, nunca lhe pareceram tão vivos e caóticos. O amanhã lhe guardava um futuro jamais sonhado para ele e para todos os seus, mas ele tinha de prosseguir; desistir, seria ainda mais humilhante e vergonhoso diante de seu pai e de seu avô, onde quer que estivessem do outro lado da vida.

No dia seguinte, assim que teve oportunidade, Danilo foi desabafar com a namorada. Contou-lhe o drama do pai, a tristeza e a frustração que estava passando com tudo aquilo e a revolta de seus irmãos e de sua mãe em relação a ele.

– E você? – perguntou Lígia quando ele terminou de falar.

– Eu?

– É, Danilo, você! Como você se sentiu diante de tudo isso? Revoltou-se também contra seu pai por ele ter falido?

– Com sinceridade?

– Sim, por favor.

– Senti pena dele, Lígia. É meu pai, poxa, sei o quanto está decepcionado e o quanto foi difícil para ele ter de se abrir conosco. Por isso ele tentou acobertar a situação até não poder mais, só para não ter de expor a verdade a todos, por ser dolorido demais para ele. Infelizmente, foi isso o que mais o prejudicou.

– Por vergonha, por orgulho ferido?

– Sim, Lígia.

– Por isso que muitos sábios dizem que a vergonha e o orgulho ferido nos atrapalham e muito.

– Só agora percebo o quanto.

Houve uma pausa em que ele deitou sua cabeça no colo

dela e deixou seus olhos pregados no teto, enquanto sua mente vagava longe, tão longe dali. Lígia, como sempre, respeitou seu momento.

— Certo dia você me falou de seu pai — ele voltou a falar, minutos depois. — A respeito do que ele lhe ensinou de importante. Gostaria que repetisse para mim.

Ela sorriu e disse:

— Em vida papai nos ensinou a ser a melhor pessoa que conseguíssemos ser, porém, sem esperar nada em troca por isso. A tendência de todos é sempre esperar algo em troca pelo que se faz de bom para o mundo e para o próximo. Quem espera geralmente se decepciona. Não tem como. Por isso papai nos fez perceber que o mérito pelas nossas boas ações seria retribuído pela paz de espírito.

— Interessante.

— É, não é?

— Você me contou também que seu pai tirava do pouco que tinha para ajudar o próximo e, mesmo assim, houve poucas pessoas para carregar seu caixão. Nem a família compareceu, somente os mais velhos, e nenhum deles, até mesmo quem seu pai tanto ajudou em vida, perguntou, a você, sua mãe e seu irmão se precisavam de algo.

— É verdade.

— E vocês não se revoltaram contra a vida por causa disso?

— Danilo, meu amor, meu pai dizia que a vida é muito curta para nos entregarmos à revolta, à amargura e ao sofrimento. Existe até um ditado a respeito em inglês: "life is too short to be bitter". *(A vida é muito curta para ser amarga).*

— Outra grande verdade.

Danilo calou-se, ficando introspectivo novamente por alguns segundos. Lígia mais uma vez respeitou seu momento, fazendo-lhe um cafuné até que ele despertasse novamente para a realidade.

— Preciso continuar a faculdade, achar um meio de pagá-la — continuou ele, pensativo.

— Eu posso ajudá-lo — prontificou-se a jovem, instantaneamente.

— Ajudar, como?

— Da mesma forma que fiz para pagar a minha.

— Você quer dizer...

– Exatamente. Vendendo cachorros-quentes na porta da faculdade e bombons de leite Ninho.

– Você não está falando sério.

– Seriíssimo. Não custa nada fazer os bombons e preparar o material para rechear o cachorro-quente. Ainda estou desempregada, o que me dá tempo de sobra para levar o carrinho até a sua faculdade e ajudá-lo a vender durante os intervalos.

– Não seria justo.

– Como não? Meus cachorros-quentes são deliciosos, os bombons então, todo mundo adora.

– Você não tem vergonha de se prestar a esse papel?

– Não tive antes, por que teria agora? Você por acaso tem, ou teria em ver sua namorada de jaleco, vendendo cachorro-quente na porta da sua faculdade?

A pergunta deixou Danilo sem resposta. Lígia foi fundo mais uma vez na questão:

– É você quem escolhe, Danilo: ficar do lado da vergonha, do que os outros vão pensar de você ou de mim, ou de nós dois, por estarmos vendendo cachorros-quentes e bombons para pagar as mernsalidades da faculdade que pode lhe propiciar um futuro brilhante ou... Você me entendeu. Você é quem escolhe!

Ele sorriu.

– Lígia, você está certa! Se eu ficar do lado da vergonha, por medo de me sentir humilhado, quem perde sou eu.

– Sempre! Todos que são muito cheio de *coisinhas*, de *"não faço isso, não faço aquilo"*, envergonhados ao extremo, sempre perdem. Os despojados, por sua vez, se dão melhor no mundo da prosperidade. A unica humilhação que a gente passa na vida, meu amor, é não trabalhar honestamente.

Ele assentiu, emocionado, e Lígia mais uma vez se fez direta:

– Você aceita ou não a minha proposta? Fale com determinação. Diga "sim", tal como dirá diante do padre no dia em que nos casarmos.

– Sim, aceito!

Ele riu e ela também.

– Lígia, você é mesmo maravilhosa, meu amor. Eu te amo. Beijos.

– Só há um porém – observou ele a seguir –, e se não conseguirmos lucrar o suficiente para pagar a mensalidade?

– Neste caso você terá de pegar alguns bicos... Sei que será exaustivo, pois a faculdade de medicina consome quase todo o seu tempo, mas é preciso certos sacrifícios na vida para obtermos sucesso, não é mesmo?

– Verdade. Mais uma vez: obrigado pela sugestão, ou melhor, obrigado pela solução do que poderia vir a ser um problema para mim.

– Não é à toa que dizem que duas cabeças pensam melhor do que uma.

Ele a beijou, feliz por ser seu namorado.

Lígia Barros havia realmente conseguido se formar em fisioterapia, vendendo cachorros-quentes e bombons de leite Ninho durante os intervalos de sua faculdade. Sua cunhada, desempregada na época, levava o carrinho com todos os ingredientes e os bombons, preparados de véspera, até a frente da Universidade e aguardava Lígia, que estava em sala de aula, ser liberada para o recreio. Lígia então vestia seu jaleco e começava a vender as guloseimas para seus colegas de classe e outros alunos da escola. No período da noite, ela voltava sozinha para fazer as vendas para os estudantes daquele período. Com isso, ela não só conseguiu juntar dinheiro para pagar sua faculdade como também para pagar suas despesas pessoais e ajudar a cunhada até que ela conseguisse um novo emprego. Persistência, sim. Disposição para trabalhar, sim. Qualidade do produto, sim. Tudo, enfim, que faz realmente diferença em termos de prosperidade financeira na vida de uma pessoa.

Danilo, ao contar para Juliano a respeito da brilhante ideia de Lígia, o irmão imediatamente caçoou dele.

– O quê?! Você vai vender cahorro-quente e bombom?! – Gargalhadas explícitas. – Já estou até vendo as manchetes das colunas sociais: "Filho de empresário falido vira vendedor de hot-dog e bombom na porta de faculdade, para poder pagar os estudos! – Gargalhadas redobradas. – A que ponto chegamos, meu Deus! A que ponto! Saiba que se você fizer isso, eu não serei mais seu irmão. Vou ignorá-lo em qualquer lugar que possam nos ver juntos. Quando eu digo qualquer, é qualquer mesmo, Danilo. Vá ser babaca assim nos infernos! Você precisa ter pelo menos um pingo de dignidade, *véio*. Você é um Bianucci. Um Bianucci. Vê-lo se humilhando a esse ponto...

– *Me* humilhando a que ponto, Juliano?

– Como assim a que ponto, Danilo? Endoidou? Isso é quase um trabalho braçal.

– E daí? Eu preciso pagar a faculdade.

– E se uma garota do clube o vir? Alguém da nossa elite?

– Juliano, nossa realidade agora é outra. A ficha ainda não caiu para você? Quer que eu o chacoalhe?

– Não, obrigado. Só estou tentando abrir seus olhos, para impedi-lo de *pagar um mico* daqueles, passar vergonha na frente da nossa *gente*. Mas se você não se importa, vá em frente.

– Às vezes precisamos fazer alguns sacrifícios para conquistarmos nossos objetivos, Juliano.

– Sai pra lá, Danilo, não me vem não com esse papinho de *bichola*. E tem mais. E se daqui a um ano ou dois, a Lígia te der um ponta-pé, seu bobão? Como é que você vai se virar então com essa maldita faculdade?

– Continuarei vendendo os cachorros-quentes da mesma forma que fazia antes.

– E quem vai preparar tudo para você?

– Eu mesmo, ora.

– Você?! Ah, Danilo, por favor, me poupe. Você não é capaz nem de passar direito mateiga no pão.

– No começo vai ser complicado, como tudo, até eu aprender, mas depois, vou que vou!

– Nossa, quanto otimismo, hein?

– É só o que me resta, não é mesmo?

Juliano jogou novanente a cabeça para trás e gargalhou.

– E quanto a sua faculdade, Juliano? Como fará para...

– Isso é problema meu, maninho. Já encontrei uma saída e bem melhor que a sua. Pode crer.

– Que bom!

– Que bom que nada. Você deve estar morrendo de inveja de mim.

Danilo achou melhor não dizer mais nada. Quando contou ao pai sua solução para pagar a faculdade, José Augusto ficou tão chocado quanto Juliano.

– Filho... Sinto-me tão culpado por tudo isso.

– Papai, eu não estou reclamando. Estou mesmo disposto a

fazer isso por minha faculdade. Trata-se do meu diploma, do meu futuro.
— Mas você, meu filho, vendendo cachorro-quente...
— Não é para sempre, papai. É um emprego, entre aspas, temporário.
O homem bufou enquanto o filho, amorosamente o enlaçou, procurando animá-lo como faria com o melhor amigo.

Nesse ínterim, Sônia Regina havia chegado à casa de seus pais, derramando-se em lágrimas, pronta para despejar seu drama e sua indignação diante dos últimos acontecimentos que cercavam sua vida. A mãe a acudiu, dando-lhe um copo d'água para beber.
— Filha, o que houve?
A recém-chegada detalhou tudo, dramatizando cada palavra. Parecia uma atriz interpretando Lady MacBeth num teatro inglês. Os pais a ouviram atentamente. Ao término, sua mãe, respirando mais aliviada, disse:
— Sônia, querida, pensamos que você e seu marido haviam se desentendido.
— Foi bem pior do que isso, mamãe. A Senhora, por acaso, não ouviu nada do que eu disse?
— Sim, filha, é lógico que sim! É que não existe nada pior na vida do que uma família que se desentende.
— Ah, mamãe, não diga bobagens, por favor. Todos sabem que não existe nada pior na vida do que ficarmos sem dinheiro.
— Há males piores, Sônia, uma doença, por exemplo.
— Que doença, que nada, mamãe. Para elas basta tomar remédio ou entrar na faca do médico que...
— Há doenças terríveis, filha.
Antes que a mãe prosseguisse, Sônia Regina se fez mais uma vez enérgica:
— De qualquer modo, não foi só o dinheiro do José Augusto que acabou. O meu casamento com ele também chegou ao fim. Não posso sequer olhar para a fuça dele, depois do que ele foi capaz de fazer com a nossa empresa.
— Sônia Regina...
A mãe tentou falar, mas a filha não lhe deu chances. Continuou destrinchando seu drama, elevando-o ao extremo, em meio a boas rajadas de lágrimas e mãos se estabanando pelo ar.

– Sônia Regina, acalme-se – pediu seu pai, que parara de ler o jornal para dar atenção à filha.

– Papai, eu me sinto destruída.

– É compreensível que se sinta assim, minha querida.

– Pois bem, estou voltando para casa.

– Para cá? – espantou-se o pai, lançando um olhar curioso para a esposa.

– Sim, uma vez que não terei mais onde morar, terei de vir para cá. Nossa casa nos jardins será vendida e sabe lá Deus onde José Augusto vai conseguir comprar outra. Se é que vai sobrar dinheiro para comprar outra. Se já se tornou insuportável viver ao lado dele, imagine eu morando com ele numa casa de quinta categoria num bairro medíocre. Não eu que sempre morei num casarão lindo do Jardim Europa, o melhor bairro de São Paulo.

– Filha, o lugar de uma esposa é ao lado do marido.

– O quê?!

– É isso mesmo o que você ouviu, Sônia Regina. Você não pode abandonar o José Augusto numa hora dessas. Ainda mais numa hora dessas!

– Vocês dois ouviram mesmo o que eu disse? O drama que se tornou a minha vida?

– Sim, filha e estamos muito chateados pelo que aconteceu. Mas tanto eu quanto seu pai, acreditamos que o melhor para você, agora, é permanecer ao lado do seu marido.

– Não devo estar ouvindo certo – enervou-se Sônia Regina ainda mais.

– Filha...

– Quer dizer que vocês não vão me receber nesta casa, depois de tudo o que fiz por vocês? Das festas maravilhosas ao redor da piscina de minha mansão, das festas de aniversários que fiz para os dois? Aposto que se fosse a Rosa Maria vocês a receberiam de braços abertos. Vocês dois sempre preferiram ela a mim.

– Não diga tolices, Sônia. Amamos você da mesma forma que amamos sua irmã.

– Mentira! Ela sempre foi a queridinha de vocês, a mais adorada! – Novamente ela bufou. – Mas tudo bem, a vida dá voltas e vocês hão de receber o troco pelo que estão me fazendo agora. Vão acabar dois velhos decrépitos e solitários, porque eu não nunca mais vou perder tempo com vocês dois. E não pensem que a filha querida de vocês, a favorita, estará ao lado de vocês nos últimos anos de suas vidas. Não vai não, conheço bem a Rosa; aquela lá não passa de um pau mandado nas mãos do marido. Se ele jogar um osso e mandá-la apanhar com a boca, ela vai, correndo, como uma cadelinha. Egoísta como ele é, não vai permitir que ela cuide de vocês como eu faria de livre e espontânea vontade. Não, não e não! Não contem com isso!

– Sônia Regina, por favor.

– Acabou! Vocês dois morreram para mim. Quando eu mais precisei, vocês me viraram as costas; jamais me esquecerei disso. Jamais!

A mãe da moça tentou se defender mais uma vez:

– Sônia Regina, você está transferindo para nós toda a raiva que está sentindo por tudo o que está acontecendo a você.

– Vocês se merecem.

– Depois de tudo o que fizemos por você, filha?

– Foi pouco!

O marido falou pela esposa dessa vez:

– Sônia Regina, não seja injusta conosco, por favor.

Ela chorou enquanto sua mãe tentou contemporizar mais uma vez a situação:

– Há um ditado que diz: ruim com seu marido, pior sem ele. É verdade, filha!

Sônia enxugou o choro no mesmo instante; ergueu a cabeça e deixou a casa dos pais, pisando duro. Assim que entrou no seu *Corolla*, olhou-se no espelho retrovisor para tirar com um lenço, os borrões que as lágrimas deixaram em torno dos seus olhos.

– Ainda sou razoavelmente jovem e bonita – admitiu, mirando-se no espelho –, posso muito bem conseguir outro marido no clube. Lá tem um bando de ricaços solteiros e divorciados. Se eu não conseguir um livre, pego um casado mesmo.

A decisão foi quase um pacto feito consigo mesma.

Ao voltar para a mansão nos Jardins, diante de José Augusto, Sônia Regina, olhando com desprezo para o marido, desafiou-o com todas as letras:

– Sabe por que eu não o largo, José Augusto?

Ele arqueou a sobrancelhas, surpreso com a pergunta que ela não esperou ele responder.

– Para evitar uma vergonha ainda maior para a minha família.

Dessa vez ele reagiu:
– Para sua família ou para você, Sônia Regina?
– Pelos dois motivos, sim, com certeza.
– E também porque não tem onde se escorar. Visto que sua família não concordou em recebê-la de volta na casa deles. Já sei de tudo, ambos me ligaram para demonstrar solidariedade.
– Meus pais já estão caducos.
– Não creio.

Ela deu de ombros e completou:
– Por enquanto, permanecerei aqui, só até eu decidir o que fazer da minha vida.
– Essa é realmente a atitude que um marido deve esperar de uma esposa que dizia amá-lo tanto, com quem teve três filhos, e jurou amor eterno na alegria e na tristeza, na saúde e na doença, no altar, diante do padre.
– Jurei amor eterno diante da pobreza de espírito, José Augusto, não da pobreza dos pobres.
– Ah, essa é sua interpretação... Interessante. Nunca havia visto por esse ângulo.
– É lógico que o padre está se referindo à pobreza de espírito. Se a Igreja apreciasse a pobreza, seria um barracão de zinco ou de madeira, tipo um celeiro velho daqueles que se veem em filmes de faroeste americano, não um lugar suntuoso, muitas vezes banhado a ouro como são as catedrais brasileiras e espalhadas pelo mundo.

Ele novamente concluiu que seria melhor, não dizer mais nada.

Naquela noite, o jantar entre o casal ocorreu em meio a um silêncio sepulcral. Mais uma vez José Augusto iria dormir no quarto de hóspedes por exigência da esposa que estava determinada a ignorá-lo para sempre.

Enquanto Danilo ficou estudando em seu quarto, Juliano, para não perder o hábito, foi para um bar na Vila Madalena com seus amigos inseparáveis e sua namorada da vez, a qual manteria ao seu lado até que a levasse para cama, como fazia com todas que se envolvia. Quando a conta chegou e ele descobriu que seu cartão de crédito não havia sido aprovado, tratou logo de usar outro e outro e outro. Estava tão alcoolizado que nem se recordou do fato de que seus cartões haviam sido cancelados por falta de pagamento.

– Impossível – *ranhetou*. – Sua máquina de passar cartão só pode estar com defeito. Meus cartões nunca foram recusados antes...

Antes que Juliano se enfezasse mais, seu melhor amigo se prontificou a pagar a conta para ele.

– Depois se acerta comigo, *véio*. Na *boa*.

Juliano endireitou o corpo. A cor voltou às suas faces. Ele ergueu a cabeça e agradeceu o amigo com leves pancadinhas em seu ombro. Só então Juliano se lembrou do que poderia ter acontecido para que seus cartões não tivessem sido aceitos. Queria simplesmente matar o pai pela vergonha que passou na frente de todos, especialmente da garota que queria impressionar. Juliano voltou furioso para casa, correndo além do limite, ganhando multas e mais multas por onde passava e havia câmeras para delatar quem estava dirigindo acima do limite permitido.

Ao chegar em casa, imediatamente seguiu na direção do quarto do pai, abrindo a porta a pontapé e lhe despejando mais um monte de ofensas por ele ter falido e deixado todos eles naquelas condições que para muitos eram encaradas como humilhantes. José Augusto, apesar do susto que levou com a entrada repentina em seu quarto, logo voltou a dormir sob o efeito do calmante que vinha tomando há semanas, por sugestão médica, para continuar enfrentando tudo de cabeça erguida.

Ao se fechar em seu quarto, Juliano procurou se acalmar. Não havia por que se preocupar, ele ainda tinha um trunfo nas mangas: o padrinho de batismo, que era rico, ou melhor, podre de rico e sempre parecera gostar muito dele, como se fosse seu próprio filho. Ele só o estava aguardando voltar de uma viagem de lazer para poder lhe pedir ajuda diante da reviravolta que acontecera na sua vida.

Enquanto isso, em Cancun, Inês se esbaldava com as amigas sem suspeitar da falência de seu pai.

Capítulo 4

O admirável padrinho

No dia seguinte, logo depois do almoço, Juliano Bianucci partiu para o Clube Pinheiros, ansioso por encontrar seu padrinho de batismo que acabara de voltar de viagem. Não demorou muito para avistar sua figura pequena e compacta, vestido como um americano residente na Florida. Um senhor de meia-idade, muito capaz, com um olhar perspicaz, e bastante gentil na maneira de falar.

O traço seu que mais despertava a atenção dos outros, eram seus olhos claros, de um verde reluzente. O cabelo, grisalho, estava bem aparado e devidamente penteado como sempre. Um homem, enfim, que gostava de cuidar da aparência, mas sem exageros.

Quando Juliano se aproximou, seu padrinho se levantou da cadeira de vime na qual se encontrava sentado, e o cumprimentou entusiasticamente, tomando suas mãos entre as suas e dando-lhes pancadinhas afetuosas.

– Meu afilhado adorado, que bom revê-lo.
– Olá, padrinho.
– Sente-se – falou o homem simpático, indicando-lhe outra poltrona confortável de vime. – Como vão seus pais? E seus irmãos?
– É sobre o meu pai que vim lhe falar, padrinho.
– Pela sua expressão percebo que há algo errado com ele. Aconteceu alguma coisa grave?
– Infelizmente, sim, padrinho. A empresa do papai faliu.

O homem absorveu a informação sem fazer alarde.
– Que triste.
– Triste? É péssimo!

— Sim, sem dúvida. Pois quando uma empresa fracassa, meu afilhado, não é só o proprietário quem perde, todos os funcionários perdem com ele. Seus fornecedores também. É lamentável para todos, apesar de a maioria dos que dela dependiam, não perceberem.

— Padrinho, acho que o momento não é para se pensar nos empregados da empresa.

— Como não? Eles têm famílias para sustentar, crediários para pagar.

— Sei, mas o importante agora sou eu, não acha?

— Você?!

— Sim, estamos a zero. Segundo meu pai, não temos um centavo sequer para comprar um pãozinho francês. Só temos contas e mais contas para pagar. Meu carro só vai ficar comigo porque o papai o passou direto para o meu nome, senão seria também confiscado pela justiça como será o dele e de minha mãe.

— Sei...

— Como o senhor pode perceber, a situação é bem grave, logo meus cartões de crédito serão cortados por falta de pagamento e...

— E o que você pretende fazer, meu afilhado?

— Pedir auxílio ao senhor que é meu padrinho de batismo. Pelo que sei, quando o pai do afilhado vem a faltar, é o padrinho quem deve auxiliar o afilhado. Estou certo, não estou?

— Sim.

— Ufa! Agora me sinto melhor. O senhor acredita que o papai pretende vender a sociedade aqui no clube para usar o dinheiro para pagar despesas pessoais?

— Que ótimo que ele ainda tem essas cotas para vender.

— Ótimo? Eu acho péssimo. Como eu vou viver sem este clube? Isso aqui é minha vida. Passo praticamente boa parte do meu tempo aqui.

— Com quantos anos você está mesmo, afilhado?

— Com 21.

— E a faculdade? Segundo me recordo você fez uma e desistiu depois do primeiro ano, certo?

— Aquilo era um horror! — O desprezo na voz de Juliano era notável. — A que eu estava cursando atualmente até que era legal, me identifiquei mais.

— Era?! Como assim, era?
— Ora, padrinho, sem dinheiro para pagá-la, não terei mais como frequentá-la.
— Em que ano você estava? Pelos meus cálculos, no terceiro, não?
— Estaria se não tivesse pegado muitas DPs, mas deixa pra lá.
— Que pena! Se tivesse cursado com empenho, faltaria pouco para terminar, não é mesmo?
— Sim, mas...
— E seu irmão? Ainda está na faculdade, não?
— Sim e agora que o papai não tem mais como pagar as mensalidades para ele, o bobão pretende pagá-las com a venda de cachorros-quentes e bombons de leite Ninho, pode?
— Cachorros-quentes... Bombons...?!
— É. Foi ideia da namoradinha dele, uma pobretona que para pagar a faculdade dela fez uso do mesmo esquema.
— Explique-se melhor.
— É simples. Ela irá preparar os ingredientes para montar os hot-dogs na casa dela e levará tudo num desses carrinhos de cachorro-quente para frente da faculdade onde o Danilo estuda. Então, aguarda ele sair para o intervalo para que possa ajudá-la a vender os hot-dogs e os bombons para os alunos dali. Os bombons ela obviamente já leva pronto de sua casa. O Danilo inclusive pretende ajudá-la a prepará-los. — Ele riu, debochado. — Só o Danilo mesmo. Só quero ver até quando ele vai aguentar tanta humilhação.
— Acho digno da parte dele. Todo trabalho é digno.
Risos debochados por parte de Juliano.
— Padrinho, por favor.
— Mas...
O homem não foi além, Juliano o cortou bruscamente, dizendo:
— Bom, padrinho, vamos ao que interessa? Gosto de ser prático e objetivo. O Senhor pode me ajudar financeiramente a partir de agora?
As sobrancelhas do homem se arquearam de espanto, enquanto Juliano, sem se intimidar, prosseguiu:
— Preciso de dinheiro para pôr gasolina, para frequentar as baladas, para, enfim, fazer coisas que um homem da minha idade

deve fazer, o Senhor compreende, não?
– Sei...
– E então? Que tal me pôr como seu dependente no seu plano de saúde e no daqui do clube caso o meu pai venda realmente a sociedade?
– Afilhado, também gosto de ser prático e objetivo. Eu poderia até colocá-lo como dependente do meu plano de saúde e do clube, mas não farei.
– Não fará, como assim, não fará? Que história é essa? O Senhor é meu padrinho.
– Sim, eu sei, e por ser, é que vou ajudá-lo de outra forma.
Novo suspiro de alívio por parte de Juliano.
– Ah, sim, com dinheiro, espero!
– Também não, meu querido. Minhas despesas são altas e...
– Que despesas têm um velho da sua idade?
– Eu não sou velho, tenho apenas 53 anos.
– 53?! Velho! Qualquer um da minha idade vai concordar comigo que uma pessoa de 53 anos é velha, sim!
– Porque são bobas e imaturas! Diamantes que ainda precisam ser lapidados.
Juliano fez bico e o homem prosseguiu:
– Afilhado, deixa eu lhe explicar uma coisa. Você não é mais um garotinho para continuar levando vida de garotinho. Você já é um rapaz de 21 anos e está mais do que na hora de assumir responsabilidades. Mesmo que seu pai não tivesse falido, você já deveria ter assumido responsabilidade pelo que lhe cabe. Essa é a minha opinião.
– A sua opinião? Opinião de merda, né?
– Afilhado, ouça-me, a melhor e maior ajuda que posso lhe dar agora é aconselhá-lo.
– E desde quando conselhos são bons? Se fossem, eram vendidos, não distribuídos gratuitamente.
– Você quer pagar por um conselho meu? Eu vendo. Se para você, ele só tiver valor quando pago, eu vendo, um ou mais.
– Poupe-me das piadas, padrinho.
– Pois Juliano, saiba que você acaba de me ajudar a perceber, mais uma vez, que tudo aquilo que se dá de graça, a maioria das pessoas não valoriza devidamente. Penso até que você viveu isso na prática. Nunca valorizou nada do que recebia, porque nunca

teve de pagar por nada. Ganhou fácil, perdeu fácil, tudo bem, não teve esforço nenhum para obter, então por que preservar? Agora, no entanto, você terá a oportunidade de aprender a valorizar tudo o que possui e que pode vir a conquistar com o tempo, o que o fará se sentir útil e feliz por conseguir e preservar o que conquistou.

Juliano muito seriamente lhe perguntou:

– O Senhor bebeu? – e girou o pescoço, de um lado para o outro, em busca de um copo de uísque.

– Não, filho.

– Não me chame de filho, não sou seu filho! Sou seu afilhado e o Senhor pelo que vejo é um péssimo padrinho. Péssimo, com letra maiúscula.

– Juliano, ouça-me. A vida não tirou nada de você nem de nenhum outro membro da sua família. Ela apenas está dando a todos a oportunidade de rever seus valores e explorar outras potencialidades internas, até mesmo da alma.

– O Senhor bebeu, sim, e foi cachaça pura, da braba!

O homem gargalhou.

– Juliano, por favor.

– Deixe-me sentir o bafo, *vamos!*

– Juliano, acredite em mim. O que lhe digo pode parecer papo de careta ou de pinguço, papo de maluco até, mas é sério. Jamais brincaria com você, nas condições em que se encontra. O que digo é muito sério. É algo para o seu crescimento pessoal e espiritual. Algo importante para sua alma imortal.

O rapaz perdeu de vez a paciência, levantou-se e falou, rispidamente:

– Padrinho, eu não sei o que o Senhor anda tomando, ou fumando ou cheirando, mas que anda viciado em algum *barato,* ah, isso anda. Cuidado!

– Cuidado?

– É, cuidado!

– Você está me aconselhando? Devo ouvi-lo depois do que me falou sobre conselhos?

Juliano fez bico e com ares de ódio e revolta partiu sem sequer se despedir de seu padrinho de batismo.

Minutos depois, José Augusto chegava ao Clube Pinheiros para tentar vender sua sociedade no clube, para que pudesse usar o dinheiro obtido com a venda no pagamento de suas despesas mais urgentes. Assim que pisou no local, muitos de seus amigos e conhecidos fingiram não vê-lo, ao cumprimentá-los com um aceno. Muitos, inclusive, que haviam estado na festa de dezoito anos de Inês, dias atrás, e ele jamais pensou que reagiriam com indiferença e desprezo após sua ruína financeira.

Ele agora se sentia tão humilhado quanto desapontado e decepcionado com todos. Saber que fora querido e tivera amigos somente por ter tido uma posição financeira privilegiada, era terrível demais. Tão terrível quanto perder tudo. Não é à toa que se dizia: para saber quantos amigos tem, faça uma festa. Para saber quantos destes amigos são verdadeiros, fique doente.

Ao avistar o padrinho do filho mais velho, José Augusto receou que ele também o ignorasse, o que não aconteceu; pelo contrário, foi ele quem lhe acenou e fez sinal para que fosse até lá.

Logo após seu compadre lhe dar as boas-vindas, José Augusto desabafou:

— Estou decepcionado com o tanto de pessoas que pensei que eram meus amigos de verdade e não são.

— José Augusto, meu compadre querido, nunca se perde na vida o que não se tem, o que nunca se teve, nem nunca teremos, é o que eu sempre digo.

— Como assim?

— Veja bem, a sua falência está lhe permitindo descobrir quem realmente são seus amigos de verdade. É um ganho tremendo! Agora você terá a possibilidade de saber quem realmente gosta de você.

— Receio não sobrar ninguém.

— Maravilha! Será sinal de que você precisa fazer novos amigos, com outros valores. Será um ganho muito importante na sua vida doravante.

— Não tinha visto por esse lado. Penso, porém, que teria sido melhor eu nunca ter descoberto tal verdade.

— Se você acha bonito viver em meio a gente falsa e interesseira, maravilha... Se não gosta... Eu não gosto de falsos amigos, ainda que me reste só um, que esse "um" seja real e verdadeiro. Faz bem para a alma, sabia?

— Compadre, você tem uma visão muito diferente do caos.

— Caos?

– Sim, minha vida se transformou num caos.
– Será mesmo um caos, José Augusto?
– Como não?
– Pense numa rodoviária de São Paulo, na hora de pico. Você vê pessoas e mais pessoas andando apressadas de um lado para o outro, certo? O aglomerado parece um caos, mas cada uma delas segue seu objetivo predeterminado com maestria. Cada uma ali está indo para um destino, cumprindo o que traçou para si. Não há caos algum.
– Verdade. Jamais encarei o fato dessa forma.
– O que prova que você tem muito ainda a aprender sobre a vida, meu amigo. E o aprendizado é o alimento da alma. O que expande a sabedoria, o que nos leva à evolução. Aconselho-o a pensar na sua vida, de agora em diante, em tudo o que lhe aconteceu e está acontecendo, como algo positivo...
– É tão difícil encontrar algo de positivo em meio a tudo isso.
– A princípio pode parecer que realmente não exista nada de positivo, mas depois, meu amigo... Guarde na lembrança o que lhe digo agora, de coração, porque daqui a alguns anos você certamente me compreenderá melhor.
– Está bem.
– Agora vamos tomar um refresco ou um drinque, o que você quiser. É meu convidado. Aproveito para lhe falar do Juliano, ele esteve aqui.
– Coitado, está revoltado comigo por tudo que deixei acontecer.
– Mesmo assim não é motivo para ele se revoltar contra você. Numa hora dessas, o certo a se fazer por parte dele, é procurar compreendê-lo e não se revoltar contra você que o criou sempre com tanto carinho e fartura. É hora de ele reconhecer tudo o que fez por ele até hoje, agradecê-lo e procurar ajudá-lo a superar esse momento para ambos triunfarem no final. Esta é, pelo menos, a minha opinião.

José Augusto concordou com o compadre, ainda que duvidasse que Juliano fosse capaz de reconhecer tudo o que sempre fez por ele.

Ao chegar em sua casa, José Augusto encontrou novamente a esposa à beira de um colapso nervoso.

– Sônia...

– Fale! – respondeu ela, agressivamente.

– Estive no clube hoje e fiquei decepcionado com... Mas o padrinho do nosso filho me fez compreender que...

– Ele diz isso porque continua montado no dinheiro, se estivesse na sua pele, na minha, duvido muito que lhe daria tal conselho. Não é à toa que dizem que pimenta no... é refresco.

– Mesmo assim...

José Augusto preferiu continuar seguindo os conselhos daquele que sempre fora seu grande amigo e compadre querido.

– E quanto ao seu trabalho, José Augusto? Como é que você pretende ganhar dinheiro de agora em diante?

– Estou distribuindo alguns currículos. Nosso compadre prometeu me ajudar.

– Quer dizer que agora você vai ser empregado, é isso? Depois de ter sido patrão, agora será um mero empregado.

– Preciso de um salário para continuar pagando pelas minhas despesas mensais, Sônia. Porque minhas economias, as que consegui guardar, que não foram confiscadas, em breve acabarão.

Ela tinha deixado de prestar atenção. Remexia com os dedos os luxuriantes cachos do penteado, num gesto que o marido bem conhecia.

– Só mais uma pergunta, Sônia Regina. Você alguma vez me amou de verdade? Ou foi pelo dinheiro que eu tinha na época que se casou comigo para lhe garantir um futuro promissor?

Ela não pôde responder, porque naquele instante o ruído penetrante e desagradável da campainha ecoou insistentemente pela casa. Uma vez que já haviam dispensado toda a criadagem por falta de dinheiro para continuar mantendo todos, a própria Sônia foi atender à porta. Certamente que se prontificou a fazer aquilo para fugir da resposta que a pergunta do marido exigia que ela fizesse.

– Boa tarde. Dona Sônia Regina, por favor.

– Quem deseja?

– Oficial de justiça. Viemos apanhar o carro dela.

– O quê?! Vocês não podem fazer isso. É meu único carro. Quem faliu foi meu marido, não eu.

– Esta é uma ação judicial.

Sônia Regina perdeu totalmente o controle, se pôs a dizer os maiores impropérios a altos brados. Toda sua classe havia desaparecido por completo, nunca fora tão grosseira e baixa como naquele instante. José Augusto precisou intervir antes que a esposa perdesse de vez a noção da realidade e dos bons modos. Perder o carro, foi para Sônia Regina, como se alguém tivesse confiscado um órgão seu vital. Ela chorou como uma garotinha mimada, se descabelando toda, batendo os pés, o exemplo do mimo e da manha total.

Danilo voltara para casa naquele instante e, por isso, pôde presenciar mais aquele ataque histérico da mãe. Juliano chegou em seguida e diante da situação, gargalhou irônico, zombando impiedosamente dos pais.

– Juliano, por favor.

E o rapaz gargalhou ainda mais, jogando-se no sofá, moleque como nunca.

Danilo, amavelmente se dirigiu ao pai:

– Papai aqui estão as chaves do carro.

– Seu carro?!

– Sim. Para o senhor vendê-lo e usar o dinheiro para se manter até que tudo melhore. Não é muito... É só o que tenho. Aceite de coração.

– Mas Danilo, meu filho, como é que você vai se locomover pela cidade?

– De ônibus, papai. Ônibus e metrô. São Paulo tem um dos melhores metrôs do mundo. Não é justo desperdiçá-lo. Além do mais, é mais rápido, evita-se trânsito.

– Isso lá é verdade, mas...

– Pegue as chaves, papai, por favor. O senhor me sustentou a vida toda, se sou alguém hoje, é graças ao Senhor e à mamãe, portanto, é mais do que certo que eu o ajude agora.

– Falando assim você me deixa emocionado, Danilo.

O pai pegou as chaves e imediatamente abraçou o filho, apertado. Ambos vertendo-se em lágrimas de compaixão, algo raro entre os seres humanos. Danilo, ao voltar os olhos para Juliano, que assistia a tudo, desdenhando a cena com seu olhar irônico, tentou incentivá-lo pelo olhar a fazer o mesmo em relação ao pai.

– Você, por acaso, está insinuando que eu faça o mesmo que você, Danilo? Que eu dê o meu carro para esse homem aí? – Ele riu e empinando o peito e o queixo para cima, com ares de superioridade: – Ah, Danilo, por favor!

Danilo se desvencilhou do abraço com o pai e se dirigiu ao irmão, dessa vez, por meio de palavras:

– É uma forma de ajudar o papai, Juliano.

– Ajude você.

Danilo o lembrou:

– Seu carro custa uma fortuna, Juliano, com a venda dele o papai poderá se manter por uns bons meses até que...

– Esqueça! O carro é meu e ninguém tasca! – indignou-se o rapaz mais uma vez. – Foi um presente.

– Pago com o dinheiro do papai.

– Ele que tivesse pensado melhor antes de ter gasto o seu rico dinheiro comigo, agora é tarde!

José Augusto segurou Danilo pelo antebraço, dizendo:

– Deixe pra lá, Danilo. Eu me viro. Sua ajuda já me foi de grande valia.

Danilo, tomado de indignação pela reação do irmão, achou melhor atender ao pedido de seu pai, enquanto Juliano voltou a ofender seu progenitor a toda voz:

– Foi seu paizinho aí, Danilo, quem se meteu nessa enrascada. Ele que agora se tire dela!

– Não é bem assim, Juliano.

– É assim, sim, Danilo! Só sei que no meu carro ninguém põe a mão, tampouco empresto. Não me venha você, depois, querer emprestá-lo para ir à faculdade ou a uma balada, ou até mesmo até à casa da pobretona da sua namorada, porque não emprestarei, ouviu?

Sônia Regina, que até então se mantivera calada, apoiou a decisão do filho mais velho, massageando seu ombro, transmitindo pelo olhar concordância com sua atitude. A seguir Juliano expressou sua revolta em relação ao padrinho.

– Ele é mesmo um pão-duro miserável, caduco de uma figa. Só você mesmo p-a-p-a-i, nem para escolher um padrinho que pudesse me ajudar numa hora tão difícil como essa o Senhor prestou. Um padrinho que honrasse o título de padrinho. Que cumprisse as obrigações de padrinho. Quero só ver o que aquele velho chato vai fazer com o dinheiro dele, que ele tanto economiza, quando estiver a sete palmos abaixo da terra. Só sei que eu ainda vou estar aqui para rir daquele imbecil muquirana. Mesquinho e safardana.

José Augusto chegou a pensar em defender o compadre, mas logo desistiu, ao perceber de que nada adiantaria no momento. Só lembrou a todos, mais uma vez, que a casa logo também seria tomada pela justiça e eles seriam obrigados a se mudar dali para outra que ele já estava providenciando, por meio das economias que guardou para uma emergência como aquela.

O primeiro dia de Danilo pegar o ônibus foi para o rapaz uma experiência marcante. Jamais pensou que os veículos passassem tão cedo já lotados de passageiros. Por um longo caminho ele seguiu espremido e quase sem ar, mas nada de esmorecer. No dia seguinte ele decidiu acordar mais cedo para pegar o ônibus mais vazio e também chegar mais tranquilo à faculdade.

Devidos às cobranças que não mais paravam de chegar por meio do correio e telefone, José Augusto e Sônia Regina decidiram mudar o número do telefone assim que fossem obrigados a se mudarem daquela casa.

Capítulo 5

Inês volta da viagem

Nos dias que se seguiram, José Augusto se tornou um homem abatido e triste, mostrando vários anos a mais do que sua verdadeira idade. Quando a filha voltou da viagem de uma semana no Caribe, mais um dos presentes que havia pedido ao pai em comemoração aos seus dezoito anos, José Augusto estava prestes a viver um novo drama. Tão árduo quanto fora para ele ter de contar para os filhos e a esposa a respeito de sua falência, seria contar para a filha que tanto amava.

Logo, todos estavam novamente reunidos na sala de estar para dar a notícia à jovem que assim que ouviu tudo, detalhadamente, pareceu não compreender a gravidade da situação.

– Inês você ainda não entendeu a gravidade da situação? – explodiu Juliano, impaciente. – Quando o seu paizinho querido diz que faliu, que não tem mais nenhum centavo, quer dizer que ele realmente não tem! Nem para você fazer as unhas das mãos e dos pés, escovar e pentear seus cabelos no mais barato salão de beleza dos Jardins, tampouco para fazer suas massagens habituais, seu curso de inglês, francês e academia de ginástica com *personal trainer*. Diga adeus a tudo, minha querida, porque tudo realmente acabou!

– Não pode ser, Juliano. Ninguém perde o dinheiro todo assim da noite para o dia.

– Mas o teu paizinho querido aí, perdeu! Não teria perdido se tivesse reunido todos nós e exposto os fatos, mas ele não teve coragem! Foi isso que o gerente da nossa empresa falida me contou hoje, quando passei na casa dele para tirar satisfações.

Sônia Regina falou pela primeira vez:

– É verdade, José Augusto?

O marido assentiu, sem encarar a mulher que o fulminava com os olhos.

– Ele não queria passar vergonha na nossa frente, por isso evitou, até o último momento, nos revelar tudo – continuou Juliano. – Se tivesse contado antes, teríamos, com certeza, contornado a situação, economizando devidamente. O *p-a-p-a-i* foi mesmo uma besta. É uma besta!

– Não fale assim do nosso pai! – reclamou Danilo, ofendido novamente com o modo do irmão se dirigir a ele.

– Nosso?! – desdenhou Juliano. – Pode ficar com ele. Eu não o quero mais, de que serventia tem ele agora para mim?

– Juliano, cale essa sua boca! – esbravejou Danilo, indignado mais uma vez com a reação do rapaz. – Enquanto o papai lhe deu tudo do bom e do melhor, ele serviu para você, agora que não pode mais, é tratado como um lixo.

– É! Você pensa que eu vou ter vergonha de assumir o que penso dele na frente dele? Não vou, não! Hipocrisia tem limite, Danilo, burrice também!

Danilo não deixou por menos:

– Você gostaria que um filho seu fizesse isso com você, Juliano? Amasse sua pessoa enquanto você fosse conveniente para ele e quando não mais, fosse descartado feito lixo?

Juliano, dando de ombros, respondeu:

– Se fosse meu filho que fizesse isso comigo ou qualquer outro, eu entenderia, porque seria vergonhoso demais para ele ou alguém mais ter de encarar uma pessoa fracassada como eu. Estariam agindo corretamente comigo.

Danilo voltou a defender o pai:

– Se o papai tivesse exposto as más condições da empresa, teríamos colaborado com ele? Reduzido os gastos? Economizado? Duvido muito.

– Economizar mais no quê, Danilo? Tem gente que vive uma vida muito mais luxuosa do que a nossa. Com muito mais regalias. A nossa vidinha, perto de muitos ricos, é medíocre.

– Era, meu irmão. ERA! Porque agora, o muito que para você foi sempre tão pouco, não existe mais.

Juliano, enfurecido, deixou o aposento, pisando duro. Sônia Regina saiu atrás dele, em busca de um calmante. Restaram na sala somente Inês, Danilo e José Augusto. A jovem ainda se recusava a acreditar que tudo aquilo fosse verdade.

– E o meu casamento com o Eduardo? O senhor ainda terá condições de fazê-lo em grande estilo, não é mesmo? Com uma linda festa como eu sempre sonhei, não é?

Foi Danilo quem respondeu:

– Esqueça, Inês. Duvido muito que o papai se reerga até lá. Não que ele não possa se reerguer, ele vai sim, acredito piamente nisso, mas não a um nível de gastar com exageros.

– Exageros? Desde quando meu casamento...

– Inês. Se você quer realmente uma festa luxuosa de casamento, a família do Eduardo com certeza poderá fazer. Eles continuam extremamente ricos.

– Mas é o pai da noiva quem paga pela festa, Danilo. Sempre ouvi dizer isso desde criança.

– Nem sempre as coisas são como esperamos, Inês. Muitas vezes o que planejamos não acontece, é preciso replanejar.

A jovem fez bico. Foi então que Danilo lhe falou sobre o carro que ele dera para o pai vender, para que pudesse se sustentar até que conseguisse um emprego. Ao sugerir a ela que fizesse o mesmo, Inês se recusou no mesmo instante.

– Eu, sem carro? Nunca! – enervou-se ela, elevando a voz. – Nem pensar. Não, não, não! – Ela bufou. – Ainda bem que ainda temos esta casa.

– Tínhamos, Inês. Ela muito em breve também será confiscada pelo banco. Eu sinto muito.

Voltando-se para o pai, com lágrimas nos olhos, ela perguntou:

– Isso também é verdade, papai?

– Sim, filha. Mas não se preocupe, com uma pequena reserva para emergências como essa, vou comprar uma outra para morarmos. Uma bem modesta, certamente, mas...

– Modesta?

– Sim, num bairro...

– Noutro bairro?!

– Sim, filha.

– O que as minhas amigas vão pensar de mim?

Danilo opinou:

– Tentamos lhe dizer que a situação é crítica, Inês.

55

Ouviu-se então a voz de Juliano ecoar até lá:
– Aceite que dói menos, querida! Pelo menos é o que diz o ditado.
E sua gargalhada ecoou sinistramente novamente pela casa.

Inês, ao chegar à casa do namorado, o rapaz notou de imediato seu abatimento. Logo ela se abriu com ele, expondo, entre lágrimas, o caos que se tornou a vida de sua família. Eduardo abraçou a jovem e procurou consolá-la com afagos e beijos.
– Inês, meu amor, não culpe seu pai por nada do que aconteceu – disse ele ao seu ouvido. – O problema é este país e os altos e baixos de sua economia. Tenho a certeza de que seu pai fez o melhor que podia, se errou, é porque todos erram.
– E agora, Eduardo? O que vai ser de mim? Não tenho mais condições de pagar por uma faculdade, como vou poder me formar?
– Calma, Inês. Para tudo há uma solução. Há faculdades do governo, basta estudar.
– Estudar? Eu detesto estudar.
– Se quer cursar uma faculdade gratuita precisará estudar.
– Se fosse uma particular, não tanto. Agora estou perdida.
– Acalme-se. No final, tudo dá certo. Estou aqui por você. Pode contar comigo para o que der e vier. O meu pai pode conseguir um emprego para você no supermercado da nossa família.
Ela se desvencilhou dos braços do rapaz e disse, no mesmo instante:
– Eu trabalhando num supermercado?
– Num dos melhores de São Paulo, Inês. Senão o melhor. No coração dos Jardins, onde só frequenta a elite paulistana.
– Por isso mesmo que eu não quero trabalhar lá. Não quero ninguém dessa gente me vendo num subemprego.
– Mas eu trabalho no supermercado, Inês. Desde os meus dezesseis anos. Não tenho vergonha. Meu pai sempre nos ensinou que o importante é trabalhar, dignamente, não importa a função. Eu acho que ele está certo.
– Ele diz isso porque é rico, nasceu rico, não teve de se submeter a um subemprego, ainda mais sendo observado pela elite da cidade.
– Pois você está enganada, Inês. Meu pai trabalhou no super-

mercado do pai dele desde garoto. Carregava e desembrulhava caixas. Foi durante muito tempo, um trabalho braçal, e ele se orgulha muito disso.

– Disse bem: ele! Eu não me orgulharia.

Eduardo achou melhor mudar de assunto:

– Você ainda está muito abalada com o que aconteceu. Precisa de tempo para aceitar os fatos e viver o que tiver de ser vivido.

Inês o abraçou forte.

– Você vai me proteger, não vai, Eduardo? Por favor.

– É lógico que sim, meu amor.

A cena se fechou com um beijo.

Ao voltar para casa, Inês viveu novo baque ao ser informada que teriam de desocupar a mansão o quanto antes.

– O quê?! – exclamou, chocada. – Mudar-se daqui? Para onde? Quando?

José Augusto explicou:

– Para uma casa mais simples e menor, filha.

– Uma mais simples e menor?! Onde?

– Noutro bairro.

– Mas minhas amigas e os meus amigos moram todos no Jardim Europa, papai. Como vou viver longe deles? Que vergonha, meu Deus. Que vergonha!

– Não é também o fim do mundo, Inês – argumentou Danilo, tentando pôr panos quentes na situação.

– Pode não ser para você, Danilo. Para mim é. Estou arrasada. Minha vida acabou!

Voltando-se para a mãe, que se mantinha calada, num canto da sala, chorando copiosamente pela necessidade de terem de se mudar, Inês lhe pediu apoio por meio do olhar. No mesmo instante, Sônia Regina foi até a filha e a confortou em seus braços.

– Minha querida, minha querida... – mãe e filha se abraçaram e choraram uma no ombro da outra.

– Que desgraça foi acontecer na nossa vida, mamãe.

– Nem fale, meu anjo. Nem fale.

Danilo não se conteve, por considerar o drama exagerado, opinou:

– Inês, mamãe, vocês duas estão exagerando. Há males bem piores do que esse que estamos passando. Se é que podemos

57

considerar um mal. Trata-se apenas de uma mudança de casa. Um novo começo, uma nova etapa. De qualquer modo, eu, Inês e Juliano, assim que nos casarmos teremos de mudar de casa, ou seja, mudanças haveriam de acontecer, cedo ou tarde.

– Veja só o jeito que o Danilo fala, mamãe. Para ele é tudo tão simples...

– E é – confirmou o rapaz, imediatamente.

– Não ter amor a esta casa, a este bairro e a vida que levávamos, Danilo, para mim é sinal de burrice.

– Amor devemos ter pelas pessoas, Inês, não pela matéria.

– Pois eu, Danilo, tenho amor a esta casa, a este bairro, à vida que sempre levei desde garotinha. Eu sou assim e não vou mudar!

– Entendo que esteja sendo difícil para você toda essa mudança... Com o tempo, certamente...

– Danilo, por favor, cale essa boca! O que eu menos quero nessa hora, é um conselheiro conformista do meu lado.

– Só estou tentando ajudar.

– Saiba que não conseguiu. Agora nos deixe em paz.

Danilo achou mesmo melhor conter suas opiniões.

A despedida da mansão nos Jardins foi desesperadora. Todos choraram e sentiram tanto quanto estivessem se despedindo de um ente querido morto. Sônia Regina chegou a perambular pela casa, passando as mãos pelas paredes como se fossem humanas, ou o ar que precisava para se manter viva. Inês também fez questão de admirar pela última vez cada cômodo da mansão, enquanto Juliano, ainda que emotivo, espumava de raiva por ter de se mudar da casa que tanto adorava. Voltando-se para o pai, foi severo e sincero mais uma vez com ele:

– Só de pensar que a culpa é toda sua, *p-a-p-a-i...*

A palavra "papai" foi pronunciada envolta de deboche e descaso. José Augusto também chorou por ter de se mudar dali, pois também adorava o lugar, o bairro, tudo ali, enfim.

– Pode chorar, *p-a-p-a-i...* – desafiou Juliano, ácido como nunca. – Nenhuma lágrima vai reverter a situação de *merda* em que o Senhor nos pôs.

Enquanto a família Bianucci vivia o drama do desapego, da necessidade de aceitar novos rumos na vida, Danilo Bianucci continuava decidido a estudar mais, reclamando da vida cada dia menos, revoltando-se jamais, sendo otimista, sempre.

Ao chegarem à nova casa, a decepção foi ainda maior.

– É nessa espelunca que vamos morar daqui por diante? – desdenhou Juliano, lançando e relançado olhares enojados para a morada de 4 quartos espaçosos e confortáveis, 4 banheiros, duas salas razoavelmente grandes, copa e cozinha exemplares, um agradável quintal aos fundos com uma edícula, necessitada de reforma, mas suficientemente capaz de ser aproveitada, além de espaço suficiente para construírem uma piscina, quando tivessem dinheiro sobrando para isso.

A nova residência ficava no bairro da Vila Mariana, na Rua Joaquim Távora, 159, na parte voltada para a Aclimação. Fora construída no início dos anos cinquenta por um médico em ascensão, filho de japoneses, que com a esposa tiveram duas filhas. Também morou ali, aos fundos, quando a edícula ainda era novinha, sua mãe ao ficar viúva. Uma casa antiga, repintada por diversas vezes, mas que agora necessitava de uma nova pintura que não aconteceria simplesmente por total falta de dinheiro.

– Isso mais parece um pardieiro – comentou Sônia Regina, arrasada.

– E a vizinhança, mamãe – reclamou Inês, melindrosa. – Um bando de pobres.

– Não são pobres – defendeu José Augusto. – São pessoas que tiveram grande êxito financeiro no final dos anos quarenta e começo dos anos cinquenta, e aqui construíram a casa de seus sonhos.

– Isso aqui, uma casa dos sonhos? Ah, *p-a-p-a-i*, tenha paciência! – zombou Juliano, jogando a cabeça parta trás como sempre fazia ao debochar de algo.

– Sim. Aqui era um bairro nobre...

– Mas não se compara aos Jardins. Nada se compara aos Jardins.

– Não, mas a Vila Mariana continua sendo um excelente bairro para se morar na cidade de São Paulo.

– Credo!

Voltando-se para a mãe, a filha quis saber:

– Quando chegarão os empregados para porem tudo no lugar,

mamãe?

Sônia Regina não se aguentou, explodiu num pranto agonizante a ponto de se curvar, agachando feito uma criancinha assustada.

– Mamãe! – alarmou-se Inês, indo ao seu auxílio.

Juliano, rindo zombeteiramente, explicou à irmã:

– Não haverá empregada alguma para nos ajudar a pôr tudo no lugar, maninha. Somos nós que teremos de fazer, se quisermos que essa casa fique arrumada.

– O quê?!

– É isso mesmo o que você ouviu, doçura.

Inês, recusando-se a acreditar no irmão, voltou-se para a mãe, ansiando por suas palavras. Sônia Regina, ainda chorando, confirmou o que o filho disse, com um leve balanço positivo da cabeça.

– É verdade, filha. Não temos condições de contratar ninguém. Nós mesmos é que teremos de pôr a mão na massa.

– Não pode ser... Isso pode ser um pesadelo. Que horror, mamãe, a Senhora tendo de se prestar a esse papel.

– Isso não é tudo, Inês. Se eu quiser manter esta casa limpa, eu mesma terei de fazer a faxina semanalmente.

– O quê?! – A jovem voltou-se para o pai que se mantinha calado, tão devastado por dentro quanto todos, e exigiu uma solução:
– Quer dizer agora que a minha mãe vai virar faxineira, papai? O Senhor tem de dar um jeito nessa situação. É uma vergonha!

– Infelizmente, Inês, no momento estou sem condições financeiras para...

– É só isso o que o senhor sabe responder nos últimos tempos, já reparou? Vire a página, meu pai! A *p-á-g-i-n-a!*

– Eu vou ajudar sua mãe. Farei tudo o que estiver ao meu alcance.

Inês, balançando a cabeça, inconformada, voltou a abraçar a mãe, chorando novamente por aquilo que para as duas, parecia ser a pior coisa do mundo. A família pelo menos ainda tinha uma casa para se abrigar, e num dos bairros agradabilíssimos de São Paulo. Uma casa própria, sonho de muitos brasileiros que só se materializava, trabalhando com muita persistência, fé, economia e determinação. Mas eles não percebiam isso, pelo menos por ora.

No momento de pôr toda mobília, louça e roupa de cama, mesa e banho no seu devido lugar, Sônia Regina, Juliano e Inês se recusaram a fazer, da mesma forma que se recusaram a limpar tudo ali devidamente. Minutos depois, Juliano partiu com seu carrão para suas aventuras amorosas e Inês foi para o clube tentar espairecer.

Restou a José Augusto pôr tudo em ordem na casa, com a ajuda de Danilo, assim que ele voltou da faculdade. Todavia, Sônia Regina, por achar que os dois não faziam nada corretamente, em meio a outro ataque histérico, acabou se decidindo a limpar os cômodos como achava que deveria ser.

– Eu mesma faço! – exclamou, enfurecida. – Você e seu pai, Danilo, que ponham a mobília no lugar.

E assim foi feito.

Capítulo 6

O dilema de Inês

Ao chegar ao clube, Inês perdeu o chão ao descobrir que seus cartões de crédito estavam todos bloqueados por falta de pagamento, e ela não tinha dinheiro suficiente para pagar o estacionamento do clube. Ela não sabia onde pôr a cara, tamanha vergonha ao ver-se diante de muitos que chegavam ali, olhando para ela como se fosse uma alienígena. O imprevisto fez com que ela deixasse o estacionamento e procurasse por uma vaga na rua, ali perto, para estacionar. Foi quando Gabriel Matarazzo a avistou e acenou para ela.

– Inês! – chamou ele, sorridente.

Ela, surpreendida com sua aparição, sorriu amarelo, constrangida mais uma vez por ser vista ali sendo obrigada a estacionar o carro na rua, algo que nunca fizera em toda vida.

Gabriel era cinco anos mais velho do que Inês, filho de um industrial riquíssimo. Sempre fora afim da jovem que sempre fingiu não perceber seu interesse por ela, por achá-lo feio demais e muito alto para ela. De fato, o jovem media um metro e noventa e perto dela, que não tinha mais do que um e sessenta e cinco, ficava bem mais alto. Ele não era também o que se podia chamar de rostinho de modelo, em compensação era de uma masculinidade tremenda, um esportista nato e amante de viagens. Para Inês, no entanto, tão importante quanto ter dinheiro e status era ter uma boa aparência física, ela tinha de parecer bonita e proporcional ao homem que escolhesse para se casar, junto dele não poderia ficar disforme.

– Inês – tornou Gabriel seguindo na sua direção, verdadeiramente feliz por encontrá-la. – Como vai?

Ele a beijou no rosto carinhosamente e diante do seu embaraço, perguntou:

— Está tudo bem? Está chegando ou indo embora do clube?

— Eu... – ela definitivamente se viu sem palavras, mas Gabriel, sabendo de tudo o que havia acontecido com sua família, deduziu imediatamente o que se passava.

— Quer ir tomar um suco comigo no Fran's Café? Você é minha convidada.

— Bem...

— Por favor.

— Está bem...

Ela estava tão decepcionada com o que aconteceu, que aceitou o convite mais para apaziguar seu ego ferido do que propriamente para ser gentil com o rapaz.

— Soube de tudo o que houve com o seu pai e saiba que sinto muito – admitiu Gabriel, enquanto aguardavam os pedidos serem trazidos pelo garçom. – E você e o Eduardo, vai tudo bem? Se não estiver me diga logo, pois estou na fila, aguardando você.

Um meio sorriso despontou na face de Inês, não tinha ânimo sequer para se descontrair. A fim de alegrá-la, Gabriel começou a contar sobre a sua última viagem pelo mundo. Ele era, sem dúvida alguma, de todas as pessoas que ela conhecia em São Paulo, a que mais curtia a vida, viajando.

Ao se despedirem, ele novamente beijou-lhe o rosto, e foi quando Inês percebeu que a família de Gabriel era muito mais rica do que a de Eduardo Queirós. Percebeu também que ele lhe fora sempre mais generoso, em termos financeiros, do que Eduardo que, no fundo, sempre considerou um pão-duro nato, tal qual Ebenezer Scrooge do clássico "Um Conto de Natal", de Charles Dickens.

— Foi uma tarde agradável, não foi? – comentou ela com entusiasmo súbito. – Poderíamos repetir qualquer dia desses, o que acha?

— Eu adoraria.

A empolgação de Gabriel Matarazzo era visível. Sem mais, ele levou Inês de volta até as imediações do Clube Pinheiros, onde ela havia deixado seu carro estacionado. Ali, os dois novamente se despediram com a promessa de se reverem o mais breve possível.

Ao voltar para casa, Inês encontrou a mãe largada no sofá, resfolegante, tirando um tempo para recompor suas energias.

Alegremente, ela lhe contou tudo sobre o encontro inesperado que tivera com Gabriel Matarazzo naquele dia, e as conclusões que chegou ao seu respeito, ao compará-lo com Eduardo Queirós, seu atual namorado.

– Que os Matarazzo são bem mais ricos do que os Queirós, isso você pode ter certeza, Inês. Agora, cabe a você escolher qual futuro quer dar para si.

– É que eu amo o Eduardo, mamãe. Sou completamente louca por ele.

– Eu sei, filha, mas você tem que pesar qual dos dois lhe dará mais vantagens. A meu ver, é claro que o Gabriel é mais vantajoso.

– Mas ele é tão feio e deve ser uns 50 centímetros mais alto do que eu.

– Cinquenta? Não exagere.

– Mas parece.

– Ainda assim eu ficaria com ele. Não só pelas condições financeiras de sua família, mas também porque tem mais atitude do que o Eduardo. Por amá-la, ele, sim, será capaz de lhe dar mundos e fundos, bem diferente do Eduardo que lhe propôs um emprego no supermercado da família dele. Um emprego ali, onde já se viu?

– O Eduardo foi muito infeliz com essa ideia.

– Por falar em ideia, amadureça a sua. Pese bem os prós e os contras em relação aos dois moços, para não se arrepender depois. E agora me ajude a pôr o restante desta casa em ordem. Se alguém nos perguntar depois, quem ajeitou tudo isso, diremos que foram as faxineiras contratadas, afinal, ninguém estará aqui para testemunhar nossos atos, tampouco fotografando ou filmando...

Sem ver outra escolha, Inês acabou ajudando a mãe, mesmo reclamando do que fazia, a cada minuto.

– Eu mereço – resmungava, em meio a um gemido e outro.

O inesperado e surpreendente aconteceu, quando sua melhor amiga apareceu na casa e a viu toda descabelada e imunda, esfregando o chão com rodo e pano úmido.

– Letícia, você aqui?! – chocou-se Inês sem saber onde pôr a cara.

– Olá, Inês, desculpe-me por ter entrado assim, é que o Danilo disse que eu podia, que você estava aqui...

– Pois é – suspirou Inês, avermelhando-se ainda mais. – Você acredita que as faxineiras que contratamos não apareceram? Sobrou para eu, a mamãe, o papai e o Danilo pormos a casa em ordem.

– Que chato!

– Põe chato nisso.

Inês tentou ajeitar o cabelo desmantelado, suado e tomado de pó e sorriu.

– Vou ajudá-la – prontificou-se Letícia, pondo-se em ação. – Por onde devo começar?

Sônia Regina imediatamente se opôs à ideia:

– Imagina, querida... Você não nasceu para isso. Nem eu nem Inês, mas...

– Que nada, Dona Sônia. Lá em casa quando as faxineiras não vão, eu e minha mãe pomos tudo em ordem. E na casa de campo quando chegamos, que está sempre empoeirada, por mais que vá alguém limpar toda semana, somos nós também que damos um jeito. É limpar ou comer pó.

Enquanto ajudava, Letícia contou as duas sobre um livro que lera e muito apreciou, chamado "Mulheres Fênix, recomeçando a vida". A obra relata a história de mulheres que chegaram ao fundo do poço, por motivos diversos e deram a volta por cima, podendo ser felizes novamente muito além do que pensavam que poderiam ser.

– Duvido que na vida real, alguém, especialmente a mulher, consiga realmente dar a volta por cima, sair do fundo do poço.

– Mas o livro foi totalmente baseado em fatos reais.

– Será mesmo?

– Sim. Posso emprestá-lo a vocês se quiserem. Um livro desses pode ser muito estimulante. Que tal?

Nem Inês nem Sônia pareceram se interessar pela obra, tanto que procuraram mudar de assunto, rapidamente. Horas depois, Inês agradecia imensamente a amiga pela ajuda prestada e lhe pedia de todo coração:

– Pelo amor de Deus, Letícia, não conte a ninguém que eu e minha mãe estávamos fazendo a faxina da casa. Não conte também para onde nos mudamos...

– Mas é uma casa tão gostosa numa rua tão tranquila e arborizada.

– Mas não é nos Jardins, minha querida. Então, por favor.

65

— Está bem. Fique tranquila.

Assim que a jovem partiu, Juliano chegou a casa, espumando de raiva.

— O que houve? — alarmou-se Sônia Regina, ao vê-lo chegando naquele estado.

— Bati o carro — respondeu ele, enfurecido.

— O quê?!

— É isso mesmo o que vocês ouviram.

Danilo procurou ser gentil com o irmão:

— Você está bem? Machucou-se?

— Afaste-se, Danilo! — explodiu o rapaz, sem nenhum tato. — Se eu não estivesse bem, não estaria em pé falando com vocês.

Diante do cheiro da bebida, Danilo não pôde deixar de perguntar:

— Você andou bebendo, Juliano?

— Que pergunta, Danilo! É claro que sim! Estava com a galera num barzinho da Vila Madalena, tomando umas e outras, já que não posso frequentar lugares melhores. Ainda bem que o carro tem seguro, senão...

A voz de José Augusto se elevou a seguir:

— Não tem.

Juliano continuou falando até se dar realmente conta do que o pai havia dito:

— O que foi que o Senhor disse?

— Eu disse que seu carro está sem seguro. Não tive condições de pagar.

— Não teve condições de pagar...? — Juliano riu, amargurado. — O Senhor só pode estar brincando. Não teria me posto numa enrascada dessas

Danilo mais uma vez tentou defender o pai:

— Mas foi você, Juliano, quem se pôs numa enrascada dessas, não o papai.

— Eu por acaso pedi sua opinião, Danilo? Então cale a sua boca!

— Vamos manter a calma — pediu Sônia, tentando parecer tranquila diante da situação.

— Manter a calma, mamãe? Que calma? Esse bocó do seu marido não pagou o seguro do meu carro! Agora serei eu quem terá de pagar pelo conserto do meu veículo e do outro que bati.

Como é que eu vou fazer isso se esse "m..." do meu pai não tem mais um centavo no bolso? Responda-me! E tem mais, mesmo que eu consiga dinheiro para consertar os veículos, como é que eu vou me locomover pela cidade, enquanto o meu carro estiver no conserto?

– Você pode usar o meu – ofereceu-lhe Sônia, o Chevette que José Augusto havia comprado para ela se locomover pela cidade, com parte do dinheiro da venda da casa do Jardim Europa.

– Não me faça rir, mamãe. Eu lá sou homem de andar de *carroça*?

Inês falou a seguir:

– O meu eu não lhe empresto, Juliano. Sinto muito. É tudo que me resta. Além do mais, se você batê-lo como fez com o seu, nas condições em que nos encontramos, estarei tão perdida quanto você.

– Deus meu – desesperou-se o rapaz mais uma vez. – Como é que eu vou andar por aí de agora em diante?

– Seu carro amassou muito? – questionou Inês a seguir. – Se não, você pode usá-lo mesmo amassado.

– Amassado?! Eu lá sou cara de andar com carro amassado, Inês? Endoidou?

Voltando-se para o pai que assistia a tudo, contendo-se de tristeza, mais uma vez, por ter posto a família naquelas condições, Juliano lhe foi impiedoso novamente:

– Nem para pagar um seguro de automóvel o Senhor presta. Nem para isso!

Sônia Regina não deixou por menos, reforçou o que o filho disse, sem dó nem piedade do marido:

– É isso mesmo, José Augusto! O Juliano está inteiramente certo. Nem para isso você serviu. Quanta decepção!

Novamente Juliano irrompeu num grito encolerizado:

– E agora? Como é que eu vou ficar sem carro?

De raiva, começou a chutar tudo ao seu redor, obrigando Danilo a segurá-lo, na tentativa de conter a fúria do irmão, bravura que lhe custou alguns socos e pontapés. Foi mais uma noite fatídica entre os Bianucci. Uma das muitas pelas quais eles jamais queriam ter passado e ansiavam loucamente esquecer.

Capítulo 7

Uma nova oportunidade para Juliano

No dia seguinte, logo pela manhã, Danilo partiu para a faculdade, empolgado e empenhado, como sempre, para se graduar em medicina. Dali, ele agora podia seguir de metrô até a faculdade, só não esperava que àquela hora, os vagões estivessem abarrotados de gente, algo que ele ainda levaria um bom tempo para se acostumar.

Ao contrário do irmão, Juliano e Inês se levantaram da cama somente por volta das onze da manhã. Juliano ainda escovava os dentes quando a mãe foi até ele e disse:

– Filho, de agora em diante é você quem deve arrumar sua cama depois de acordar.

– O quê?!

– Não temos mais empregada, nem faxineira, nem chofer... A casa, apesar de pequena, bem menor da qual vivíamos, é demais para eu limpar sozinha. Todos têm de colaborar.

– A Senhora está me pedindo para eu fazer coisa de mulherzinha, é isso? A Senhora está insinuando, por acaso, que eu vire uma doninha do lar? Não seja ridícula, mamãe.

– Infelizmente, sim, meu querido. Você acha que eu também estou gostando de ter de limpar a casa, fazer a cama, trocar os lençóis, pôr na máquina a roupa para lavar e depois ainda passar? – Ela se arrepiou: – Uí! Nunca!

Visto que ele não se habilitaria a sair sem carro pela cidade, Juliano se viu obrigado a usar o seu próprio veículo, ainda que estivesse amassado e fosse vergonhoso sair naquelas condições. Mais humilhante seria ter de sair a pé ou pegar um ônibus para chegar aonde pretendia.

Uma hora depois, Juliano seguia pela calçada rente ao Shopping Center Iguatemi, exuberante como sempre, de cabelos perfeitamente penteados e óculos escuros, que acentuavam ainda mais a beleza de seu rosto, quando o padrinho, que terminava seu almoço tardio num dos restaurantes do Shopping que dava para a calçada da rua em questão, avistou sua imponente figura e o chamou para uma conversa.

– Juliano, meu *filho,* venha cá.

– Não me chame de filho, porque não sou seu filho – respondeu o rapaz, com surpreendente raiva.

– Posso chamá-lo do que, então? De afilhado? Ou prefere que eu o chame simplesmente de Juliano.

– Juliano está bem para mim.

– Pois bem, Juliano. Aproxime-se.

O rapaz entrou no restaurante e se sentou à mesa que o padrinho ocupava, como ele próprio lhe sugeriu.

– Como vão as coisas, Juliano?

– Péssimas.

– E o que você tem feito para melhorar?

– Melhorar?! Que poder tenho eu para isso, agora que meu pai faliu?

– Bem... – o homem umedeceu os lábios e disse: – Está vendo aquele rapaz alto, de porte atlético, ali no caixa?

– Estou, é o Bruno, filho do Senhor Alvarez, dono deste restaurante.

– Exato. Eles começaram a fazer dinheiro com um simples restaurante de comida mineira. Seu Alvarez era simplesmente um professor e a esposa dele, uma dona de casa, com mãos de fada para cozinhar. Foi ela mesma quem teve a ideia de pilotar a cozinha de um restaurante, no melhor estilo de comida que ela fazia. No início foi árduo, muito árduo. Levou praticamente dois anos até que começassem a obter lucro. Nesse período, por muitas vezes, pensaram em desistir. Mas ela quis continuar, apesar dos poucos resultados positivos que obtinham. Era ela também quem lavava as toalhas das mesas na máquina de lavar do apartamento onde moravam, um de não mais que 80 metros quadrados.

– Sei, e daí?

– E daí, que quando o restaurante começou a obter sucesso, foi uma alegria tremenda. Bruno Alvarez, o filho do casal que você conhece bem, estava com 15 anos nessa época e o pai o convidou a trabalhar no restaurante, pagando-lhe um salário como o de outro qualquer funcionário, na função que ele ocuparia.

— Duvido.

— Pois você pode perguntar a ele. Pergunte-lhe também, o que vou lhe contar, caso também duvide das minhas palavras. Antes de existir o restaurante, o Senhor Alvarez ensinou ao filho algo precioso, a meu ver. Toda vez que Bruninho queria ir a algum lugar e pedia ao pai que o levasse, o pai só o levaria se ele fizesse um resumo de uma matéria do jornal do dia, escolhida pelo próprio Sr. Alvarez.

— O quê?! — Juliano riu, debochado. — Isso não pode ser verdade.

— Deixe-me terminar. Se o Sr. Alvarez achasse bom o resumo, elogiava o filho, se não, pedia a ele que o refizesse. Depois, sim, levava o rapaz, ainda garoto nessa época, aonde ele precisava ir.

— Isso é extorsão.

— Não, a meu ver, isso é educação. Foi assim que o Bruno aprendeu a dar valor às coisas, começando pelo pai, pelo favor que sempre lhe prestava e, mais tarde, pelo trabalho que lhe arranjou no restaurante. O Bruno trabalha com afinco desde os 15 anos e é feliz por trabalhar. Já vem fazendo seu pé de meia há um bom tempo.

— Eu sei que o Bruno trabalha no restaurante do pai, só pensei que fosse de uns meses para cá, depois que se formou. Agora, se ele trabalha aqui, desde os 15 anos, por que então ele fez faculdade?

— Porque seu pai e sua mãe o aconselharam a fazer. Não é porque eles estavam tendo êxito no restaurante que o futuro do rapaz estava garantido. O restaurante ia bem na ocasião, até hoje vai bem, graças a Deus e ao serviço eficiente que prestam, mas também pode fechar de uma hora para outra, como já aconteceu com muitos e com a empresa de seu pai, por exemplo. Neste caso, como ficaria o Bruno? Sabe Juliano, não existe ditado melhor do que aquele que diz: não coloque todos os ovos na mesma cesta, pois se você deixá-la cair, todos quebrarão.

— Ora padrinho, o que tem a ver ovos com o que estamos falando?

— É uma metáfora, Juliano. Quer dizer que é para você desenvolver pelos menos umas três habilidades para se garantir caso uma delas não prospere.

– O Senhor fala difícil.

– Falo?

– O Senhor pode até estar certo nisso tudo que me contou sobre o Bruno, mas numa coisa está errado, erradíssimo. Tenho a certeza de que o Bruno pode pegar do restaurante a quantia que quiser, e quando bem quiser.

– Mas o restaurante não é dele.

– Como não?!

– É do pai dele. Se ele fizer isso estará desrespeitando o pai, estará, entre outras palavras, roubando o próprio pai. Será um desonesto e mau-caráter como outro qualquer. Não é porque uma empresa pertence a seu pai e sua família que você pode fazer dela o que bem entender. Não pode, não! Há regras para se manter uma empresa em funcionamento e ascensão, seja ela de porte pequeno ou grande. Temos de respeitar essas regras se quisermos continuar prosperando.

– Não pode ser, o Bruno não pode ser um assalariado.

Juliano resolveu tirar aquilo a limpo. Foi até o rapaz, saudou-o efusivamente, como sempre fazia, e tocou no assunto. Bruno imediatamente confirmou tudo o que o padrinho havia contado ao afilhado.

– É verdade, sim, Juliano. Trabalho desde os 15 anos, fiz faculdade à noite por causa do meu trabalho, paguei a faculdade com o meu próprio dinheiro, pois só passei numa particular. Meu pai realmente me pedia para fazer resumos de matéria de jornal em troca de uma carona e, no começo, foi bem difícil fazer o restaurante engrenar.

– Mas eu pensei...

– Ah, sim, as pessoas sempre pensam que é fácil... Que tudo sempre foi fácil desde o início, mas não é. Acho que não é para ninguém. E olha, ainda hoje enfrentamos turbulências.

– Sei...

– Eu sou muito grato ao meu pai, sempre serei. Ele me ensinou e ainda me ensina muito. MUITO MESMO! Minha irmã também é grata a ele.

Logo, Juliano estava de volta à mesa onde o padrinho se encontrava sentado, saboreando um delicioso capuccino.

— Padrinho, o senhor tinha razão. O Bruno me confirmou tudo o que disse.

— Que bom, senão eu iria passar por mentiroso.

Risos e, novamente o padrinho chamou o afilhado para junto da janela.

— Está vendo aquele rapaz ali, seguindo pela calçada?

— Estou sim, é o Hélio Baldack.

— O próprio. Filho de Laércio Baldack, proprietário de um dos *franchising* mais famosos do Brasil.

— O velho é milionário, tem casa em Miami, Nova York, Itália.

— Pois bem... O Laércio Baldack é mesmo uma sumidade no mundo dos negócios, mas faltou algo importante para ele em relação a educação dos filhos. Faltou-lhe pulso firme. Faltou-lhe fazer o que o pai do Bruno fez com o Bruno: ensiná-lo a valorizar o que o pai tem e o que ganha, por meio do seu próprio trabalho. Laércio Baldack foi dando tudo para os filhos, conforme pediam, sem exigir nada em troca, nem em termos de respeito, nem de estudo, tampouco em termos de responsabilidade. Conclusão: os filhos não aprenderam a respeitar o pai, nem sequer ingressaram numa faculdade, tampouco arcam com as suas responsabilidades.

Chegou um tempo em que ele deu um cartão de crédito para cada filho para gastar quando e como quisessem, e isso é péssimo, porque quem tem muito tempo e dinheiro para gastar, logo cai no tédio e o tédio leva aos vícios e encucações desnecessárias.

— É, o Hélio e o irmão dele têm realmente problemas com drogas. Eu mesmo já estive numa festa em que ele distribuía cocaína para todos que quisessem. Ele já foi internado por diversas vezes, mas sempre volta ao vício. Gasta um dinheirão em terapia, que eu sei, porque já saí com a terapeuta dele.

— É uma pena. O pai dele se ressente muito pelos filhos estarem nessa situação. Ele próprio se recrimina por ter sido tão permissivo, mas, na vida, de nada vale se torturar pelo que foi feito. Já diz o ditado: de nada vale chorar pelo leite derramado! O que está feito está feito, se requer mudanças, é preciso fazê-las com determinação. É muito triste ver jovens nessa situação, ainda mais quando têm condições para expandir suas potencialidades e transformar o mundo para melhor. Transformar, sim, o mundo para melhor, pois o mundo segue conforme as nossas atitudes e valores.

Uma pausa e ele completou:

– Aquele ali é... esqueci o nome dele.
– O Murilo – respondeu Juliano, rapidamente.
– Exato! Filho da Cláudia e do Arquimedes Loretto, certo? Quantas vezes esse menino já capotou o carro?
– Umas cinco pelo menos. Sem contar com as batidas leves em outros carros.
– E o que os pais fazem? Eu mesmo digo: dão outro carro para o filho, não é mesmo? Soube até que não conseguem mais seguradora, porque a última quis uma cota absurda, quase o valor do carro para segurá-lo. Ou seja, cada batida e cada carro que se vai, é prejuízo para os pais, só não é para o filho, porque ele nunca precisou arcar com as más consequências do que faz. Quebrou, quebrou, acabou! O carro para ele é como um copo descartável para bebermos água. Assim como ele não aprendeu a valorizar os carros e tudo mais ao seu redor, não aprendeu a valorizar a vida, tanto que não morreu por pouco nessas batidas e capotamentos, não é verdade?
– Sim.
– Como vê, Juliano. É preciso ensinar aos filhos o valor de tudo, impor limites e respeito aos pais e à matéria. Se os pais do Murilo dessem um carro para ele, mediante seus esforços nos estudos e até mesmo no trabalho, ele certamente teria mais cuidado com o veículo. Parece pesado o que eu digo, algo sem coração, mas não é não, é a mais pura verdade: a alma humana encarnada só aprende a valorizar o que tem quando sua para obter. É uma regra da vida, uma lei universal.
– Sei... E aonde o senhor quer chegar com tudo isso? Por que está me dizendo essas coisas?
– Porque a história do Bruno, do Hélio e do Murilo tem muito a nos ensinar sobre comportamento saudável para nosso crescente avanço pessoal e espiritual. Estou lhe contando tudo isso para que você aprenda a lidar melhor com a vida.
– As três histórias falam da importância de valorizarmos a matéria. Isso significa que o Senhor é um cara materialista, certo?
– Não no sentido extremo da palavra. Sou o que podemos chamar de materialista saudável, aquele que sabe a verdadeira importância da matéria em nossa vida, em nossa estada no planeta. Sem se apegar a ela, inapropriadamente.
Eu seria também um hipócrita e imbecil se pensasse que meu

físico, que também é feito de matéria e abriga o espírito, enquanto na Terra, não devesse ser cuidado devidamente para que minha jornada atual aqui seja a mais feliz possível. Devo, sim, cuidar do meu físico como um dos componentes mais importantes da minha estada neste planeta.

Querer ter uma casa confortável e bonita para eu morar com minha família, receber amigos e parentes, proteger todos do frio, da chuva e do calor é questão de bom senso, não de apego à matéria. Se a casa for bela, é bela porque é fruto da criatividade que nos foi dada pelo Criador. Estúpido eu seria, ignorar o meu dom para o que é belo, querer ter uma casa feia quando posso me dar uma casa bonita. Querer preservar minha casa para que continue protegendo a mim e a minha família também significa bom senso e não apego à matéria.

Há pessoas que pensam que para não serem materialistas devem deixar de apreciar e cuidar devidamente de seus pertences materiais, o que não devem fazer, na verdade, é se apegar à matéria pela falsa ideia de que só ela é importante na sua vida e na do ser humano em geral. Isso sim é uma ilusão.

Se não cuidarmos devidamente da Terra, ela não mais nos dará frutos e grãos para nos alimentarmos. Se não replantarmos as árvores que usamos para fazer móveis e papel, perderemos seus benefícios; se não despoluirmos os rios e mares não teremos mais água limpa e saudável. Então, a matéria é, sim, muito importante para todos e necessita da nossa atenção e constante dedicação. Tolo quem pensa que esse não é o nosso papel enquanto vivos no planeta.

– É, o Senhor tem razão. Agora me diga, padrinho, com toda sinceridade. Pode mesmo alguém, um pobre coitado, com uma mão na frente e a outra atrás, subir na vida, endinheirar ou dar a volta por cima?

– Endinheirar?!...

– É. Endinheirar.

– Faz parte do nosso vocabulário essa palavra?

Dando de ombros, Juliano respondeu:

– Acho que sim.

Risos.

– Qualquer dia desses vou levá-lo a uma doceria muito boa que abriu em Santos.

— Doceria?

— Sim. A dona do lugar é um exemplo de vida e superação e também de que podemos dizer, endinheirar, como você mesmo diz, partindo do nada.

Juliano, surpreso mais uma vez com o padrinho, exclamou:

— Padrinho por que você se interessa tanto pela vida dessas pessoas, por que presta tanta atenção a elas?

— Ora, Juliano, porque elas têm muito a nos ensinar. A vida de cada um tem muito a ensinar não somente para a própria pessoa, como também para todos que tomarem conhecimento de sua história. Muitas delas vão ensinar o próximo a lidar melhor com seu trabalho, seus filhos, sua prosperidade, com seu físico e sua mente.

Juliano, sem dar a devida atenção às palavras sábias de seu padrinho, disse:

— Padrinho, estou certo, cada dia mais, depois da falência do meu pai, de que nada na vida é mais importante do que o dinheiro.

— O dinheiro, meu afilhado, é um dos elementos principais da nossa sociedade, sim, porque nos ensina a valorizar o trabalho dos outros e a matéria do planeta. Mas a água, o fogo, a terra e o ar são muito mais importantes para a nossa vida do que as notinhas coloridas que trocamos por aí; porque são elementos primordiais para a nossa subexistência. E foi sempre assim, em todas as reencarnações que já tivemos.

— Reencarnação?! O senhor realmente acredita nessa bobageira?!

— Sim, muito. Porque para mim faz sentido. Mas cada um tem o direito de acreditar no que quiser. Cada um tem sua hora certa para despertar para essa realidade.

Juliano, rindo, sarcástico como sempre, opinou:

— Se esse papo de reencarnação for realmente verdade, padrinho, só lhe digo uma coisa. Se for para eu nascer rico numa próxima vida, tudo bem, pobre, nem pensar. De que serve a vida na pobreza?

— Você logo poderá me dizer.

— Eu?

— Sim. Você não é mais rico como antes, ou melhor, seu pai não é mais rico como antes. E se você não tomar uma ATITUDE, com letra maiúscula, vai mergulhar numa vida cada vez mais limitada financeiramente.

O rapaz engoliu em seco e o padrinho concluiu:

– Eu não conheço a pobreza, Juliano. Não, mesmo. E sabe por que não a conheço? Por que jamais prestei atenção a ela, estive sempre muito ocupado empenhando meus esforços no meu trabalho, que foi sempre o que me possibilitou ter uma vida farta e feliz.

Juliano fez uma careta e quando fez menção de partir, o padrinho perguntou:

– Juliano, depois dessa nossa conversa, o que você pretende fazer?

– Eu?

– Você, sim!

– Ora, padrinho, depois que o mundo desabou sobre a minha cabeça, eu pretendo fazer o que qualquer rapaz da minha idade faria, se fosse bonito e esperto como eu.

– E o que é?

– Ora, arranjar uma mulher rica, mas bem rica, MESMO, para eu me casar e ficar *relax* pelo resto da minha vida. Fui!

Sem mais, o rapaz partiu, deixando o padrinho sorrindo para si mesmo.

– Eu tentei – murmurou com seus botões –, juro que tentei. Que aconteça o melhor para o seu engrandecimento pessoal.

Capítulo 8

Juliano e Nazira Maluf

Juliano passou pela piscina do clube, jogando seu charme para as garotas ali, como era de hábito. Apesar de todos já estarem a par da situação financeira periclitante de sua família, ele se mostrava e falava de si como se nada tivesse acontecido, gabando-se de suas proezas nas baladas e do dinheiro de seu pai que já não existia mais.

Visto que sua beleza era bem mais atraente do que suas próprias palavras, muitas tolinhas permaneciam ao seu lado, sem prestar realmente atenção ao que ele dizia. Ele gabava-se de si, mas elas nem o ouviam realmente. Tudo o que faziam era emitir uma palavra, vez ou outra, para fingirem que estavam atentas a ele.

Ao contrário de muitas, algumas jovens queriam bem mais do que aparência e uma grande soma na conta do banco de um rapaz, buscavam uma essência bonita por dentro e por fora, algo que, por enquanto, Juliano ainda estava longe de lhes oferecer.

Tudo o que ele queria encontrar ali, em meio às jovens fascinadas por ele, era uma bem rica, cujo pai tivesse dinheiro a se perder de vista. Dinheiro sem fim, que não acabasse nunca; como se isso realmente fosse possível, e que ficasse perdidamente apaixonada por ele.

Havia, sim, uma jovem ali que há muito o paquerava e ele nunca se dera conta do fato, por ela não corresponder aos padrões de beleza que ele exigia numa mulher. O nome dela era Nazira Abdala Maluf. E ela estava caidinha por ele, completamente apaixonada.

— Olá — cumprimentou ela quando ele foi até a lanchonete pedir algo para comer.

— Ah, oi, oi... — respondeu ele sem muito interesse.

Ela ficou a admirá-lo, enquanto o dono do estabelecimento explicava a Juliano que não poderia mais vender fiado para ele, até que ele acertasse o que devia ali. Juliano, simplesmente não sabia onde enfiar a cara. Ao perceber que Nazira continuava olhando para ele, com olhos de paquera, enfezou-se:

– O que foi? Está olhando o quê?

Diante do estremecimento da moça, ele imediatamente se desculpou. Se havia algo que ele jamais fizera em toda vida, fora ser rude com uma mulher, fosse ela de seu interesse ou não.

– Desculpe. É que detesto pedir um prato e não ter o que eu quero. Isso aqui está virando uma espelunca.

Ela sorriu.

– Seu nome mesmo?

– Nazira. Nazira Maluf.

– Ah, sim, o meu é...

– Juliano, eu sei.

– Ah!

Ele puxou papo, fingindo interesse no que ela poderia lhe contar, até descobrir de quem exatamente ela era filha. Aí então o seu interesse se tornou verdadeiro. Trocaram números de celular e promessas de se verem naquela mesma noite, em frente à casa da moça, o que ela aceitou com grande empolgação.

Juliano ia saindo do clube quando esbarrou, sem querer, numa das responsáveis pela limpeza do lugar.

– Desculpe – disse ele, apressadamente, e só então reconheceu a moça. – Você!

– Olá.

– Olá.

Ele já ia seguindo caminho quando ela o segurou pelo braço e disse:

– Gostei muito da noite em que passamos juntos. Poderíamos repeti-la, não?

Ele se voltou para ela, fuzilando-a pelo olhar e respondeu, secamente:

– Querida, nós não passamos a noite juntos. Foram apenas alguns minutos...

– É maneira de dizer.

– Sei.

– Mesmo assim eu gostei muito. Poderíamos repetir.

– Criatura, eu estava bêbado naquela noite e aproveitei para fazer a minha caridade do mês.

— Ahn?

— É isso mesmo o que você ouviu: aproveitei para fazer a minha caridade do mês. Ou seja, fazer uma pobre feliz e a escolhida foi você. Fui!

A moça ficou parada, de testa franzida, tentando entender o que o rapaz que ela achava tão lindo e seria capaz de tudo por ele, quisera realmente lhe dizer com aquelas palavras. Seu nome era Cleide Pereira e há dois anos trabalhava como faxineira no Clube.

Juliano deixou o local empolgado com o encontro que teria logo mais à noite, com Nazira Maluf. Algo lhe dizia que ela seria a garota perfeita para ele se casar e viver às custas de seu pai, pelo resto da vida. Pelo caminho até sua casa, Juliano comentou alto consigo:

— Facinho mesmo que eu vou ficar seis anos numa faculdade, depois passar mais dois fazendo residência, como o babaca do Danilo pretende fazer, para depois pegar plantões de madrugada para me sustentar com a merreca que pagam, até que eu consiga uma boa clientela para manter um consultório particular. Clientela que me custará, pelo menos, uns dez anos para eu conquistar. O pior é que hoje em dia ninguém mais paga consulta particular que é realmente o que dá dinheiro para um médico, só usam planos de saúde que segundo sei, pagam uma ninharia. O Danilo é mesmo um otário. Vou é dar um jeito na minha vida e vai ser hoje, sem falta.

Juliano estava realmente decidido a conquistar Nazira Maluf para se casar com ela o quanto antes e, assim, amarrar o burro na sombra, como se diz no interior.

Ao chegar a sua casa, a primeira atitude de Juliano foi contar à mãe seus novos planos.

— Faça isso mesmo, Juliano. Eu sempre disse a você e a seus irmãos: se é para se casar que se casem com alguém de posses, de muitas posses. Você e sua irmã pelo menos me ouviram, Danilo, no entanto...

— Um dia ele vai se arrepender por não ter ouvido a Senhora.

— Infelizmente. Por isso eu me preocupo muito com ele, Juliano. Que futuro mais incerto ele está traçando para si. Fazendo uma faculdade que nem sabe se terá condições de concluir e namorando uma pobretona como a Lígia. Dá pena dele. Um moço tão bonito. Com tantas jovens de família rica interessadas nele.

– O Danilo sempre foi meio lerdo da cabeça, mamãe. Sempre um *nerd*. A Senhora é que nunca quis ver. A Senhora e o papai. Mas ainda há tempo de ele voltar atrás. Basta a pobretona deixar de ajudá-lo nas vendas de cachorro-quente e ele toma jeito rapidinho, a Senhora verá.

– Deus o ouça, Juliano. Deus o ouça.

Mas Danilo continuou determinado a atingir sua meta de tirar o diploma de medicina e ser muito feliz ao lado de Lígia Barros. Poder-se-ia dizer que determinação era seu forte.

Horas depois, Juliano, todo elegante, partia para seu primeiro encontro com Nazira Maluf que também tomou um cuidado especial na hora de se vestir para que pudesse impressionar o rapaz por quem há muito se apaixonara.

O encontro dos dois acabou sendo agradável e super descontraído, porque assim Juliano decidiu que seria, pelo simples propósito de conquistar a moça e com isso, garantir seu futuro. A noite terminou com ele pedindo ela em namoro, o que ela aceitou, derramando-se em lágrimas e suspiros de felicidade.

Depois de trocarem mais um beijo ardente, ela lhe falou sobre o jantar que estava disposta a marcar em sua casa, com seus pais, para poder apresentá-lo à família. Juliano imediatamente concordou com a ideia, demonstrando fingida alegria por aquilo. Voltou para sua casa, radiante com os rumos que decidira dar para sua vida, cantando a toda voz, em ritmo de samba:

– Eu vou me dar bem, eu vou me dar bem! Eu já me dei bem, eu já me dei bem! Ô Cride fala pra mãe que eu já me dei bem, *véio!*

E feliz ele continuou batucando com os polegares sobre a direção.

Capítulo 9

Inês e Eduardo Queirós

No dia seguinte, por volta das 17 horas, Eduardo Queirós apareceu na nova casa dos Bianucci para rever a namorada. Estava ansioso para lhe falar. Beijou Inês carinhosamente como sempre fazia e lhe disse:

– Já falei com o papai e ele se prontificou a arranjar um emprego para você no supermercado como eu havia lhe sugerido. Não será um cargo extraordinário, mas isso até que você ganhe experiência. Depois...

Ela lhe endereçou um sorriso amarelo enquanto sentia seu sangue ferver de ódio pela sua oferta. A seguir ele quis conhecer a casa, a qual elogiou muito e depois de lhes desejar sucesso na nova morada, ele partiu para a faculdade antes que chegasse atrasado. Saíra uma hora mais cedo do seu trabalho no supermercado, só para poder ir ver Inês e lhe dar a notícia que para ele seria encarada com grande alegria. Assim que ele partiu, Inês emburrou, ainda se sentindo ofendida pela sugestão do rapaz. Seu celular tocou a seguir. Para sua surpresa era Gabriel Matarazzo, convidando-a para um jantar logo mais à noite, o qual ela aceitou de pronto, pois não suportava mais ficar presa naquela casa.

Voltou em conflito depois do jantar que tivera com Gabriel Matarazzo naquela noite. Novamente ela se recordou das palavras e conselhos da mãe a respeito de seu futuro.

"Que os Matarazzo são bem mais ricos do que os Queirós, isso você pode ter certeza, Inês. Agora, cabe a você escolher qual futuro quer dar para si..."

"É que eu amo o Eduardo, mamãe. Sou completamente louca por ele."

"Eu sei, filha, mas você tem que pesar qual dos dois lhe dará mais vantagens. A meu ver, é claro que o Gabriel é mais vantajoso... Não só pelas condições financeiras de sua família, mas também porque tem mais atitude do que o Eduardo. Por amá-la, ele, sim, será capaz de lhe dar mundos e fundos, bem diferente do Eduardo que lhe propôs um emprego no supermercado da família dele. Um emprego ali, onde já se viu?"

O que fazer? perguntou-se mais uma vez, incerta quanto aos rumos que deveria dar para sua vida. Depois de passar praticamente a noite toda em claro, Inês tomou uma decisão. Assim que pôde, partiu para o supermercado da família de Eduardo, onde ele trabalhava para ter com ele uma conversa muito séria.

– Eduardo, precisamos conversar.

Só então ele notou que ela estava diferente, séria e compenetrada, muito diferente da jovem que ele pensara conhecer tão bem.

– Aconteceu alguma coisa? – perguntou, olhando com ternura para ela.

– Aconteceu, sim, Eduardo, entre nós dois.

– Entre nós? O quê?

– Eu percebi que não temos nada a ver um com o outro.

– Não temos?! Sempre nos consideramos cúmplices. Por que isso agora, Inês? O que deu em você?

Ela tomou ar e com fria superioridade, respondeu:

– Apaixonei-me por outro cara.

– Apaixonou-se?

– Sim, pelo Gabriel Matarazzo.

– E você me diz isso assim com toda frieza?

– Prefiro ser direta.

Ele rapidamente abaixou a cabeça para esconder as lágrimas que emergiram de seus olhos.

– Eu sinto muito, Eduardo. Não me queira mal. É que...

Ele, com voz chorosa, teve a coragem de perguntar o que muito formigava sua garganta:

– É pelo Gabriel mesmo que você se apaixonou ou pelo dinheiro dele, Inês?

– Ora, Eduardo, não me ofenda.

– Depois que seu pai perdeu tudo, você anda desesperada por dinheiro, que eu sei. Já vieram me falar.

— Quem anda fazendo fofoca a meu respeito?

— Não importa. Só quero que saiba que não somos só matéria, Inês. Somos seres vivos com sentimentos. Quando gostamos de alguém, gostamos, não adianta forçar.

— Por que está me dizendo isso?

— Porque penso que você está se fazendo de cega para os seus sentimentos, somente para ficar com um cara que certamente a faz pensar que é mais rico do que eu, por isso pode lhe dar mais conforto e luxo. A verdade, Inês, é que o Gabriel Matarazzo só é rico porque os pais dele são ricos. Toda fortuna ainda pertence aos pais dele e pertencerá até que morram. O Gabriel pode ganhar uma casa dos pais dele, para morar com a mulher com quem ele vier a se casar, pode desfrutar de fartos almoços na casa dos dois e outras regalias, mas a fortuna continuará sendo dos pais dele. Ele, inclusive, vai ter de trabalhar com o pai ou noutro lugar para garantir seu sustento todo mês. Engano seu pensar que só porque um futuro marido ou esposa são filhos de pais ricos, o casal será tão rico quanto seus pais.

Ele fez uma pausa e completou:

— Comigo acontece a mesma coisa. Todo o dinheiro que você e muitos mais pensam que eu tenho, pertencem ao meu pai. Enquanto ele estiver vivo, continuará sendo dele e não pretendo matá-lo, tampouco desejar que ele morra cedo para eu poder herdar sua fortuna. Primeiro, porque isso seria assassinato, segundo, porque o amo, amo imensamente, desejo mesmo é que ele viva eternamente ao meu lado, caso Deus permitisse.

Ela, procurando se mostrar inatingível diante de tudo, respondeu:

— Você pode dizer o que quiser, Eduardo. Nada me fará voltar atrás. Estou decidida a ficar com o Gabriel e ponto final.

— Eu ainda a amo, sabe?

— Eu também o amei enquanto tudo foi possível...

— Vou respeitar sua decisão. Vou sofrer, sim, mas respeitarei a sua decisão.

— É melhor você ir.

— Adeus.

Assim que partiu, Inês, de repente, não conseguia respirar; seus joelhos fraquejavam. Ao chegar à sua casa, começou a andar sem rumo, tocando em objetos, apanhando-os e recolocando-os nos lugar; abrindo e fechando gavetas. Descobrindo diversos objetos fora de lugar, que ainda seriam guardados num local específico.

Cada vez mais desiludida, vagueou por entre um cômodo e outro. Não era fácil chegar àquele ponto. Ela ainda amava Eduardo imensamente.

Quando Sônia Regina apareceu, Inês correu até ela e a abraçou forte, chorando.

– Mamãe...

– Filha, ouça.

Mas Inês parecia surda aos seus apelos. Sônia Regina então puxou a jovem até a sala de estar, fez com que ela se sentasse numa poltrona, enquanto ela pegou outra e se sentou de frente para ela.

– Não vou saber viver sem o Eduardo, mamãe.

– Ouça-me, Inês.

A jovem continuou proclamando sua revolta em altos brados. Ao perder a paciência de vez, a mãe gritou:

– Ouça-me, Inês! – segurando firmemente a filha pelos ombros, ela lhe foi severa: – Eu a farei me ouvir nem que tenha de sacudi-la até seus dentes despencarem da sua boca.

A jovem finalmente pareceu voltar a si. Sônia Regina então lhe disse, severa:

– Tudo nessa vida passa, Inês. Pode ser dolorido agora, mas depois... Depois você se acostuma. O problema é que você conhece muito pouco o Gabriel e...

– Mãe o Gabriel é muito feio, mamãe. Ele não só é feio como é alto demais, desengonçado demais... Um horror!

– Mas é rico, ou melhor, é podre de rico e isso, nessa vida, é o que conta, filha.

– Mas...

– Aquiete-se, Inês. Por favor. Respire fundo, vamos!

A jovem tentou e não conseguiu, logo estava a chorar novamente:

– O Eduardo tem um corpo lindo, mamãe. Um cabelo lindo, uns olhos lindos. Combina comigo fisicamente e intelectualmente. Falamos a mesma linguagem. É perfeito para mim.

– Só que ele não se importa em vê-la como empregada de supermercado, usando aquele uniformezinho cafona, em pleno Jardins, onde só a nata da sociedade paulistana frequenta. Você já parou para pensar nisso, filha? Então pense. Cabeça foi feita pra pensar, não só para fazer lindos penteados e usar presilha.

— A senhora fala tão friamente da situação. É como se não tivesse coração.

— Inês, depois de tudo o que estou passando por causa do seu pai, como você gostaria que eu reagisse diante das circunstâncias da vida? Faço isso por você, Inês. Porque quero o seu bem, um futuro brilhante para você. Porque a amo!

O que Sônia ainda tinha por dizer, perdeu-se no instante em que um carro parou do lado de fora da casa, buzinando. A mulher rapidamente seguiu até a janela em frente a casa de onde se podia ver a rua e disse:

— É o Gabriel.

— O que faço agora, mamãe? — exaltou-se Inês com os olhos borrados de tanto chorar.

— Agora, filha, enxuga essas lágrimas, esconde essas olheiras com um bom pó facial, ajeita seus cabelos e se dedica a esse rapaz com a cara e a coragem.

Como um relâmpago, a jovem chegou à janela e acenou para o recém-chegado que olhava naquela direção. Respirando excitadamente, Inês correu para o seu quarto onde rapidamente deu um jeito na sua aparência. Assim que deixou a casa, pelo portão da frente, Gabriel foi até ela, tomou suas mãos entre as suas e as beijou, afetuosamente.

— Inês, você está linda.

Ela procurou sorrir com entusiasmo enquanto erguia a cabeça para poder encarar o rapaz que ela intimamente chamava de poste ambulante.

Só mesmo quando entraram no carro, quando ele, empolgado, ia começar a contar algo para ela, é que ele notou o seu abatimento.

— O que foi? Já sei. Terminou com ele.

— Foi, foi sim.

— Deve ter sido difícil para vocês, não?

— Foi, porque namoramos desde os 13 anos de idade.

— Fico chateado pelo Eduardo, mas feliz por mim que agora tenho você como minha namorada. Porque eu realmente estou muito afim de você, Inês, e você sabe que não é de hoje.

— Sei, sim, Gabriel.

– Mas você logo vai se sentir melhor, porque prometo fazê-la feliz, sempre, em tudo que estiver ao meu alcance.
– Promete mesmo?
– Juro.

Ela pareceu relaxar e ele, então, envolveu-a em seus braços e a beijou externando mais uma vez seu fascínio pela jovem. Minutos depois, ele a levou para tomar um sorvete numa sorveteria muito gostosa nas proximidades do parque da Aclimação.

Capítulo 10

Imprevistos e superações

Enquanto Inês e Gabriel foram tomar um sorvete, Sônia Regina recebeu uma visita surpresa em sua nova casa. Atendeu à porta, pensando claramente tratar-se de Inês e Gabriel que há pouco haviam saído e por ventura houvessem voltado por algum motivo, sabe se lá. Ao ver seus pais na calçada, aguardando por ela, Sônia imediatamente ficou branca.

– Olá, filha – disse a mãe muito carinhosamente como sempre. – Eu e seu pai viemos conhecer sua nova casa, podemos entrar?

Sônia destrancou o portão eletrônico para que o casal pudesse ter acesso à morada.

– Apesar de você não nos ter convidado – continuou a mãe, amavelmente – eu e seu pai achamos que deveríamos vir aqui, saber como anda passando...

Sônia a interrompeu bruscamente.

– É num lugar assim que vocês queriam me ver? É?

– Filha...

– Estou falando – enervou-se Sônia erguendo a voz. – Vejam que horror de casa eu vim morar depois que vocês, meus próprios pais me negaram abrigo na mansão de vocês. Isso não se faz nem para um cachorro.

– Sônia, ouça...

– Não ouço, não! Se vocês vieram aqui para me pedir perdão por não terem me estendido a mão quando mais precisei, sejam bem-vindos. Agora, se estão aqui só para saber se estou passando bem, a porta da casa é a serventia da rua. Queiram se retirar.

– Filha, por favor.

Sônia desabou num pranto agonizante, mimada ao extremo,

faltou só bater os pés e puxar os cabelos para intensificar seu drama.

– Meus pais... Meus próprios pais me negaram ajuda quando mais precisei. Isso não se faz. Não, não, e não!

– O que é isso, Sônia Regina – chamou-lhe a atenção seu pai. – Até aparece uma menininha mimada e ranheta. Cadê sua compostura? Onde já se viu uma mulher da sua idade se portar assim?

– O Senhor não tem coração.

– Como não? Depois de tudo o que fiz por você...

– E eu pelo Senhor, pela mamãe, por todos lá de casa. Fiz, fiz, fiz e só recebi ingratidão.

– Não seja injusta.

– Eu, injusta?

E novamente ela se derramou em prantos.

Nessa mesma tarde, José Augusto reencontrou um velho amigo ao acaso pela rua.

– Sabe qual foi o seu maior defeito, meu caro? Sua maior gafe? Você ter sido certinho demais. Não pode – disse-lhe o sujeito, sem rodeios. – Nesse país, você tem que agir que nem político eleito, assim que encontrar uma brecha, burle a lei a seu favor. Só assim todos os ventos soprariam a seu favor.

– Mas eu...

– Sem sentimentalismo, Zé. Vamos ser francos. Neste Brasil vale tudo pra se dar bem. Essa é a lei do país. Havia até uma novela com esse título para mostrar essa verdade, lembra?

– Lembro, sim.

– Pois então.

José Augusto voltou para casa, repassando na memória tudo o que o amigo havia lhe dito. De fato, no Brasil, muitos pensavam daquela forma e abusavam do poder em benefício próprio, pouco se importando com o povo brasileiro.

Ao chegar em sua casa, José Augusto encontrou a esposa com olheiras profundas de tanto chorar. Tentou ser solidário a ela, mas ela grosseiramente repeliu seu gesto. E novamente ele tentou relaxar-se com um banho, depois com a TV, mas nada parecia aliviar o peso que sentia pelos últimos acontecimentos que cercavam a sua vida. Ajuda espiritual, era disso que ele estava precisando, recordou-se mais uma vez do conselho que o padrinho de Juliano lhe dera no último encontro agradável que tiveram. Só lhe faltava coragem, como se isso fosse realmente necessário, para buscar tal ajuda.

Foi Danilo mais uma vez quem tentou alegrar o pai, enquanto Juliano saiu mais uma vez com os amigos para um bar onde pudessem jogar conversa fora.

No dia seguinte, à noite, Juliano chegava à mansão dos Maluf, em Pinheiros, para o jantar em que ele seria apresentado aos pais de Nazira. Apresentações foram feitas e Juliano, fingido ao extremo, mostrou-se um rapaz educado, elegante e altamente responsável. Mais um pouco e ele entraria para o time de grandes atores da Globo.

– Você já é formado? – perguntou o pai da moça.

– Ainda não. Estou terminando o segundo ano de administração. Mas ainda não sei se é isso mesmo o que quero.

– Ainda não sabe? Aos 21 anos completos e ainda está em dúvida quanto a faculdade que deve cursar.

– Bem – Juliano tratou logo de se reparar diante do homem. – Eu quis dizer que não quero somente isso para mim, penso também em cursar a faculdade de contabilidade, para que eu me torne mais apto a...

O senhor o interrompeu:

– Uma coisa de cada vez, meu caro. Termine primeiro o que começou para depois fazer novos planos. Quem muitos planos faz antes da hora certa, acaba por não fazer nada direito.

Juliano serviu-se rapidamente de refrigerante para disfarçar o embaraço diante do sujeito. Logo percebeu que seu futuro sogro era o que poderia chamar de osso duro de roer, não seria nada fácil enganá-lo, ou melhor, daria um pouco mais de trabalho para enganá-lo do que pensara. Mas nada de esmorecer, ele precisava daquele casamento para se acertar na vida e nada o faria desistir; com o tempo dobraria o sujeito a seu favor, amaciando o seu ego.

O importante naquilo tudo era que Nazira transbordava felicidade, seus olhares para ele e seu jeitinho delicado de lhe dirigir as palavras provavam aquilo. Com ela apaixonada por ele como estava, passar a perna naquela família seria muito mais fácil.

A mãe da moça pareceu ter se simpatizado muito mais com ele o que muito o surpreendeu, afinal sempre ouvira dizer que sogras é que são chatas, não os sogros.

Na volta para casa, Juliano se sentia tão irritado com o interrogatório feito pelo Senhor Maluf, que chegava a transpirar de ódio. Foi então que seu carro começou a falhar, bem quando tomou a Rua Des. Paulo Passalaqua.

– Eta – resmungou ele, irritando-se ainda mais. – Não vai me falhar agora.

Nem bem abriu a boca, a BMW pirou, seguindo aos trancos, especialmente na subida da Rua Major Natanael, o que fez Juliano entrar na Rua Dr. Arnaldo, sentido Sumaré e estacionar logo ali no meio fio, junto as muitas floriculturas que ficam abertas a noite toda. Tão transtornado estava que demorou para agradecer pela ajuda de um rapaz. De raiva, ele começou a chutar os pneus.

– Sua lata velha.

Nisso ouviu-se uma buzina, o que o fez pensar ser algum conhecido seu, por isso ele imediatamente se abaixar atrás do carro para não ser visto. Caso insistissem, diria que não os ouvira chamando sua atenção. Para piorar a situação estava sem crédito no celular para ligar para o pai ir socorrê-lo. Foi então que ele avistou um entra e sai de pessoas na esquina. Alguém ali poderia ajudá-lo.

Assim ele seguiu para lá, entrando com ímpeto e se chocando ao extremo, ao perceber que se tratava da ala de velórios do cemitério do Araçá. Ele ficara tão confuso com tudo que se esquecera de que estava do lado do cemitério, lugar que ele simplesmente abominava, desde criança, pelo simples fato de sempre passar mal toda vez que punha os pés num. O mesmo acontecia em relação a um velório, caixões, defuntos, qualquer fato relacionado à morte. Ao perceber onde estava, Juliano rapidamente passou mal e precisou ser amparado por alguns dos presentes no local.

Assim que se recuperou, pensou em ir pedir ajuda na lanchonete que ficava do outro lado da rua, foi então que avistou muitos torcedores vindo rua acima, voltando do jogo de quarta feira, no ginásio do Pacaembu que ficava ali pertinho. Juliano, assim como muitos da elite, sempre fora muito preconceituoso em relação a esse pessoal. Rapidamente ele se escondeu numa das floriculturas dali onde aguardou o tumulto passar. Foi então que viu um telefone e pediu para usá-lo.

Assim conseguiu avisar seu pai do ocorrido, pedindo sua ajuda, a qual foi prontamente atendida. José Augusto que já estava deitado, vestiu-se rapidamente e foi com seu carro buscar o filho mais velho.

A BMW foi deixada ali, sob guarda do rapaz da floricultura, até que arranjassem um mecânico para ir apanhá-la no dia seguinte. Mecânico que certamente teria de ser pago por José Augusto, pois Juliano não dispunha de dinheiro para aquilo.

De todos os piores momentos que passara na vida, desde a falência de seu pai, aquele certamente fora o pior de todos na opinião de Juliano.

Ao chegar a sua casa, Juliano imediatamente desabafou com a mãe que o tratou como se ele ainda fosse um garotinho de não mais que 5, 6 anos de idade.

– Engraçado, né? – desabafou ele, ainda trêmulo do sufoco que passou. – Não acredito em vida após a morte, mas abomino cadáver, caixão, velório e cemitério.

– Porque são coisas desagradáveis, Juliano. Muito desagradáveis.

– Tão desagradável quanto imaginar o meu próprio velório. Credo!

– Não pense mais nisso. É melhor você tomar um calmante. Devo ainda ter um. Depois, não sei como conseguirei outra caixa. Agora que não temos mais plano de saúde por atraso no pagamento das mensalidades, tampouco dinheiro para pagar um médico particular, não sei como vou me virar. Seu pai está regulando centavo por centavo, porque só nos resta mesmo o dinheiro da venda do carro do Danilo. Agora, eu é que não vou para um hospital público; se eu precisar, prefiro morrer a ter de recorrer a um.

– Ficar sem grana é mesmo uma meleca... Por isso eu preciso me casar com a Nazira o quanto antes.

– Faça isso mesmo, meu querido. Não perca essa oportunidade. Você agora tem um bilhete premiado de loteria em suas mãos, se demorar para trocá-lo no banco, corre o risco de perder o prêmio.

– A Senhora tem razão.

Foi então que ele contou à mãe sobre o pai da moça, o qual achou perturbador.

– Mesmo assim não desista da Nazira, Juliano – aconselhou Sônia Regina bem certa do que afirmava. – Tendo-a do seu lado, sempre, você conseguirá dobrar seu futuro sogro sempre que precisar. Pela filha adorada ele será capaz de de tudo. De tudo! Ouça bem o que estou lhe dizendo.

E Juliano sabia que a mãe estava certa porque percebera de imediato o quanto o pai de Nazira era louco por ela.

Naquela mesma noite, a mãe de Nazira quis saber a opinião do marido a respeito de Juliano.

– A impressão que tive do rapaz, minha querida, é a pior possível. Não passa de mimado, irresponsável e bon-vivant.

– Se não gostou dele, por que permitiu o namoro?

– Ora, meu bem, se eu não permitisse, mais e mais Nazira iria querer namorar com ele. Filhos adoram ir contra a opinião dos pais. Consentindo com o namoro, será bem mais fácil fazer com que nossa filha se desencante por aquele estrupício.

– Talvez ele não seja tão...

– Eu nunca me engano com as pessoas, minha querida. Em todo caso, darei uma chance a ele para provar que pode ser um homem honrado e responsável, de caráter como todos devem ser.

A mulher ficou a pensar no que o marido disse, querendo muito acreditar que ele havia se enganado em relação a Juliano Bianucci.

No dia seguinte, logo pela manhã, um mecânico foi contratado para ir ver o carro, o qual rebocou até sua funilaria e na hora de cobrar pelos seus serviços, enfiou a faca, como diz no popular, deixando Juliano e José Augusto atônitos com o preço.

– Juliano, eu não disponho dessa quantia... – lamentou José Augusto. – Não pensei que fosse ficar tanto.

– Eu já sabia que não poderia contar com o Senhor. Além do mais, não dá mais para contar com o Senhor para nada, não é mesmo? Pra nada!

José Augusto pensou em lembrá-lo que fora ele quem saíra da cama para ir buscá-lo na noite anterior, em frente ao cemitério do Araçá, mas como sempre, achou melhor se manter calado.

Juliano apelou então para Nazira, aproveitando para descobrir se ela seria mão aberta com ele ou não.

– Pois é, minha querida... – disse ele, fazendo voz de coitadinho ao celular. – Enquanto eu não pagar o mecânico não terei carro para ir vê-la e sairmos para namorar e...

A moça rapidamente se prontificou a lhe emprestar o dinheiro, para total alívio de Juliano.

– Mas eu faço questão de pagar-lhe depois – mentiu ele, sabendo que o depois nunca existiria. Para ele, ela que era rica tinha mais do que obrigação de pagar as coisas para ele, tanto que logo ela passou a arcar com todas as despesas dos passeios que faziam, almoços, jantares, baladas, shows.

O primeiro jantar de Inês na casa de Gabriel Matarazzo também causou-lhe grande espanto. Não tanto pelo luxo do apartamento em que viviam, considerado o maior em metros quadrados da capital, situado a Rua Gironda, no Jardim Europa, mas pela mãe de Gabriel, aquela que viria ser sua futura sogra, caso se casassem. Tratava-se de uma mulher muito temperamental, com grande facilidade para deixar todo mundo a sua volta, irritado e desconfortável com a sua presença. À mesa era sempre muito atendida: havia sempre alguém lhe oferecendo algo, e servindo-lhe com prontidão.

Havia um silêncio extraordinário da parte de todos os presentes, quando à mesa. Era como se tivessem medo de falar na presença da matriarca.

– Soube que seu pai foi a falência, é verdade? – começou a mulher sem rodeios.

Inês ficou tão sem graça diante da pergunta que Gabriel tratou logo de acudi-la.

– Ora, mamãe, falemos de alegrias.

– Ora, Gabriel, digo eu. Que mal tem falarmos disso? Realidade é realidade, não vejo por que mascará-la.

Inês, muito sem graça, respondeu:

– Sua mãe tem razão, Gabriel. Não há motivos para...

A mulher a interrompeu como um coice de cavalo:

– Falemos então do seu ex-namorado. Quase noivo se não me engano. O que a fez desistir dele realmente?

– Mamãe! – indignou-se Gabriel mais uma vez.

– Gabriel, meu filho, sou sua mãe, quero saber, quero conhecer a fundo a garota com quem pretende ter um relacionamento sério.

Gabriel, corando até a raiz dos cabelos, procurou sorrir, e com fingido bom humor, disse:

– É que a mamãe é sempre muito direta, sabe, Inês? Não gosta de rodeios, vai direto ao ponto.

A mulher novamente interrompeu a fala:

– Estou certa, não estou? Para que prolongar aquilo que cedo ou tarde teremos de acordar num assunto em família? Sejamos diretos, sejamos francos. É mais fácil, não acha?

Dessa vez foi Inês quem corou até a raiz dos cabelos. Por sorte outro membro da família resolveu contar algo divertido na esperança de quebrar o clima desconfortável que se estendeu pelo jantar. Mas a mãe de Gabriel não era de se deixar levar pelos outros. Logo após ser servido o café, voltou a tocar no assunto com Inês, a fim de conhecer melhor tudo o que se passava em torno dela e em seu coração. Ao levá-la para casa, logicamente que Inês tentou fingir que gostara da mulher, era preciso, bem sabia ela, se quisesse entrar para aquela família com a qual de cara não simpatizou.

– Fique tranquila, minha querida – Gabriel tentou alegrá-la. – Minha mãe assusta todos, a princípio, mas depois todos se acostumam. Foi assim com as namoradas dos meus irmãos e os namorados de minhas irmãs.

Inês sorriu amarelo, duvidando intimamente que eles realmente haviam se acostumado à mulher que muito lhe lembrou Cruela Cruel do clássico "101 dálmatas" da Disney. De qualquer modo ela haveria de se acostumar, isso se quisesse realmente entrar para aquela família e garantir seu futuro tão sonhado.

Ao voltar para casa, Gabriel Matarazzo encontrou sua mãe, aguardando por ele.

– Ainda acordada, mamãe?

– Estava esperando você.

– Algum problema? Não gostou de Inês?

– Quer a minha opinião sincera, Gabriel? Pois eu lhe darei. Ela ainda gosta e muito do ex-namorado. Pude ver isso em seus olhos.

– Eu sei, mamãe. Mas com o tempo eu poderei fazê-la se interessar por mim muito mais do que ela um dia se interessou por ele.

– Será mesmo?

– Sem dúvida.

— Que Deus o ouça, meu filho. Porque uma coisa é certa entre você e ela. Você sempre se interessou por ela, ela nunca por você. Ou seja, é mais fácil para você, que sempre esteve apaixonado por ela, acreditar que um dia ela possa vir a amá-lo tanto quanto você a ama.

— E desde quando é errado esperar o melhor dos outros?

— Não, nunca. É que uma jovem, quando se apaixona... Bem.

— A Senhora está sendo pessimista.

— Tem razão. Vamos dar um voto de confiança para a relação de vocês dois.

O filho foi até a mãe, curvou-se, beijou-lhe a face e sorriu, feliz por sua compreensão, feliz pela noite, feliz pelos rumos que estava dando para sua vida afetiva.

Dias depois, chegou a vez de Danilo começar a vender as guloseimas em frente à faculdade para poder bancar seus estudos se quisesse triunfar no final. Não havia mais tempo a perder, logo ele teria de arcar com as mensalidades e material escolar... Ainda que necessitado do pouco ou muito que poderia fazer, vendendo hot-dogs e bombons, ele ainda se sentia inibido por ter de submeter àquilo para se sustentar doravante.

— Não se esqueça do que eu lhe disse — recordou-lhe Lígia. — Se você ficar do lado da vergonha, quem perde é você. Não espere também se sentir à vontade com o fato, assim, de cara. Levará um tempo até que se acostume, é natural. O importante é prosseguir. Até mesmo um cantor quando vai começar um show, sente vergonha do público, mesmo já tendo estado diante de uma multidão. Portanto... Dê-se tempo suficiente para se acostumar.

E mais uma vez Danilo concordou com a namorada, grato a ela, por suas sábias palavras. Deixando toda vergonha de lado, ele vestiu o avental e começou a vender seus primeiros cachorros-quentes ajudado por Lígia, pois logo os pedidos se tornaram muitos. Este foi, sem dúvida alguma, um dos dias mais marcantes na vida de Danilo, o qual o ajudou e muito no futuro, em relação a sua própria profissão.

Capítulo 11

José Augusto busca ajuda espiritual

Depois de muito adiar sua ida ao Centro Espírita sugerido pelo padrinho de seu filho, José Augusto acabou finalmente tomando coragem de conhecer o lugar. Chegando lá, ele foi recebido por uma moça muito simpática que o conduziu a um salão com filas de cadeiras de plástico e ao fundo uma mesa grande, com alguns livros, blocos de papel e canetas sobre ela. Havia também cadeiras em torno dali, as quais seriam ocupadas pelos dirigentes do local e palestrantes da noite. Um ambiente acolhedor, muito simples, todavia, algo inteiramente novo para José Augusto. Quase todas as cadeiras já estavam ocupadas àquela hora. Muitos frequentadores chegavam cedo para garantir um bom lugar e poderem ter a chance de se comunicarem com os médiuns da noite.

Uma moça se aproximou de José Augusto e disse:
– Boa noite, seja muito bem-vindo!
– Obrigado.
– O Senhor vai passar por uma triagem, certo?
– Triagem?
– Sim, para que possamos compreender suas necessidades espirituais e encaminhá-lo para os devidos meios de cura.
– Ah, sim, certamente.

A jovem gentilmente encaminhou José Augusto para outra sala, aos fundos onde foi apresentado a um senhorzinho chamado Walter, um senhor muito simpático que logo procurou deixá-lo muito à vontade.
– Seja muito bem-vindo.
– Obrigado.

A sala também dispunha de um ambiente agradável, com um vaso de flores bonitas sobre uma mesinha de centro, tipo console.

– Queira se sentar, por favor – pediu-lhe o homem, gentilmente.

José Augusto, ligeiramente excitado com tudo aquilo, atendeu ao seu pedido prontamente.

– É a primeira vez que venho aqui – explicou ele um tanto sem graça.

O senhorzinho, em meio a um largo sorriso, respondeu:
– Há sempre uma primeira vez para tudo, não é mesmo?
– Sim, sem dúvida. Infelizmente o que me traz aqui não é a curiosidade, admiração ou fé, mas, sim, o desespero. Minha vida se tornou um caos nos últimos meses... Um colapso com a realidade.

– Não importam os motivos que o trouxeram aqui, o importante é que veio, que está se dando a chance de receber ajuda infinita dos céus.

José Augusto assentiu, sentindo-se imediatamente tocado pelas palavras do homem.

– Nossos amigos espirituais...
– Amigos espirituais?
– Sim. Os que protegem esta casa, os que inundam este local de luz e purificação; eles apontarão uma direção para você resolver seus problemas pessoais e espirituais. Se você também se dispuser a estudar as leis cósmicas e os fenômenos de influências, aprenderá a equilibrar com facilidade as suas energias e escolher melhor seus caminhos. Com isso, poderá também desenvolver um enorme potencial de cura para si mesmo e o próximo.

Ele fez uma pausa de impacto antes de prosseguir:
– Há um espírito presente que lhe quer muito bem, meu caro. Ele diz ter recebido o nome de Ludgero na sua última encarnação.

– Ludgero... – repetiu José Augusto, emocionado. – Ele foi meu pai.

– Ele diz que tem procurado auxiliá-lo desde muito tempo, mas que você, mesmo ouvindo seus conselhos, não os põe em prática.

– Conselhos?! Nunca ouvi conselho algum ao longo desses

anos. Além do mais, para que isso pudesse ter acontecido, acho que teria de tê-lo visto, não é mesmo?

– Não necessariamente. Muitos espíritos falam conosco sem aparecer diante dos nossos olhos. Falam como se falassem por telepatia. As vozes que você ouve na sua mente, uma ou mais, são geralmente de espíritos amigos, tentando ajudá-lo. Eles o previnem de perigos, pedem que reflita melhor sobre algo que está prestes a fazer, que consulte o seu coração antes de tomar uma atitude.

– Vozes...

– Sim, vozes mentais. Dependendo do caso, podem ser sempre mais de uma. Seu avô, por exemplo, diz que sente muito orgulho de você e que não deve se preocupar, pois no final tudo dará certo.

– No final tudo dará certo?

– Sim, e sabe por quê? Porque nada está perdido!

– Nada está perdido?!

– Nunca! Em meio ao caos há sempre lógica. Pode levar meses, anos, até mesmo uma encarnação para que percebamos essa realidade.

José Augusto não conseguiu impedir que algumas lágrimas rolassem por sua face. As palavras do avô, transmitidas pelo médium, deram-lhe a certeza de que a vida realmente continua após a morte e que os espíritos podem mesmo colaborar para o bem maior de cada um dos encarnados.

Quando José Augusto conseguiu falar, novamente perguntou:

– E minha mãe? Ela também está presente? Gostaria de falar com ela... Que me dissesse algumas palavras.

O médium voltou a fechar os olhos e pareceu orar em silêncio. Foi essa, pelo menos, a impressão que José Augusto teve.

– Sim, meu amigo, aquela que foi sua mãe nesta encarnação também está presente. Ela diz ter recebido o nome de Odília.

Os olhos de José Augusto transbordaram d'água novamente.

– Odília...

– Sim, é esse o nome. Está correto?

– Sim, esse era mesmo o nome da minha mãe... Você pode vê-la? Pode descrevê-la?

– Posso, sim.

Assim fez Walter e em seguida, completou:

– Ela me pede para lhe dizer que na vida está tudo certo.

Não existe erro. Tudo que sai do eixo acontece para que cada um compreenda que é preciso aperfeiçoar seus dons e habilidades, expressando melhor suas potencialidades para que possam ter resultados melhores durante sua estada no planeta. Se a teimosia o impedir de fazer as mudanças necessárias, para o seu progresso em todas as áreas de sua existência, é preciso reconhecer o fato e dar um basta na teimosia.

José Augusto gostou do que ouviu enquanto o Senhor Walter completou:

– Ela diz também que está disposta, extremamente disposta a fazer o que puder para que você compreenda e supere seus desafios para o seu crescimento pessoal e espiritual.

Surpreendido, José Augusto comentou:

– Podemos mesmo contar com a ajuda de um pai ou de uma mãe já desencarnados?

– Sim. E de amigos e parentes que lhe querem bem, também. Isso não quer dizer que eles o pouparão daquilo que você precisa realmente aprender para evoluir. Em outras palavras: eles não trabalharão por você, para que receba um salário no final do mês para pagar suas despesas. É você mesmo quem terá de cuidar dessa parte e muito bem, se quiser continuar prosperando. Cabe a você também, prestar a devida atenção na hora de gastar para não extrapolar seu orçamento mensal.

– Então, de que me servem eles?

– Essa pergunta vem do seu ego, não do seu coração!

– Ahn?

– É isso mesmo o que você ouviu.

– Quem faz essa pergunta é seu lado mimado, manhoso, espertalhão e egocêntrico (Ego). Um lado que quer ganhar tudo sem fazer por merecer. Que insiste em cuidar de tudo que é responsabilidade sua, de forma inconsequente, sem aprender e pôr em prática formas sadias de administrar sua vida pessoal, financeira, afetiva e espiritual. É um lado que quer se fazer de coitadinho, vítima, ou melhor, a super vítima do mundo e de todos. É aquele lado que vive culpando o governo, os grandes empresários, o mundo em si, por não facilitar sua vida como você e muitos mais tanto querem. Facilitar, no caso, é querer ganhar tudo sem ter a necessidade de trabalhar e assumir responsabilidades por isso.

Os espíritos amigos vão ajudá-lo por meio de conselhos sadios, lembretes pertinentes e na purificação de sua energia, que será gasta em meio ao corre-corre diário necessário para expressar seus talentos. Mas você precisa se permitir receber essa ajuda. É muito importante que também os consulte quando precisar tomar uma decisão, tomar uma direção na vida. Eles podem apontar direções prósperas, energizá-lo, mas jamais fazer o que lhe cabe fazer em termos de atitude, trabalho e evolução. Compreendeu agora?

– Sim – respondeu José Augusto um tanto surpreso com a informação.

Houve uma pausa até ele admitir:

– Sinto até vergonha de dizer ao Senhor, que depois que perdi tudo, minha família se voltou contra mim. Meus filhos me odeiam, com exceção de um. Minha esposa não me suporta, só não se separou de mim porque a família dela não a apoiou financeiramente. Perdi amigos que pensei que eram meus grandes amigos, restaram apenas eu e um monte de dívidas e vergonha e ódio por ter me posto nessa situação.

– Ora, meu amigo, restou bem mais do que isso. Você ainda tem Deus ao seu lado. E os amigos espirituais de que lhe falei, torcendo por você. Imagine-se agora no meio de um estádio de futebol. Pode ser o Maracanã ou o Pacaembu. Muito bem. Agora, visualize o lugar lotado. Visualizou? Ótimo. Toda essa gente que lota o estádio são espíritos amigos, torcendo pelo seu sucesso, pela sua volta por cima, seu regresso total à felicidade e à prosperidade em todos os sentidos da vida.

– Mas é muita gente!

– E você queria o quê? Somente dois ou três? Não se acha digno de ter tantos espíritos irmãos, torcendo pela sua vitória?

– É que...

– Se acha merecedor?

– Não!

– Aí é que está. A maioria quer resolver seus problemas, contando com muito pouca ajuda espiritual, quando, na verdade, o Universo está lhe dando um ginásio de esportes abarrotado de espíritos, torcendo pelo seu sucesso profissional, pessoal, afetivo, familiar e espiritual. Não recuse ajude, abra os braços para ela, lembrando que além de toda essa ajuda ainda existe Deus a seu favor.

–Acho mais fácil contar com Deus do que com toda essa gente, espírito, sei lá!

– Sabe por quê? Porque a maioria visualiza Deus como sendo uma pessoa só: alta ou baixa, robusta ou gordinha, barbuda ou cabeluda, não importa, mas uma pessoa só. A ideia de que inúmeros espíritos (todos filhos de Deus, iluminados por Deus, extensão de sua grandiosidade), lotam um ginásio, imaginário, para torcer por nós, é difícil de ser aceita porque no fundo, a maioria de nós não se acha digno de ter tanta gente, torcendo pelo seu sucesso na vida. Esquecem-se de que Deus é abundância e grandiosidade.

Precisamos trabalhar a nossa autoestima, para que compreendamos de vez que merecemos, sim, sermos amados e queridos por todos aqueles que Deus permitir torcerem por nós.

Quando um jogador pede a Deus para que seu time ganhe, Deus deixa a vitória a cargo daqueles que se prepararam melhor fisicamente para jogar. Não interfere, porque não estaria sendo honesto para com o time adversário. Mas quando pedimos a Deus e a todos os espíritos que nos querem bem, sendo muitos destes até mesmo desconhecidos por nós, não há por que Ele não atender ao nosso pedido, afinal, não precisamos derrotar ninguém para alcançar uma vitória pessoal.

– Estou deveras impressionado com suas palavras, meu senhor.

– Que bom! Que tal então, a partir de agora, você torcer pelo seu progresso, contando sempre com um ginásio lotado de espíritos amigos, torcendo por sua vitória? Que tal também parar de pensar naqueles que lhe viraram a face, quando você mais precisou; incluindo seus familiares? Para eles dê tempo ao tempo, não exija melhoras de comportamento até que estejam prontos a ter um. Enquanto isso, você se apoia no mundo espiritual, nessa multidão de espíritos amigos a seu favor. A favor do seu bem maior.

– Farei.

– Não se esqueça! Porque temos a tendência a esquecer. A ficar pensando somente naqueles que nos viraram as costas. Agindo assim perdemos a força, baixamos nossa autoestima. E sem autoestima não somos fortes o suficiente para triunfar sobre tudo que precisamos triunfar. Compreendeu?

– Sim, certamente.

Houve uma pausa até José Augusto perguntar:

– Por hoje é só?

— Sim, meu querido. Depois da palestra da noite, você tomará seu *passe*. Mas deve voltar aqui mais vezes, para que não se perca no caminho do desespero e da baixa autoestima.

José Augusto voltou para casa, sentindo-se mais leve e entusiasmado para seguir, enfrentando tudo o que tivesse de enfrentado para se reerguer na vida.

Sônia Regina, ao vê-lo chegando, mirou-o de cima a baixo e quando pensou em lhe perguntar alguma coisa, mudou de ideia.

— Fui ao Centro — disse ele porque achou que devia.

— Alguém lhe perguntou alguma coisa? — respondeu ela secamente.

— Não. Estou dizendo para que não pense que andei por aí, fazendo alguma coisa errada.

— Com essa cara de garotão que você voltou para casa, estou certa de que aprontou, sim.

— Engana-se, fui realmente ao Centro que o nosso compadre nos indicou.

— Vai virar macumbeiro, agora, vai?

— Lá não se pratica macumba, Sônia.

— Todo Centro pratica macumba, José Augusto.

— Nesse em que eu estive, não.

— Sei... — ela desdenhou a informação, soltando mais um de seus risinhos cínicos.

Capítulo 12

Juliano e seus temores

Semanas depois, Juliano vivia mais um de seus piores momentos ao lado da família de Nazira Maluf.

– Juliano! – berrou Nazira, melindrosa como nunca.

– O que foi? – alarmou-se Juliano, pensando que algum membro de sua família havia envenenado a relação dos dois com fofocas e mexericos.

– Minha avó, Juliano – respondeu a moça, vertendo-se em lágrimas. – A vovó morreu.

Juliano respirou aliviado.

– Foi isso? Ufa!

Nazira imediatamente olhou horrorizada para ele que tentou se explicar:

– É que pensei que havia acontecido algo de ruim com você ou com meu futuro sogro ou sogra, meus queridos...

A jovem pareceu não ouvi-lo:

– A vovó era tudo para mim, Juliano. Tudo!

– Eu sinto muito.

Ele a abraçou enquanto fazia bico de descaso pelo acontecido.

– Estamos indo para o velório daqui a pouco – comentou ela, continuando a se derramar em prantos.

– Estão, é? – disse ele sem muita vontade. – Vão com Deus.

Ela imediatamente recuou o rosto e o encarou:

– O que foi que você disse?

– Ah, eu...

– Você vai conosco, não vai? Não vai me deixar sozinha num momento tão triste como este, não é mesmo?

– Eu nem conhecia a sua avó, Nazira.
– Que insensível da sua parte.
– Não é isso.
– O que é, então?
– É que eu abomino velórios e cemitérios. Eu tenho pavor, eu tenho horror, eu tenho ojeriza a esses lugares.
– Mas é uma questão familiar.
– Não importa. Não vou a nenhum. Você pode me pedir tudo, menos isso.

Nazira voltou a chorar agonizantemente.
– Nazira... – o rapaz suspirou. – Só me faltava essa.

Por medo de a namorada e de sua família se voltarem contra ele, Juliano se forçou a ir ao velório da mulher, porém, assim que viu se aproximando do caixão, começou a tremer convulsivamente. Se perto de um caixão vazio ele já sentia paúra, com um cadáver dentro dele, pior acontecia. Ao vê-lo perder a cor, o irmão de Nazira rapidamente o amparou e o encaminhou para uma cadeira nas proximidades. Imediatamente serviram-lhe um copo de água e o abanaram, porém, assim que Juliano avistou novamente o caixão, branqueou novamente e desmaiou. Só então Nazira compreendeu que ele realmente sentia fobia de tudo que se relacionava à morte. Sendo assim, levaram o rapaz para longe dali.

Ao vê-lo naquele estado deplorável, o pai de Nazira, balançando a cabeça de um lado para o outro, em sinal de perplexidade, comentou:
– Veja só, um homem desse tamanho, torna-se libélula diante da morte. É mesmo um *banana*.
– Fale baixo, meu marido, por favor.
– Nazira não poderia ter escolhido sujeito pior para namorar do que esse fanfarrão. – O homem suspirou. – Oh, Deus, que esse namoro acabe o quanto antes.

Depois do funeral, quando a família toda se reuniu mais uma vez na mansão dos Maluf, Juliano pensou que o assunto não mais giraria em torno de morte, cadáver, velório e cemitério, o que ele tanto odiava; mas enganou-se, redondamente.

Foi então que o marido da falecida disse, entre lágrimas:
– Eu sou um assassino. Tenho de reconhecer o fato de que sou um. Eu pedi a Deus, aos anjos que levassem minha esposa embora e eles me atenderam.

Todos olharam chocados para o patriarca da família.

– Foi praticamente uma eutanásia – continuou o homem, chorando. – Foi como se eu tivesse desligado os botões dos aparelhos que mantinham viva a minha adorada esposa. E se há vida após a morte e acredito que há, ela deve saber a uma hora dessas do que fui capaz de fazer.

– Não se puna por isso, vovô – falou Nazira tão lacrimosa como todos os presentes.

– Eu não me puno, sei que fiz o melhor. Só temo a incompreensão por parte da sua avó. A revolta.

– Se ela estava sofrendo tanto quanto o Senhor afirma, ela há de compreendê-lo. Todos que viveram o mesmo que ela, devem compreender.

– Não sei. Certa vez li num livro algo bastante curioso sobre um paciente terminal, torturado cada dia mais pela dor que a doença lhe causava. Ele almejava morrer, mas quando sobreviveu, misteriosamente, surpreendendo a opinião médica, ele agradeceu a seus familiares por não terem feito o que ele tanto desejava.

Juliano, perdendo a paciência de vez com aquilo, disse:

– Então tá, vovô. Agora vamos falar de mulher. O senhor já percebeu que agora está livre para se casar com uma gostosa, com pelo menos uns 20, 30 anos a menos que o Senhor? Pensa no ganho que o Senhor teve com a...

Nazira deu um cutucão no namorado:

– Juliano, o que é isso?

– Falei alguma mentira? Quem morreu foi sua avó, não ele que continua vivíssimo e pronto pra outras. É ou não é, vovô? – dessa vez foi Juliano quem cutucou o homem que olhou mais uma vez horrorizado para ele.

– Alguém pode me dizer quem é esse moleque?

– É o namorado de Nazira, vovô.

– Pois Nazira, minha neta, que rapaz mais insensível você foi escolher.

A moça engoliu em seco, enquanto Juliano deu mais uma das suas. Cochichou no ouvido do homem:

– Entendi, agora, o Senhor está sendo politicamente correto, é isso, né? Mas quando o Senhor quiser dar uns giros por aí, pode contar comigo. Vamos nos divertir muito.

Antes que o avô e o pai de Nazira tivessem um treco, a moça

levou o namorado para longe dali.

Ao voltar para casa, Juliano novamente teve de passar perto do cemitério do Araçá o que o fez se recordar do desagradável episódio daquela tarde. À noite, como acontecia desde criança, quando ia a um velório, Juliano não conseguia tirar da cabeça a imagem do caixão com o morto dentro dele, o que o impossibilitava de dormir tranquilamente.

– Você não deveria ter ido lá. Você sempre fica *maus* quando vai a um velório ou...

– Eu sei, mamãe.Mas a chata da Nazira insistiu tanto, achei que se eu não fosse a família dela ia acabar me achando um insensível e... Oh, gente chata. Até parece que reuniram todos os chatos numa família só.

– Com o tempo você se acostuma, Juliano. Pelo menos agora eles sabem que você não passa bem diante de tudo que cerca a morte. Nunca mais o forçarão a tomar parte de um velório ou de um enterro.

– Assim espero, mamãe.

Agora ele parecia uma criancinha falando, deitado com a cabeça no colo da mãe.

– Incrível como as pessoas são mesmo muito diferentes uma das outras. Inclusive, irmãos. Você, por exemplo, não pode sequer chegar perto de um caixão, seu irmão, por outro lado, aprende medicina estudando e dissecando cadáveres.

Nem bem Sônia terminou de falar, o filho se curvou como um raio, vomitando em golfadas pelo chão.

– Juliano, filho!

Desde aquela noite, Juliano teve dificuldades para dormir. Acordava assustado, gritando e suando frio. Seria assim até que esquecesse por completo o que viu no velório da avó de Nazira Maluf. Disposto a ajudar o filho, José Augusto sugeriu:

– É melhor você ir ao Centro, Juliano.

– O quê? O Senhor endoidou de vez?

– Tomar um passe, vai lhe fazer bem, muito bem.

– *Facinho* que eu ponho os pés naquele lugar cheio de gente morta. Eca!

Bateu três vezes na madeira.

– Que gente morta, Juliano?

— Vai me dizer que nesses lugares não são repletos de gente morta? O que são espíritos se não gente morta?

— Sim, é verdade, mas...

— Credo em cruz. Não vou, não vou, não vou!

E novamente bateu na madeira três vezes.

— Só estou querendo ajudá-lo.

— Sua ajuda em geral eu dispenso. Em tudo o que Senhor põe a mão vira caca, então, por favor...

José Augusto achou melhor não dizer mais nada, era o mais sensato a ser feito por ora.

Quando a vizinha viu Juliano abatido, tomando sol em frente a sua casa, foi até ele saber se estava passando bem. Ele até que se mostrou simpático com a senhora e teve coragem de lhe contar o verdadeiro motivo que o deixara naquele estado tão deprimente.

— Os mortos não assombram as casas, meu querido — disse a mulher procurando ajudar — se fosse assim sua casa seria assombrada, afinal...

— Afinal? — os olhos dele se arregalaram expressivamente.

Só então a vizinha percebeu que se contasse para ele que na casa em que ele agora residia, havia morrido uma pessoa, o estado dele se agravaria, por isso ela preferiu mudar de assunto, desejando-lhe paz e tranquilidade, sugerindo também que ele tomasse muito chá de camomila e erva doce.

De fato havia tido uma morte na casa, da filha daquele que construíra a morada, e isso ocorrera há não mais que um ano, tanto que foi por isso que a casa foi posta à venda para que a quantia paga por ela pudesse ser dividida entre os herdeiros. Mas isso Juliano ainda estava por vir a descobrir.

Capítulo 13

Juliano e Inês tomam medidas urgentes

Pensando no conselho que recebera da esposa, o pai de Nazira resolveu dar um voto de confiança para Juliano. Chamou o rapaz para uma visita na sua empresa, onde poderia conversar com ele mais à vontade. Depois de mostrar as dependências do lugar, o homem encaminhou Juliano até seu escritório onde fez o rapaz se sentar de frente para sua escrivaninha e foi direto ao ponto.

— Que bom que você gostou da empresa. Nada melhor do que apreciar seu futuro ambiente de trabalho.

As sobrancelhas de Juliano se arquearam.

— Sim, meu rapaz. Mesmo você não tendo experiência com nada do que se passa por aqui, estou disposto a contratá-lo para...

— Contratar-me?!

— Sim. Nem precisa me agradecer. Achei que era minha obrigação dar-lhe uma chance, já que pretende se casar com a minha filha, futuramente, e também estou necessitado de um funcionário de confiança aqui para o escritório. O salário inicial não é maravilhoso, mas pode vir a ser com o tempo.

Juliano novamente o interrompeu.

— Senhor Maluf, agradeço muito a sua... Como eu diria?

— Generosidade?

— Talvez. Mesmo assim eu não posso aceitar sua oferta, pois estou completamente sem tempo para trabalhar. Pelo menos no momento. É que a faculdade que curso me consome quase o tempo todo e...

— Quer dizer mesmo que você continua frequentando a faculdade?

— Sim, sim – Juliano levou adiante sua mentira com a cara mais deslavada do mundo. – O que serei eu, um dia, sem terminar uma faculdade, não é mesmo? Apesar de todas as dificuldades que estamos passando, eu disse para mim mesmo: Juliano, meu *chapa,* nem que você tenha que vender hot-dog e bombons de leite Ninho na porta da sua faculdade para poder pagar pelas mensalidades, continue estudando.

– Você disse isso mesmo para você? Estou deveras espantado.

– Senhor Maluf, o Senhor me conhece muito pouco.

– É, de fato... De qualquer modo você poderia cursar a faculdade à noite e trabalhar de dia. Tantos jovens fazem isso. Trabalham das 8 da manhã até às 17 ou 18 horas e seguem do trabalho direto para a faculdade.

– E eu não sei? O problema é minha mãe. Com essa violência que anda São Paulo ela se recusa a me deixar sair à noite, para qualquer lugar.

– Mas você já tem mais de 21 anos.

– Diga isso para ela! Por eu ter sido o primeiro filho, acho que ela se apegou muito mais a mim do que ao palerma do meu irmão.

– Palerma?

– Aquele lá, é o garoto problema lá de casa. Só traz desgosto *pros* meus pais. Coitados. É vergonha em cima de vergonha.

– Seu irmão, é? Estou deveras surpreso.

– Pois é. Quando eu falo dele, ninguém acredita.

– Eu não o conheço, mas... – por melhor que Juliano tivesse sido na sua interpretação, o homem não se deixou convencer. Para ele, o rapaz mentia descabidamente, comprovando definitivamente que era de fato um mau caráter.

– Bom, de qualquer maneira – o Senhor Maluf retomou o assunto. – Converse com sua mãe a respeito da minha proposta. Tenho a certeza de que ela vai permitir que você curse a faculdade à noite para poder trabalhar de dia. Mesmo porque eu não permitirei que uma filha minha se case com um sujeito sem condições de sustentá-la. Por tanto... Acho que você já me compreendeu, não?

Juliano assentiu enquanto voltava a se fazer de coitadinho:

– Eu agradeço muito ao Senhor a proposta de trabalho, imensamente. Estou até emocionado. Chego até a arrepiar, veja o Senhor. – Ele estendeu o braço. – Assim que eu me formar eu certamente aceitarei trabalhar aqui. E com muita honra. Pois só então terei condições de me dedicar devidamente ao trabalho para não decepcioná-lo. Se eu aceitá-lo agora, com certeza não trabalharei direito e o Senhor vai acabar tendo uma péssima ideia de mim. Espero que me compreenda.

O homem, mais uma vez impressionado com a lábia do rapaz, respondeu sem esconder a ironia:

– Compreendo-o mais do que imagina.

– Pois então...

Uma hora depois, Juliano contava para a mãe a respeito da proposta de seu futuro sogro.

– Foi por pouco, mamãe, por muito pouco que eu não perguntei àquele narigudo: o Senhor está querendo que eu trabalhe em regime escravo, é? Porque para mim, trabalhar o dia todo e ainda fazer faculdade à noite é viver sob regime escravo.

– Esse homem perdeu a noção.

– Acho que ele nunca teve, *né,* mamãe? Mas o danado pode vir a fazer a cabeça da Nazira contra mim, é isso o que está me deixando preocupado. Se ele conseguir fazer a cabeça da filha, é bem capaz de ela me dar o fora e aí, como eu fico?

– Bem, filho, a Nazira não é a única garota de pai milionário disponível em São Paulo. Com certeza deve haver outras.

– Mas não tão burra quanto ela, mamãe. Preciso de uma mulher tapada para que eu consiga atingir meus propósitos.

– Você é quem sabe.

Naquele mesmo dia, ao cair da tarde, Inês havia ido à casa de Letícia fazer-lhe uma visita. Foi na volta, quando tomava a Rua Amauri para poder pegar a Av. Nove de Julho, que ela avistou Eduardo sentado num dos barzinhos dali, com uma aparência péssima. Quando ele a avistou, saltou da cadeira no mesmo instante. Por pouco não derrubou o copo que segurava nas mãos.

– Inês! – exclamou com lágrimas nos olhos.

Ela parou o carro, para poder vê-lo melhor e quando ele decidiu seguir na sua direção, o carro atrás do de Inês buzinou para que pudesse ganhar passagem. A jovem, de tão aturdida com o inesperado encontro, seguiu seu caminho, enquanto seus olhos também se vertiam em lágrimas. Ao chegar em sua casa, Inês se trancou em seu quarto e chorou por sua triste realidade. Os momentos mais marcantes dela e de Eduardo, lado a lado, voltaram a se repetir em sua mente, provocando-lhe ainda mais tristeza. Eduardo sempre fora tudo para ela, um cara e tanto, aquilo que chamam de sua verdadeira alma gêmea, todavia, ele era incapaz de lhe ser gentil como Gabriel tanto se esforçava para ser. Desde que haviam começado a namorar, o rapaz se oferecera para lhe pagar as mensalidades da faculdade, o que ela aceitou, de prontidão, caso contrário teria de desistir do curso. Ele também lhe bancava almoços, jantares e presentes que ela se dizia necessitada. Chegava a lhe dar uma mesada, toda semana, para que pudesse se manter até que casassem. Sabendo das péssimas condições financeiras em que sua família se encontrava, aquilo era o mínimo que um sujeito como ele, poderia fazer por ela, assim dizia Gabriel.

Não, Eduardo Queirós nunca seria capaz de agir como ele, seus valores não lhe permitiriam. O que era uma pena, pois se fizesse, eles jamais haveriam de ter se separado. O único senão em relação a Gabriel Matarazzo era sua aparência, a ausência de beleza que ela tanto apreciava nos moços, prova definitiva de que nunca se podia ter tudo realmente na vida, ao mesmo tempo.

Ainda que estivesse certa de que Gabriel era o cara certo para ela se casar, Inês ficou receosa de que pudesse ter uma recaída em relação a Eduardo, pondo a perder seu futuro brilhante ao lado de Gabriel; por isso ela decidiu forçar o rapaz a se casar com ela, o quanto antes. Ainda que ele achasse precipitado da parte dela, Gabriel conversou com sua mãe a respeito.

– Quem vai estar se casando com essa moça, Gabriel, é você, não eu. Se estiver cometendo uma burrada, é você quem terá de arcar com as consequências. Só você.

O alerta havia sido dado, conscientizou-se sua mãe; mesmo assim, Gabriel decidiu correr o risco. A data do casamento entre ele e Inês foi marcada e os preparativos para a grande ocasião tiveram início. O único senão foi a igreja escolhida para a cerimônia, Inês queria muito se casar na Paróquia Nossa Senhora do Brasil, na Avenida Brasil esquina com a Rua Colômbia, mas não havia datas disponíveis. Com isso ela optou pela Igreja São José do Jardim Europa, na Rua Dinamarca, esquina com a Rua Áustria.

Enquanto isso, Juliano conversou seriamente com Nazira a respeito de sua vontade de se casar com ela, o mais rápido possível. Visto que a moça se mostrava totalmente dominada pelos pais, Juliano achou melhor fazer uso de uma chantagem emocional para convencê-la a fazer o que ele tanto queria.

– Você já está com quase trinta anos, Nazira. Se demorar muito para engravidar, pode não conseguir depois. Todos sabem que quanto mais velha a mulher, mais difícil é para ela engravidar.

– Eu sei, mas o *papi*.

– O *papi* já se casou e tem seus filhos, não está na mesma situação que você.

– Mesmo assim eu odiaria contrariá-lo.

– A escolha é sua. Depois não reclame que não conseguiu ter um filho, pelo menos um, tampouco um marido.

– Isso é uma ameaça, Juliano? É?

– Pode ser.

– Não se zangue comigo, Juliano, por favor. É que o *papi*...

– O *papi*, o *papi*, o *papi!* É sempre o *papi*, né, Nazira? E eu, não conto?

– Claro que sim, meu amor.

Mais uma vez ele sentiu vontade de esgoelá-la para que parasse de usar aquela voz ardida, chorosa e manhosa que muitas vezes usava para falar e chegava a lhe embrulhar o estômago. Na próxima ida dos dois ao motel, o lado mau caráter de Juliano achou melhor fazer uso de um pequeno truque para conseguir que a moça se obrigasse a casar com ele o quanto antes. Vestiu um preservativo e enquanto distraía a namorada, com palavras melosas, retirou-o sem que ela percebesse para que tivesse chance de fecundá-la, o que aconteceu para sua glória. Ao descobrir que estava grávida, Nazira teve mais um de seus chiliques.

– Estou decepcionado com você, Nazira. Muito decepcionada – falou seu pai, furioso.

– Mas *papi*...

– Não diga mais nada, Nazira. Por favor.

– *Papi*, ouça-me.

– Você gosta mesmo desse... – o homem suspendeu a frase, ao avistar Juliano, acenando para ele e sorrindo como quem diz: meu senhor, eu estou aqui!

O pai da moça, sem nenhum constrangimento, completou:

– Se você casar com esse janota, vai fazer um péssimo casamento, minha filha. Mas de que adianta falar, não é mesmo? Filhos nessa idade são teimosos.

– *Papi*, o Juliano é o pai do filho que espero. Além do mais, eu o amo, tenho certeza de que ele também me ama e...

O homem bufou e lançando um olhar de descaso, medindo Juliano de cima a baixo, concluiu:

– Como diria Pilatos: lavo as minhas mãos.

Sem mais, deixou a sala, pisando duro e cuspindo pelas ventas.

No mesmo instante, Nazira se atirou nos braços de Juliano, gritando, histérica a ponto de quase perfurar-lhe o tímpano.

– Juliano, meu amor, diga que me ama, por favor. Que juntos seremos felizes, que meu pai está errado a seu respeito.

Ele nada disse, apenas a beijou, fervorosamente.

Finalmente o casamento foi marcado e visto que Sônia andava chateada com sua família, por não a terem apoiado quando mais precisou, nenhum deles foi convidado para o casamento do filho. José Augusto também não convidou quase ninguém, dos amigos que tinha, a maioria se mostrou falsa e interesseira depois que ele abriu falência, por isso não viu motivos para convidá-los. Só mesmo aqueles que se mostraram solidários a sua pessoa, depois do ocorrido, é que foram convidados, incluindo o padrinho de Juliano, obviamente.

Quando Juliano soube que haveria um acordo pré-nupcial para ele assinar, exigência de seu futuro sogro, o rapaz por pouco não mandou tudo às favas.

– O quê?! Contrato?

– Sim, o *papi* faz questão. E penso que ele está certo. Se você me amar mesmo, sem interesse algum pelo dinheiro do *papi*, há de assinar sem protestar. Senão vou acabar pensando como o *papi*, que você só está se casando comigo por interesse financeiro.

– Isso é sinal de desconfiança, de que vocês não confiam em mim.

– O mesmo contrato foi assinado por todos os meus cunhados e cunhadas antes de se casarem com meus irmãos. É de praxe.

Juliano acabou concordando com o pedido, ao perceber que seria ele quem mais sairia perdendo se não o fizesse. O casamento dos dois foi algo maravilhoso.

Depois da lua de mel, ele voltou ao clube todo garboso, sentindo-se um vitorioso por acreditar que uma vez casado com Nazira

Maluf seus problemas financeiros haviam acabado.

Inês se casou semanas depois, feliz por saber que não existia contrato algum pré-nupcial para assinar. Foi também um casamento luxuosíssimo como ela tanto sonhou, apenas o noivo diferia do qual ela desejou pra si. Todavia, diante das circunstâncias, Gabriel era, sem dúvida, o melhor que poderia ter escolhido para se garantir financeiramente rica até o fim de sua vida. Ao descobrir que estava grávida, a família vibrou de felicidade, pois o bebê seria o primeiro neto da grande matriarca. A vinda de uma criança fez com que a sogra passasse a tratar Inês com mais doçura, cobrindo-a de presentes e mimos que ela tanto apreciava.

Danilo, por sua vez, comemorava com refrigerante o final do seu terceiro ano na faculdade. Agradecendo mais uma vez à namorada pelo que fizera por ele até então.

Capítulo 14

Vivendo e reaprendendo a viver

Já era 2002 e enquanto Inês procurava se adaptar a sua vida de casada ao lado de Gabriel Matarazzo, e Juliano ao lado de Nazira Maluf, Danilo continuava firme e forte cursando sua faculdade, estudando assiduamente e, durante os intervalos, vendendo cachorros-quentes e bombons de leite Ninho, com a colaboração de Lígia que parecia cada vez mais apaixonada por ele, da mesma forma que ele se mantinha apaixonado por ela.

No mês em que o dinheiro arrecadado com a venda dos alimentos não foi suficiente para pagar os livros e a mensalidade do curso, Lígia teve uma nova ideia para salvar a situação.

— Vou vender os hot-dogs e bombons nas imediações da praça Benedito Calixto neste sábado e no domingo ficarei nas proximidades da feirinha do MASP.

— Lígia, não.

— Por que não?

— Porque você já me ajudou a semana inteira.

— Danilo, para fazer o molho de tomate e cozinhar as salsichas, enrolar os bombons eu não gasto mais do que uma hora por dia. Entre levar o carrinho, ajudá-lo a vender e trazer o carrinho de volta, mais uma hora. Ao todo eu gasto exagerando três horas por dia para ajudá-lo nisso tudo o que faço com muito gosto. Você, por outro lado fica na faculdade o dia inteiro, além do tempo que passa estudando, mergulhado nos livros. Medicina não é mole, não.

— Eu sei, mas...

— Deixe-me ajudá-lo enquanto posso. Por favor.

— Está bem. Se você quer assim.

Ela terminou o assunto, beijando-lhe carinhosamente o rosto. No fim de semana seguinte, Lígia fez o que havia prometido, com a ajuda de uma amiga muito divertida, o que lhe rendeu uma tarde agradável e com boas gargalhadas. Enquanto isso, Danilo ficou estudando dobrado para as novas provas que estavam por vir.

Nesse ínterim, José Augusto voltou por diversas vezes ao Centro Espírita Amor, Dever e Disciplina. Foi um dos primeiros a chegar naquele dia e, por isso, pôde ouvir, ainda que a certa distância, a conversa entre uma moça, ainda bem jovem, com o Senhor Walter. Ela ia começar a falar com ele, quando começou a chorar.

– O que há? – perguntou ele amavelmente como sempre.
– Meu noivo desencarnou há poucos dias por causa de uma doença rara.
– Eu sinto muito.
– Ele sofreu horrores. Por isso eu e sua família encaramos sua morte como uma bênção, uma libertação do sofrimento.
– Sim, com certeza.
– Em todo caso, toda vez que vejo seu espírito, também vejo claramente que há tristeza em seus olhos, muita tristeza. E isso para mim não faz sentido, porque se a morte para ele foi uma libertação, por que haveria ele de se sentir triste do outro lado da vida? Isso foge à minha compreensão.
– Reflita. Permita que a resposta venha ao seu encontro.
– Venha de onde?
– De onde brota a VIDA.
– E onde é esse lugar?
– Uns chamam de Deus.
– Será mesmo que sou capaz de obter a resposta?
– Todos são.
– Será mesmo que sou digna?
– Todos são.
– Eu não sei...
– Esse é o problema da maioria de nós: baixa autoestima. Deus deu a vida para que todos atravessem o portal entre a mediocridade e a elevação. Para que acreditassem em si mesmos e descobrissem seu poder interior, sua capacidade física, sem jamais, porém, se achar um deus. Em outras palavras: sem perder a humildade.
– E isso é possível?
– Tudo na vida é possível, portanto, reflita a respeito do que me perguntou e a resposta virá até você. Pode ser dita por uma

voz interior, quando você menos esperar, pode ser dita por alguém que cruze o seu caminho. É assim que o Universo se comunica conosco. É assim que Deus fala com a gente.

A moça voltou a se emocionar.

– Dê-me sua mão e se concentre na pergunta. Com a ajuda dos guias espirituais desta casa, seus pensamentos serão iluminados.

Não tardou para a resposta chegar até ela. Seu noivo andava entristecido do outro lado da vida por perceber que para se curar, teve de separar de todos que amava e aqui na Terra deixou. Por outro lado, ele também estava feliz por ter se curado da enfermidade que devastou seu corpo físico.

– Agora que tenho a resposta surge outra questão: o que posso fazer para ajudar meu querido do outro lado da vida?

– Todos fazem essa mesma pergunta. E a resposta, bem, não é tão difícil de ser obtida. Na vida nunca podemos ter de tudo ao mesmo tempo. Seu noivo obteve a cura, mas para isso, perdeu o contato com aqueles que tanto amava em sua última encarnação, não quer dizer, porém, que novas oportunidades não possam existir para que saudades sejam redimidas. Por ora é preciso aceitar a situação como ela é, sabendo que num futuro próximo reencontros acontecerão.

A vida nos pede constantemente aceitação, não é mesmo? Quando não aceitamos os fatos da vida que nos cerca, sofremos. Sabemos que as pessoas aqui chegam e um dia partem, levados pelo desencarne. De que adianta ir a um psicólogo se o problema é a falta de aceitação destes fatos irrefutáveis sobre a vida? Muitos se deprimem porque são da raça negra, outros porque são pobres, outros porque são gays, outros porque são brasileiros, etc. De que adianta sofrer se assim são? Só mesmo aceitando os fatos é que podemos deixar de implicar e sofrer por eles. Porque implicância alguma muda o que se faz intrínseco à vida.

Dizem que a depressão é quando o orgulho vem à tona, é quando não admitimos para nós mesmos que perdemos. Em outras palavras é quando nos recusamos a aceitar os fatos como aconteceram.

Lágrimas continuarão rolando por sua face e pela de seu noivo quando a saudade vier ao seu encontro como uma rajada de vento ou uma brisa repentina, mas com menos intensidade ou simplesmente por pura emoção depois que vocês intimamente aceitarem o fato que os separou. No caso, um fato necessário.

A moça parecia bem mais tranquila quando se dirigiu para a sala onde José Augusto aguardava pela palestra da noite. Ao vê-lo, sorriu, ainda que timidamente e José Augusto convidou-a se sentar junto dele. Apresentações foram feitas a seguir. O nome dela era Vitória e José Augusto acabou se desculpando com ela por ter ouvido sua história ainda que não quisesse.

– Não tem problema – respondeu ela ainda muito polida. – Minha história não é segredo para ninguém.

A seguir os dois conversaram até a palestra da noite começar. Foi quando o Senhor Walter o surpreendeu novamente com sábias palavras em sua palestra da noite:

– Hoje quero lhes falar sobre prosperidade do ser, em todos os sentidos. Prosperidade financeira, pessoal, espiritual, afetiva e familiar.

Para que haja um perfeito funcionamento da vida neste planeta, precisamos do fogo, da água, da terra e do ar, certo? Seremos incompletos somente com água; é a combinação desses quatro elementos que possibilita a nossa existência na esfera terrestre.

Pensemos agora numa orquestra. Ela só acontece porque todos os instrumentos se alinham em perfeita precisão e harmonia, para que seja apoteótica, certo? Sozinhos, os instrumentos jamais tocarão tão brilhantemente quanto unidos numa orquestra, não é mesmo?

Para termos êxito na vida precisamos de uma combinação de elementos que estão a nossa disposição, presentes do Pai Celestial.

Para fazermos um *pão de ló*, aquele bolo simples e gostoso, você precisa de 6 ovos, duas xícaras de açúcar e farinha, uma xícara de leite quente e uma colher de sopa de fermento. Não poderemos fazê-lo somente com os ovos, tampouco somente com a farinha. Só mesmo juntando todos os elementos é que teremos êxito na receita.

Em outras palavras: para termos êxito no trabalho, por exemplo, precisamos de constante aprendizado, para nos mantermos sempre atualizados; precisamos também de uma excelente administração do que ganhamos, para não gastarmos além, o que nos prejudicará um bocado financeiramente. Tão importante quanto tudo isso, precisamos manter o nosso físico sempre forte e saudável, pois sem ele não poderemos trabalhar e, consequentemente, prosperar.

Para termos êxito no amor, na família, na sociedade, também precisamos harmonizar os elementos que nos tornarão uma pessoa mais equilibrada para um convívio feliz.

Ele fez uma pausa, escolheu um dos presentes e perguntou:

– Responda-me, você seria de capaz de dar bons conselhos a alguém que muito o feriu? Direta ou indiretamente? Pense na pessoa que mais o magoou, ou se sobrepôs a sua no mundo profissional. Alguém que ganhou mais evidência do que você ou começou junto com você e hoje ocupa um cargo muito mais elevado em termos de prosperidade.

– Confesso que não é fácil – admitiu o escolhido.

– Não é, e isso acontece porque um lado de nós é bem mesquinho e ignorante. É o que muitos chamam de pobreza de espírito. E esse lado quando muito em evidência dentro de nós, atrai espíritos encarnados e desencarnados com pensamentos semelhantes que só servem para piorar o nosso SER; aniquilando de vez a nossa paz.

O sujeito se arrepiou.

– Sim, eles existem. São os donos daquelas vozes que querem nos desvirtuar do bom caminho. Voltar-nos contra o próximo ou contra si mesmos, destruindo nossa paz tal como eles destroem a deles. Por isso, um *passe* é tão importante na vida de todos para purificar a alma e, com isso, afastar de nós todo e qualquer espírito afim. Por isso é tão importante também que a gente ore, aplique o evangelho no lar e faça uso de técnicas para melhorar os nossos pensamentos e automaticamente o nosso comportamento diante dos fatos.

Em resumo: prosperar é também se libertar de qualquer rancor, inveja, ressentimento, pobreza de espírito em geral.

Nova pausa e ele completou:

– Para prosperar também você precisa ser otimista que é o mesmo que viver com fé. Mas uma fé lúcida, ou seja, de que está fazendo o que precisa ser feito para alcançar com a graça de Deus o que tanto almeja.

Você precisa também descobrir o que tem feito de errado para criar situações problemáticas que o impedem de prosperar e ter uma vida pacífica e feliz. É preciso ser humilde suficientemente para reconhecer tal fato e mudar. Quando algo em nossa vida sai fora do eixo, é para que possamos acordar para uma realidade superior à que nos acostumamos.

É importante saber também que a solução para os seus problemas pode aparecer na sua mente como na velocidade da luz, mas requer tempo para ser posta em prática e se materializar. Por isso fique atento.

Você precisa elevar sua estima. Para ajudar um paciente, um psicólogo precisa exatamente fazê-lo acreditar em si novamente. Lembrá-lo ou fazê-lo compreender que você é um SER produtivo e bom para si mesmo. Que quanto mais útil se sentir, mais equilibrado se tornará. O ser humano não pode se sentir bem se ele não se sentir realizado e ele não vai se realizar nunca se não conquistar o que almeja por seus próprios méritos. Sem se elevar. Então eleve a sua autoestima.

– Prosperar é também se perdoar. Cometemos erros, sim, é natural, mas não podemos ficar presos aos erros, temos de sobrepujá-los. E todos têm capacidade de sobra para corrigir um erro, bem como vencer qualquer problema ou desafio. A ninguém é dado algo que não possa ser solucionado. Está escrito na Bíblia que Deus não lhe dá um fardo maior do que você pode carregar. Portanto...

Ele sorriu para todos e concluiu:

– O mais importante vem agora. De nada vale ouvir tudo isso, concordar e não pôr em prática. Vida é feita de atitudes! Mas se dê um tempo para colher seus resultados. Uma grande atitude pode começar com você, entrando numa faculdade, por exemplo, mas sua maior recompensa só será obtida em 4, 5 anos. Por isso é preciso também aprender a dar tempo ao tempo.

Ao término da palestra, José Augusto, como de hábito, foi agradecer o Senhor Walter pela palestra maravilhosa da noite.

– Você sabe quanto aprecio a companhia de vocês – agradeceu o homem, abrindo um sorriso franco.

– O Senhor é maravilhoso.

– Eu não, filho! A vida! Diante dos que me procuram, sou apenas um tradutor da VIDA. A chance de mudanças positivas que ela nos apresenta são dadas a todos, gratuitamente, só não as utiliza quem não quiser.

Os olhos de José Augusto brilhavam de gratidão. A seguir, ele e Vitória seguiram para a sala onde seriam ministrados os *passes* da noite. O noivo da moça havia chegado ali e estava contente por ver que a ex-noiva pudera encontrar na resposta enviada dos céus, conforto para o seu coração da mesma forma que ele encontrara com a ajuda de espíritos guias da colônia Nosso Lar.

A tristeza que Vitória via em seus olhos também se dera por ele não querer vê-la sofrendo por ele ter desencarnado, mas agora, com a ajuda do pessoal dali, Vitória haveria de se estabilizar novamente e continuar firme na sua luta contra a corrupção no país. Sim, apesar da pouca idade, ela vivia atenta àqueles que despudoradamente procuravam enganar os brasileiros para poderem enriquecer as suas custas.

Essa era Vitória do Brasil, recém formada em jornalismo, *free-lance* num dos mais respeitáveis jornais de São Paulo. Ela não defendia partido algum, defendia o Brasil, o povo brasileiro. Aplaudia política honesta, denunciava corruptos. Orava em silêncio para que o país tivesse gente de bem no poder e não falastrões. Muito ainda se ouviria falar dessa mulher no futuro.

Ao voltar para casa, naquela noite, José Augusto encontrou a esposa, chorando copiosamente, num estado de dar pena.

– Sônia Regina, o que houve?

Por mais que ela tentasse responder, não conseguia, voltava a chorar desenfreadamente.

– Aconteceu alguma coisa com um dos nossos filhos?

A mulher negou com a cabeça.

– Com algum parente?

Ela novamente negou.

– O que foi então, Sônia?

– O filho dos Cardozo Fernandes, José Augusto, casou-se.

O homem respirou aliviado.

– Casou-se?! E por isso você está chorando assim?

– Não é pra menos, José Augusto. Eles não nos convidaram para a cerimônia. E se diziam tão amigos nossos.

Novamente ela se debulhou em lágrimas.

– Sônia Regina eu...

– Não somos nada mesmo sem dinheiro – continuou ela, atropelando as palavras do marido. – Sempre ouvi dizerem isso, mas não pensei que fosse tão verdadeiro. Eu não me conformo. Não me conformo!

– Eu sinto muito, Sônia.

– Não sente, não! Se sentisse realmente, não teria desgraçado a nossa vida como fez.

Ela voltou a se descabelar inteira.

– Bem, se essa gente que se dizia nossa amiga, depois que eu abri falência se afastou de nós, é porque apreciavam mais o que tínhamos do que propriamente a nossa amizade, não acha? Eram o que podemos chamar realmente de falsos amigos. Eu, sinceramente, hoje prefiro ter um amigo verdadeiro a cem falsos.

– Você. Eu, jamais! – explodiu Sônia Regina, voltando mais uma vez a se debulhar em lágrimas.

Foi então que José Augusto se lembrou de dois fatos que poderiam explicar plausivelmente porque os Cardozo Fernandes não os haviam convidado para o casamento do filho. Poderiam ter mandado o convite para a mansão no Jardim Europa onde eles antigamente moravam; poucos sabiam do novo endereço deles, na verdade, quase ninguém, ou não os haviam convidado porque simplesmente eles também não os haviam convidado para o casamento de Inês e de Juliano. Só então Sônia Regina se acalmou.

– Está vendo, Sônia, você chorou à toa.

A verdade é que a família em questão, bem como outras mais, haviam deixado de convidar Sônia Regina e José Augusto realmente pelo simples fato de ele ter ido à falência. Jamais haviam sido amigos verdadeiros, o apego era somente mesmo por eles fazerem parte das altas rodas, nada mais.

Após breve pausa, José Augusto voltou a se dirigir à esposa:

– Sônia, minha economias estão acabando. Isso significa que vamos ter de economizar ainda mais daqui por diante. Muito mais do que já estamos economizando.

– Mais no quê, santo Deus?!

– Em comida, por exemplo. Não dará mais para a gente comer em *self-service,* tampouco comprar comida congelada para nos servir todos os dias. Teremos de nos virar por aqui mesmo.

– Pra cozinha, eu não vou. Já basta eu ter de fazer toda a limpeza da casa, lavar e passar, só falta você, daqui a pouco, pedir também para eu costurar. – Ela bufou. – Só lhe digo uma coisa, José Augusto, pra cozinha eu não vou, não vou, não vou!

– Eu vou tentar aprender – admitiu José Augusto com surpreendente entusiasmo.

– Você?! Não me faça rir, José Augusto. Não estou para piadas.

– Falo sério. A Lígia, inclusive, é muito boa na culinária e pode me dar uma força. Ensinar-me alguns pratos até que eu pegue a manha.

– Não suporto aquela garota.

– Eu, ao contrário de você, gosto muito dela.

– Só quero ver que hora você vai cozinhar.

– Nem que seja à noite, depois de chegar do trabalho e...

– Você estará pregado.

– Nas circunstâncias em que me encontro, Sônia Regina, não tenho escolha. É tentar fazer o meu melhor na cozinha ou passar fome.

Ela novamente bufou e fez bico.

O primeiro arroz feito por José Augusto queimou, o segundo, sapecou, o terceiro provou que em termos de tempero ele ainda tinha muito a aprender. O mesmo em relação ao feijão, por mais que tentasse, ele não conseguia temperá-lo devidamente. Os ovos fritos foram os únicos que saíram como esperado, porém, espirrou óleo pra tudo quanto foi canto. Sônia, indignada com a situação, não sabia se ria ou se chorava. Certo dia acabou comendo apenas pão francês com ovo frito, noutros com queijo ou frios que serviam sempre para salvar a situação.

O primeiro manjar de José Augusto ficou empelotado porque ele não sabia que a maisena deveria ser dissolvida num pouco de leite ou água antes de ser misturada com os demais ingredientes na panela ao fogo.

– Isso aqui mais parece uma gororoba – admitiu Sônia Regina, rindo a seguir da situação. – Quem diria que chegaríamos a esse ponto, à decadência total. E lembrar das tantas vezes em que almoçamos e jantamos nos melhores restaurantes de São Paulo... Ai que saudades do Fasano, do Rubaiyat, do Viena e da Cantina Esperanza em Moema. Que saudade do Emiliano, do América e do maravilhoso Graça Mineira na Vila Clementino. Sem contar a saudade que sinto dos doces da Ofner, do Amor aos Pedaços e dos chocolates da Kopenhagen. Meu Deus, como eu vou viver sem tudo isso?

Com certo humor ela cantou:

– Velhos tempos, velhos dias.

José Augusto não se aguentou, riu da situação, fazendo com

que a esposa, sempre tão carrancuda e amarga, risse com ele.

Depois de muitas tentativas frustradas, José Augusto acabou realmente pedindo ajuda a Ligia que prontamente se dispôs a ir ensiná-lo os primeiros passos da arte culinária, no fim de semana, quando ambos estariam com tempo disponível para aquilo. Começou lhe ensinando a fazer feijão, depois um delicioso arroz bem temperado com alho e cebola, depois um saboroso estrogonofe, entre outros pratos cotidianos. Ensinou-lhe também uma saborosa torta de queijo, muito fácil de se fazer, chamada torta da tia Saudade.

E foi assim que José Augusto e Sônia Regina voltaram a fazer refeições mais saborosas e sadias. Mas Sônia Regina foi muito esperta dessa vez. Enquanto Lígia ensinava tudo para José Augusto, ela ficava de olho para também aprender, e caso ele não conseguisse, ela tentaria, garantindo assim suas futuras refeições. Ela já não aguentava mais viver à base de pão francês com queijo ou frios ou ovo frito ou simplesmente manteiga. Sônia Regina decidiu também aprender a fazer sucos naturais, algo que também nunca tentara em toda vida até a necessidade bater a sua porta. Já não suportava mais ter de beber ki-suco ou simplesmente água.

A culinária a surpreendeu tanto que ela propôs a José Augusto que passasse a roupa, pusesse ela para lavar na máquina e a estendesse no varal, algo que ela detestava fazer enquanto assumia a tarefa de fazer as refeições para todos. A proposta foi aceita de bom grado por José, ao perceber o quanto aquilo poderia fazer com que a esposa voltasse a se entusiasmar com a vida.

A empolgação de Sônia Regina foi tanta que logo ela queria fazer pratos mais sofisticados, tais como risoto, cuscuz, fricassé, quibe de forno, torta de legumes e de frango, massas, carnes temperadas, bolos, sonhos, enfim, outros pratos geniais. Se tivesse dinheiro sobrando, bem que faria um curso de culinária no Jardim Paulista.

Enquanto Danilo elogiava os pais, especialmente a mãe por sua ousadia na cozinha, Juliano gargalhava dela, pondo-a abaixo de zero por estar fazendo o que fazia. Inês pouco opinava, porque pouco aparecia na casa dos pais. Desde que se casara, procurara se enturmar ao máximo com a família do marido, na esperança de esquecer as péssimas condições que seus pais ficaram depois da falência financeira.

Assim o tempo foi seguindo seu curso...

Capítulo 15

Sônia Regina vai ao Centro

De tanto ver o marido se arrumar com esmero e sair empolgado para ir ao Centro, Sônia Regina decidiu ir com ele.

– Só quero ver esse tal Centro que você tanto frequenta, José Augusto... – comentou ela em tom de deboche e desconfiança. – Para mim você anda mesmo é frequentando algum...

– Nem termine a frase, Sônia Regina – atalhou ele rapidamente num tom sério. – Você vai se arrepender por pensar isso de mim.

– Veremos!

Assim que chegaram ao local, Sônia Regina agarrou o braço do marido, pegando-o de surpresa.

– O que foi, Sônia?

– Esse lugar me causa arrepios. Vou-me embora.

– Calma, aqui nada de mal pode lhe acontecer. É um lugar frequentado por pessoas do bem, que só estão interessadas em fazer o bem ao próximo, elevar a compaixão e a solidariedade entre os seres humanos.

– Será? – duvidou ela, lançando olhares desconfiados para todos os cantos.

– Pode crer.

Uma moça aproximou-se do casal e perguntou:

– Seu José, muito boa noite. Sua esposa irá passar pela triagem?

– Seria bom – concordou ele para espanto de Sônia.

– Eu não vou passar por lugar nenhum, José Augusto, não inventa moda.

– Mas, Sônia Regina...

– Por favor.

A jovem, percebendo que a visitante carecia de tempo para se sentir mais à vontade no local, simplesmente disse, em meio a um sorriso simpático:

– Se a Senhora não se sente à vontade para fazer a triagem, não faça. Não é obrigada. Aproveitem a palestra e os *passes* mais tarde.

Assim que a gentil figura se afastou, José Augusto, mantendo a voz baixa, explicou para a esposa:

– Sônia Regina, a triagem é feita por alguém capacitado da casa, que possa orientá-la em relação aos problemas que vem enfrentando na vida.

– O meu problema é um só, José Augusto e você sabe qual. *Dim dim! Bufunfa! Gaita! Money! Grana! Prata! Tutu!*

– Comporte-se, Sônia Regina.

– Mas é verdade, ora!

– Shhh!...

– Você está chamando a minha atenção como a minha mãe fazia. Aquela ingrata. Quando mais precisei dela, virou-me as costas. Mas aqui se faz aqui se paga. Ah, sim, ela e meu pai hão de ter o que merecem!

– Não rogue praga aos outros, Sônia.

– Lá vem você de novo, dando uma de minha mãe.

Ela novamente bufou e procurou se acalmar.

– Fale-me mais dessa triagem.

– Será como uma breve terapia – explicou ele, rapidamente. – Vai lhe fazer bem, acredite.

Ela refletiu por instantes e acabou cedendo.

– Está bem, irei. Quero ver no que isso realmente pode me ajudar.

Sônia Regina foi atendida por Dona Clara, uma das dirigentes mais queridas do Centro.

– Seja muito bem-vinda ao Centro Amor, Dever e Disciplina.

– Hum-hum.

– Em que podemos ajudá-la?

– Bem... – ela limpou a garganta. – O meu problema é muito simples. Meu marido perdeu tudo o que tínhamos por má administração de seus bens. Uma tragédia que poderia ter sido evitada se ele não tivesse sido tão estúpido e incompetente. Desde então, eu e meus filhos fomos condenados a uma vida miserável numa casa chinfrim no detestável bairro da Vila Mariana. Para ser mais exata, Altos da Aclimação, este é o verdadeiro nome do bairro onde estamos morando atualmente, mas todos chamam de Vila Mariana, como outros mais a sua volta.

– Sei. Prossiga.

– Desde então minha vida perdeu a graça. Porque sejamos francas, minha Senhora, que graça tem a vida sem poder comprar roupas de marcas famosas, as melhores do Brasil e do mundo?

Que graça tem a vida sem poder fazer o cabelo da moda no melhor e mais caro salão de beleza de São Paulo? Sem poder frequentar os melhores restaurantes da cidade? Ir aos melhores shows e todos de camarote?

Que graça tem a vida sem poder fazer viagens maravilhosas? Sem poder voar de primeira classe? Sem ter o carro melhor do ano e trocá-lo por um melhor ainda no ano seguinte?

Que graça tem a vida sem ter uma casa lindíssima e espaçosa no melhor bairro da cidade, onde só mora gente que valha a pena conhecer?

Enxugando algumas lágrimas invisíveis, Sônia Regina prosseguiu em tom dramático:

– Que graça tem a vida sem poder usar um bom perfume Dolce Gabana, Versage ou Chanel? Porque perfume tem de ser francês. Todos sabem que é o melhor. Não dá para ser outro.

Que graça tem uma vida sem poder tomar parte da nata da sociedade paulistana? Sem poder ser o centro das atenções ao chegar numa festa? Sem poder frequentar somente as melhores e mais badaladas festas e recepções?

Que graça tem não ser badalado e até mesmo invejado? Não usar brilhantes e joias caríssimas? Ser rico, enfim?

Se era o dinheiro que me fazia sentir superior aos outros, como vou me sentir superior agora que não tenho mais dinheiro?

Ela chorou enquanto Dona Clara lhe pediu permissão para falar:

– E eu lhe pergunto agora, minha querida:

Que graça tem a vida sem termos ar puro para respirar?

Que graça tem a vida sem termos simplesmente o ar? Sem termos água potável para beber? Sem termos água tratada para tomarmos banho?

Que graça tem a vida sem termos rios limpos para nos banhar, pescar e admirar?

Que graça tem a vida sem termos praias limpas e jardins floridos e verdejantes ao nosso redor?

Que graça tem a vida sem termos saúde? Sem termos um cão feliz, aguardando pela nossa volta para casa?

Que graça tem viver só para se mostrar para o outro?

Que graça tem trabalhar para pagar por luxos só para impressionar os outros? Para se sentir superior aos outros?

Tudo na vida é uma questão de se perguntar: que graça tem?

Dona Clara riu enquanto Sônia Regina se manteve séria e chorosa.

– Se eu deixar de pensar como penso não serei eu mesma – admitiu ela a seguir. – Não terei amigos, não serei feliz.

– Feliz? E a Senhora é feliz?

– Eu era quando rica.

– Mesmo?

– Sim, porque dinheiro compra ou traz felicidade, sim. A felicidade real.

– O único fato verdadeiramente comprovado a respeito do dinheiro é que ele tira o homem da miséria, mas não tira a miséria do homem.

– O quê?!

– É isso mesmo o que a Senhora ouviu. Na palestra desta noite falarei mais a respeito. Ouça-me e reflita depois.

Diante de Sônia Regina, boquiaberta, Dona Clara a aconselhou:

– É melhor a Senhora fechar a boca senão entra um mosquito...

A mulher riu de suas próprias palavras e retomou o que dizia:

– Sabe o que penso, verdadeiramente? É que a Senhora foi realmente feliz, sim, quando rica. Mas a vida agora quer que a Senhora descubra outro nível de felicidade.

– Como é que é?

– É isso mesmo o que a Senhora ouviu. A vida agora quer que a Senhora descubra outro nível de felicidade. Está disposta?

– Não!

– Não importa se está. Quando a vida quer algo...

Sônia se enervou de vez:
- Pois eu quero é que a vida se exploda!
- Se o fizer, levará a Senhora junto pelos ares. Com seus filhos, seu marido e seus entes queridos. Ou a Senhora não se importa com ninguém? Com crianças e mais crianças inocentes, por exemplo? Com os idosos...

Sônia Regina amarrou ainda mais o cenho e admitiu:
- Eu me importo comigo. Porque se não pensarmos em nós, quem é que vai pensar?

Dona Clara, sorrindo novamente, respondeu:
- Devemos, sim, pensar em nós, mas de uma forma sadia, não extremista. Saiba também que é de uma crise que brotam as maiores oportunidades. É do erro que chegamos ao acerto. E que tudo o que vivemos é temporário. Quando chega ao fim, é hora de passarmos para uma nova etapa. Tudo o que desfrutamos deste universo nos é emprestado por um tempo. Quando esse tempo termina, outros empréstimos nos serão feitos pelos céus.

Quando um período se acaba sempre temos duas opções a seguir: prosseguir ou ficar empacado feito um asno, relinchando ensurdecedoramente, irritando muitos ao seu redor, além de si próprio, obviamente. Quem empaca, ou seja, não opta por seguir em frente, que é, sem dúvida alguma, a opção mais inteligente, não prospera, porque a vida é fluxo de ações, não de estagnações. Tanto é verdade que uma pessoa que não se exercita constantemente, sua mente e seu físico logo apresentam problemas sérios de saúde física e mental.

Sônia Regina torceu o nariz e disse:
- A Senhora diz tudo isso porque não está na minha pele. Se estivesse, estaria chorando por mim, lamentando-se por mim.
- E desde quando lamento e choro fariam com que eu a ajudasse de alguma forma?
- Sei lá, só sei que... - ela travou a língua assim que percebeu que não sabia o que dizer, por isso mudou rapidamente de assunto: - A Senhora acredita que meus pais me viraram as costas depois que o meu marido faliu? Não me deram apoio algum, pode?
- Sei - respondeu a simpática senhora, pensativa. - Aposto que a Senhora reagiu da mesma forma que seus pais e outras pessoas queridas reagiram com a Senhora, com seu marido, não é mesmo? Se estivesse longe do casulo do egoísmo e da futilidade

teria procurado compreender sua situação e lhe dado apoio, da mesma forma que gostaria de ter recebido de seus pais e amigos num momento tão difícil como esse, concorda?

Sônia Regina ficou novamente boquiaberta, dessa vez, porém, um mosquito realmente invadiu sua boca, fazendo com que se engasgasse.

– Beba um pouco d'água. E antes de passarmos para a outra sala, onde haverá a palestra da noite, saiba que tudo que aconteceu com a Senhora é transitório, uma ponte que a levará para um novo patamar de vida.

– Uma ponte que me levará para o inferno, a Senhora quer dizer, não é? Pois saiba que já estou num.

– Então *tá*. A palestra já vai começar, sigamos para lá. E não se esqueça de tomar um *passe* depois que a palestra terminar.

Pelo caminho até o outro cômodo, a gentil senhora explicou a Sônia o real significado de um *passe* na vida de todos.

A palestra no Centro aquela noite seria ministrada pela própria Dona Clara. Uma senhora muito respeitada no meio espírita. Não havia pessoa que não a conhecesse e se rendesse ao seu carisma. As luzes foram apagadas, ficando acesa apenas uma lâmpada azul, enquanto se ouvia uma música suave tranquilizando ainda mais o ambiente. Um senhor sentado à cabeceira da mesa dos médiuns pediu que todos se concentrassem e fez ligeira prece, solicitando a presença e proteção dos amigos espirituais para os trabalhos da noite.

– Nem todos os médiuns são como ela – comentou um dos presentes com José Augusto e Sônia Regina. Por ser lúcida e íntegra, garante a presença e a ajuda de espíritos iluminados. Por ter um temperamento prático e pacífico, não se deixa levar pelas ilusões mundanas.

A palestra teve início a seguir:

– Hoje falaremos um pouco mais sobre a pobreza de espírito e a obsessão por dinheiro. Algumas pessoas são tão pobres, mas tão pobres, que o único bem que possuem na vida são seus bens materiais e dinheiro no banco.

A frase teve grande impacto sobre todos os presentes.

– Muitos não têm mais do que o suficiente para passarem o mês e, no entanto, aproveitam a vida de uma forma tão intensa quanto o maior milionário da Terra poderia aproveitar. Muitos dos que têm fortunas, inclusive, passam a vida atormentados pelo medo de perderem o que possuem, ao invés de aproveitar, descontraidamente, o que o dinheiro pode lhes oferecer. Os que conseguem aproveitar, fazem, só que de mau humor, reclamando o tempo todo, especialmente dos preços que para eles, diante do dinheiro que possuem, é quase nada. Dinheiro só é bom quando é realmente aproveitado para o engrandecimento pessoal, espiritual e intelectual, caso contrário é apenas algo que alguém economiza de forma exagerada e, muitas vezes, doentia, para alguém ou muitos, após sua morte, aproveitarem.

Recordo-me de um senhor que se tornou muito rico por meio de agiotagem. Por mais dinheiro que tivesse, não conseguia se dar por satisfeito. Queria mais e mais, nem que para isso explorasse as pessoas de forma cruel. Jamais viajou para o exterior tampouco pelo Brasil. Seu único prazer era ir toda noite ver o trem chegar e partir da cidadezinha onde morava, isso quando ainda existia o sistema ferroviário no Brasil. Depois de extinto, nem mais esse prazer ele tinha. Morreu, deixando tudo para os filhos e netos que se casaram com pessoas que nunca tiveram ou poderiam vir a ter apreço por ele, os quais usufruíram de tudo o que o dinheiro poderia ter-lhe dado e ele não aproveitou.

A pergunta que nos vem à mente, ao ouvirmos sua história é: para que tanta obsessão por dinheiro? Se ele não fazia diferença alguma positiva na sua vida por que ser tão obsecado por ele? Seria para inflar seu ego, fazê-lo pensar que por ter muito era superior ao seu semelhante? Qual seria o motivo para levá-lo a fazer algo de que não tirava proveito algum?

Recordo-me de uma senhora riquíssima, que só tinha três vestidos para usar, por se recusar a gastar dinheiro na compra de outros, e vivia como uma mendiga pela rua, catando moedas que encontrava caídas pelo chão. Os filhos eram todos formados em medicina e altamente bem sucedidos financeiramente, não necessitavam de nada do que a mãe poderia lhes deixar, mesmo assim, ela economizava compulsivamente a ponto de chorar por centavos. O que a levou a agir dessa forma, pode ter sido certamente uma infância e possivelmente também uma adolescência envolta de muitas necessidades. Porém, muitas das pessoas que agem como essa senhora, nasceram na fartura. O que prova que muitos traumas vêm mesmo de vidas passadas, caso contrário, elas não teriam motivo para serem tão miseráveis consigo mesmas.

Vemos isso acontecer também no caso da moça que mesmo os pais tendo condições de lhe comprar chocolates, vez ou outra, ela os escondia para não ter de dividir com seus familiares. Mesmo depois de casada com um homem rico, ela continuou escondendo barras de chocolate debaixo do colchão, por medo de que os filhos ou qualquer outro da casa os comessem.

A senhora tomou ar e completou:

— Tudo isso para lhes dizer que não há ditado mais verdadeiro do que aquele que diz: o dinheiro pode tirar o homem da miséria, mas não a miséria de dentro do homem. Para lhes dizer também que qualquer um com menos dinheiro no banco, ou simplesmente nada pode levar uma vida muito mais produtiva, criativa e melhor do que um sujeito obsecado por dinheiro, que nem sabe gastar consigo próprio. Pode viver também uma vida muito mais intensamente do que a de um rico que vive enfurnado numa empresa ou receoso 24 horas por dia de perder o que possui. Isso nos leva a perceber que não precisamos ser milionários para vivermos bem, aproveitando o melhor do que a vida tem a nos oferecer. A disposição para aproveitar a vida é muito mais necessária do que propriamente o dinheiro. Vem da alma e é desperta na alma quando percebemos realmente o significado da vida.

A vida pode ser sim, aproveitada de uma forma muito mais gratificante, sem a necessidade de ter milhões no banco. Dinheiro guardado por mesquinharia e apego material não faz de ninguém uma pessoa verdadeiramente rica.

Ao terminar sua palestra, Dona Clara deu lugar para um rapaz falar sobre a necessidade da oração como elemento de ligação entre os desencarnados e os espíritos de luz.

— A ajuda espiritual está à nossa volta o tempo todo, somos nós que fechamos nosso coração para ela, quando nos afundamos no negativismo e na ignorância. A oração, além de renovar as nossas energias, permite que a ajuda espiritual chegue até nós e possa atuar em nossas vidas, libertando-nos do negativismo e da ignorância que nos impedem de evoluir espiritualmente.

Ao término da palestra e da oração da noite, teve início a sessão de *passes*, sob o amparo dos espíritos iluminados que abençoavam e protegiam o local, e tinham o poder de renovar o espírito e a energia física dos encarnados. Sônia Regina olhava para tudo com desconfiança e certo temor.

Cada qual sentava na cadeira que lhes era indicada, enquanto duas pessoas – uma diante, outra atrás – levantavam as mãos e a seguir, passavam pelo corpo da pessoa sem tocá-lo.

Ao som de uma música suave e do perfume agradável das rosas que estavam num vaso sobre uma mesinha de canto, todos tinham uma agradável sensação de bem-estar.

Após tomarem o *passe*, José Augusto voltou-se para Dona Clara e a agradeceu:

– Sinto minha motivação renovada.

– Muito me estima ouvi-lo falar assim.

Ele sorriu, agradecido, e ela concluiu:

– Nossas forças interiores são muitas vezes encobertas por uma espécie de nuvem negra, oriunda do corre-corre diário e abalos emocionais. O *passe*, guiado por espíritos íntegros, nos ajuda a fazer com que essa nuvem se dissipe para que o sol nos ilumine devidamente. O sol, neste caso, significa vida, luz, renovação.

Os olhos de José Augusto brilharam e Dona Clara se sentiu comovida com sua reação, feliz por poder estimular o próximo a se entusiasmar novamente com a vida.

– Dona Clara, a Senhora é uma mulher iluminada. Todos devem ser muito agradecidos a Senhora, não?

– Diante dos que me procuram, sou apenas uma chance de mudança que as pessoas usam se quiserem.

José Augusto se sentiu tocado mais uma vez pelas palavras da médium. Ao deixar o Centro acompanhado de Sônia Regina, José Augusto, com uma disposição incrível, perguntou à esposa, sem esperar por uma resposta direta:

– Como você está se sentindo agora? Eu me sinto leve, muito bem. Tanto que estou até com fome. Esse *passe* é mesmo genial!

– Pois eu não senti diferença alguma, José Augusto.

– Eu senti e muita!

– Não sei como pode. Estava um cheiro de desodorante de quinta categoria naquela sala. Meu estômago estava embrulhando.

José Augusto, rememorando Dona Clara, comentou:

– Dona Clara é mesmo uma senhora formidável, fala tudo com tanta confiança e propriedade... Sinto-me estimulado, cada dia mais, a ler mais sobre espiritualidade, sobre as leis que regem o Universo.

– Você deveria mesmo é se preocupar com as suas finanças, José Augusto. O que importa agora é o que podemos e devemos fazer para recuperar o nosso lugar no seio da elite paulistana, o nosso status e tudo o que perdemos. Acho bom você se lembrar que visitinha a Centro não enche a barriga de ninguém.

– Sei que não, mas ajuda a encher a barriga da alma.

– Agora deu para filosofar, José Augusto?! Ah, por favor! Não vai querer virar monge, pelo amor de Deus! Isso também não enche barriga, meu querido. Não, mesmo! O que enche barriga é uma boa refeição no Fasano, ou no Almanara, ou no Barbacoa...

– Você pode não me acreditar, Sônia, mas o contato com os médiuns tem sido muito importante para mim.

– Pois para mim, um bom contato mesmo seria com uma bela quantia de dinheiro, de preferência dólares ou euros. – Ela riu debochada. – Aí, sim, eu ficaria outra.

E mais uma vez ela odiou por se ver naquele carro velho, tão diferente dos luxuosos nos quais sempre estivera acostumada a andar.

Capítulo 16

Sônia Regina se revolta mais uma vez

Ao saber aonde os pais haviam ido na noite anterior, Juliano caçoou dos dois na mesma hora:

— Depois de falidos, vão virar macumbeiros, é? Tenham vergonha na cara, vocês dois. Vão receber a pomba gira, vão?

— Juliano...

— O que mais me espanta é a Senhora, mamãe, chegando a esse ponto. Que vergonha. E se alguma amiga da Senhora a vê por lá?

— Que amiga, Juliano? Depois que seu pai faliu, perdi todas, praticamente todas.

— Pelo menos a falência serviu para a Senhora perceber que nenhuma amiga era de fato sua amiga.

— Não me espanto com a reação de todas elas, Juliano. Eu mesma me afastaria de mim ou de qualquer outra cujo marido fosse à falência. Dizem, e já não é de hoje, que desgraça atrai desgraça. Pobreza atrai pobreza. Miséria atrai miséria. Dinheiro vai para quem tem dinheiro.

— É, pode ser. Agora quanto ao Centro...

— Filho, eu estou recorrendo a tudo que existe para recuperar o que perdemos.

— E a Senhora acha mesmo que esse pessoal de Centro vai devolver *pra* Senhora o dinheiro que perdeu? Podem tirar da senhora, devolver, jamais!

— Mas... Os espíritos...

— Gente morta é gente morta, mamãe! Morreu, babau! Mesmo que tenham sobrevivido, como afirmam alguns, devem sentir uma baita raiva por se verem mortas e uma baita inveja daqueles que

continuam vivos, gozando a vida.
— É, isso lá faz sentido.
— Muito do que eu digo faz sentido, mamãe.
— Mas uma coisa é certa, Juliano. Muita gente devotada a uma religião alcança graças. Muitos falidos também se reerguem financeiramente depois de começarem a frequentar uma.
— Ouve-se dizer, mamãe, nunca se comprovou nada. Eu, pelo menos, não comprovei.
— É... Eu também não.
— *Tá* vendo?
E a preocupação e o temor voltaram a tempestuar o rosto de Sônia Regina Bellucci.

Na sua próxima ida ao Centro, Sônia Regina queria, porque queria, uma resposta positiva vinda do Além, em relação a sua situação financeira. De tanto insistir, Seu Walter foi sincero com ela:
— Querida Senhora, este ou qualquer outro Centro não tem o poder de devolver o dinheiro que a Senhora perdeu. Que isso fique bem claro.
— Como é que é?!
— Isso mesmo que a Senhora ouviu. O objetivo deste Centro é...
— Quero falar com outro dirigente do lugar, por favor.
— Qualquer outro lhe dirá o mesmo, Dona Sônia. O objetivo de um Centro não é este que a Senhora espera.
— Então para que existe isso aqui?
Sônia Regina se tornou tão histérica que foi preciso ser cuidadosamente levada para fora da sala. Dona Clara logo se juntou a eles e delicadamente puxou Sônia e José Augusto, morto de vergonha, para uma sala adjacente onde se trancafiou ali com os dois para dar as devidas explicações à mulher ensandecida.
Dona Clara, muito pacientemente, voltou-se para ela e disse:
— A Senhora não se sinta a única.
Sônia se surpreendeu com as palavras da mulher.
— Única?!
— Sim, a vir aqui tentar recuperar sua fortuna, prosperar novamente ou simplesmente prosperar. Muitos vêm por esse objetivo. É assim com toda religião.
— Aonde a Senhora quer chegar?

– Ora, é muito simples, se tiver um tempinho, posso lhe explicar. Sente-se.

Sônia fez bico, bufou e atendeu ao pedido da gentil senhora.

– O que leva a maioria das pessoas a uma religião ou a um Centro é geralmente interesse pessoal. É para se protegerem do perigo, é por medo do que Deus possa lhes fazer caso não frequentem uma religião; é para prosperar financeiramente na vida, ou recuperar o que perderam, é para evitarem uma doença ou ficarem bem na sociedade, dentre outros motivos. Poucos estão ali realmente para conhecer a espiritualidade a fundo. Para compreenderem e se conectarem realmente com Deus. Inclusive, muitos pedem para Ele, Jesus ou qualquer outro ser superior, algo em benefício próprio, sem se importarem se Deus, Jesus ou qualquer outro ser superior estão bem. Querem ajuda, que mandem ajuda e ponto final. Como se fossem empregados seus. Têm que fazer, são superiores, pois então que façam!

Espiritualidade se alcança sem interesse algum. De uma forma desprendida, muito aquém dos interesses. É quando almejamos sem querer nada em troca, apenas pelo simples desejo da alma de se ligar à origem de toda alma.

– Quer dizer então que...

– Sim – confirmou Dona Clara – são muito poucos aqueles que realmente almejam conhecer a espiritualidade de fato, sem ter interesse algum material. As pessoas buscam na religião ou no simples contato com Deus um remédio milagroso, ou uma fórmula mágica que lhes poupe das responsabilidades inatas que a vida na Terra lhes deu. Elas querem viver, mas querem fugir daquilo que cabe a cada um fazer por si e pelo mundo para continuar existindo. Alguns amigos espirituais costumam dizer que a vida cuida de cada um muito melhor do que um terapeuta, porque entrega a cada um, aquilo que precisa fazer para melhorar a si mesmo como espírito e como pessoa.

A senhora fez uma pausa e completou:

– Muita gente pensa que só porque foi a uma igreja ou Centro já fez sua parte com Deus. Significou apenas que você deu um passo, ou dois, ou três em relação a sua espiritualidade, o restante cabe a você cumprir por meio de suas atitudes ao longo dos dias. Se você não tomar atitudes positivas, não terá positividade na vida. É tal como ir a uma aula de violão, por exemplo, e voltar para casa e não praticar o que aprendeu.

As religiões vão estimular a fé, mas a profundidade dessa fé dependerá da sua disposição. Jesus é como um velho que não tem mais condições físicas de fazer tudo por nós, mas inspira quem o faça. Sob sua luz não há quem não encontre forças para vencer obstáculos, prosperar, evoluir, amar a vida, o próximo, Deus em si.

A grande verdade é que ninguém muda a vida de ninguém, só mesmo a pessoa pode mudar sua vida por meio de atitudes que até então não tomou. atitudes mais positivas e inovadoras para a sua realização pessoal.

A maioria das pessoas não reconhece que foram suas atitudes que criaram as situações problemáticas que as impedem de ter uma vida feliz. Daí a importância de fazermos uma pausa diária para rever o que pensamos e acreditamos porque nossas atitudes são reflexos do modo como manipulamos nossa mente. Esse é um trabalho que devemos realizar diariamente para melhorar nossa condição de vida.

Tenho aprendido que o otimismo não só nos ajuda a viver melhor, mais felizes, como também contribui para a manutenção da saúde física e mental.

– E tem mais. Não importam as condições financeiras em que nos encontremos no momento, ainda podemos ser felizes de muitas formas. Muito do que há na vida, podemos usufruir de graça.

Sônia Regina não se conteve mais, mesmo diante de todos ali, teve um de seus chiliques mais surpreendentes até então. Os presentes imediatamente voltaram sua atenção para ela, que falava alto, com voz aguda e irritante:

– Isso aqui não serve para nada!

Muitos ali tiveram a impressão de que ela estava possuída por um espírito mal-intencionado.

– Calma, Sônia, olha o escândalo! – acudiu José Augusto, muito sem graça diante da situação.

– Estou pouco me lixando com o que essa gentalha vai pensar. Gentalha, sim! Pobres e ignorantes. Um bando de pobre. Se fossem mesmo inteligentes já deveriam ter percebido que isso aqui não serve para nada, não resolve os problemas de ninguém, principalmente os financeiros.

Sônia partiu dali, revoltada. Ao contar para Juliano, o rapaz não a poupou. Riu dela, escancaradamente. Caçoando dela sem piedade. Sônia, depois de chorar muito de ódio e revolta, acabou se decidindo a nunca mais pôr os pés num Centro Espírita. Só perderia tempo doravante com uma religião que lhe garantisse totalmente a recuperação de seus bens e status na sociedade.

No dia seguinte, depois de ter passado mais uma de suas piores noites, Sônia Regina decidiu ir tomar uma xícara de café em frente a sua casa, onde podia apanhar um pouco do delicioso sol da manhã. Foi então que ela avistou a vizinha que morava na casa ao lado esquerdo da sua, cuidando do pequeno canteiro de flores que havia rente à porta dianteira da casa.
Sônia, sempre muito esnobe, evitava sequer olhar para os vizinhos por puro preconceito de estar fazendo parte daquela vizinhança. Ela simplesmente fingia não vê-los e quando não havia outro jeito, conseguia emitir apenas um aceno com os olhos e sem muito entusiasmo.
Dessa vez, Takako Kimoto foi até ela, desejar-lhe bom dia. A família Kimoto era muito trabalhadora, acordavam muito cedo para irem cuidar de suas funções. Adeptos do budismo haviam aprendido, desde cedo, a valorizar e agradecer seus antepassados. Hábito que a maioria das pessoas não valoriza.
– Olá, bom dia – Takako saudou Sônia com uma típica reverência japonesa.
– Bom dia – respondeu Sônia sem muito entusiasmo.
– Que bela manhã, não?
– Hum-hum – resmungou Sônia, querendo sumir dali o quanto antes. Só mudou de ideia, ao perceber que a mulher por ser oriental certamente deveria fazer parte do budismo e, por isso, ela, adotando um tom mais amistoso perguntou-lhe:
– A Senhora é budista, por acaso?
– Sou, sim. Nós do budismo valorizamos e muito nossos antepassados, a Senhora sabe. Quem está aqui neste planeta só está porque os antepassados existiram. É graças a eles que geração após geração puderam existir e continuam existindo.
Na nossa estreita visão de vida, pensamos que nossa mãe e o nosso pai foram o único elo que nos deu a vida. Gostamos de nossos avós e até mesmo de nossos bisavós, quando temos a oportunidade de conhecê-los, nunca, porém, lhes damos a real

139

importância em relação a nossa existência. Sim, eles são tão importantes quanto os nossos pais, pois foi também por intermédio deles que cada um de nós nasceu.

Casais e mais casais se uniram pela paixão e pelo amor, até mesmo pelo simples desejo carnal, para que pudéssemos chegar a este planeta: nascer, crescer e, por meio de nós, dar à luz a outros de nós. Isso, desde muito tempo, milênios. A todos esses casais devemos também o mesmo amor e respeito que devemos aos nossos pais, ou, pelo menos um simples "muito obrigado".

– A Senhora tem razão. Toda razão. Nunca havia percebido a importância dos antepassados em minha vida e na vida de todos nós.

A oriental demonstrou apreciação por suas palavras.

– Só uma coisa, Dona Takako – retomou Sônia.

– Pois não?

– Na religião da Senhora, o budismo...

– Sim.

– Aqueles que frequentam podem reaver seus bens perdidos?

– Acho que não a compreendi.

– É simples. Se eu passar a frequentar o Budismo, tornar-me uma budista, eu e meu marido, que perdemos grande fortuna, por causa dos reveses da economia, poderemos reaver o que perdemos?

– Ah, sim, sim... Não, não.

– Sim ou não, Dona Takako?

A mulher corou e rapidamente se explicou:

– Sim e não.

Não houve tempo para a mulher se explicar melhor. Sônia Regina enrijeceu o corpo, fechou o cenho e disse, a toda voz:

– Ah, então, a religião da Senhora também não serve pra nada. Se não pode ajudar alguém a reaver seus bens materiais perdidos, seu status, sua fortuna, então... Desculpe-me pela franqueza.

– Tudo bem, mas...

Sônia Regina não deu tempo para a simpática senhora lhe dar as devidas explicações, partiu, deixando a mulher com um olhar abobado, pensando, desde então, no que poderia fazer para ajudá-la espiritualmente.

Na sua próxima sessão de preces, Takako Kimoto pediu aos

antepassados de Sônia Regina que iluminassem seus caminhos e principalmente suas ideias, uma vez que os caminhos refletem as ideias de cada um.

Nos dias subsequentes, Sônia Regina nunca se viu tão mal-humorada e sem fé. Foi então que Danilo apareceu com Lígia para uma visita e a moça se dispôs a fazer uma macarronada com molho branco, algo novo que havia aprendido num dos programas de receita da TV.

Em meio ao bate papo, Lígia falou um pouco sobre espiritualidade e eternidade e foi quando Sônia Regina perdeu mais uma vez a compostura diante do tema.

– Que papo mais babaca esse. Isso tudo não existe, sua boba. Acorde!

– Mas mamãe – interveio Danilo a favor da namorada. – Qual o problema de a Lígia ou de qualquer um em acreditar que a alma seja imortal?

– Se ela ou qualquer outro quer se enganar e se iludir, tudo bem. Só pensei que sua namoradinha fosse mais inteligente, Danilo, só isso. Porque só gente muito simplória acredita nessas coisas.

– Eu também acredito, mamãe. Além do mais, dê-me uma prova de que não existe nada além!

– Ora, ora, ora...

– A Senhora não pode me dar essa prova porque não há! Ninguém nunca conseguiu provar que não existe vida além da morte e eu acredito em tudo, até que seja provado o contrário.

Quando se diz que uma doença é sem cura, deveríamos, dizer: sem cura até o presente momento, o que não quer dizer que a cura não seja descoberta amanhã, como já aconteceu com muitas outras doenças que no passado, eram tidas como sem cura. Em outras palavras, toda doença tem cura, sim, só falta descobrir qual é. Hoje, por exemplo, a medicina e os pesquisadores já sabem que a cura de uma doença também depende de uma mente sadia e um comportamento sadio por parte do paciente.

– E o que tem a ver isso com o nosso papo sobre morte, Danilo?

– Tudo a ver. Prova definitivamente que a vida tem muito mais a nos oferecer do que pensamos. Que é bem mais extensa do que enxergamos. É como o cosmos que até décadas atrás pensávamos se tratar apenas do espaço onde existe o sistema solar, sem fazer ideia de que havia galáxias e mais galáxias além, bem como outros sistemas solares, como sabemos na atualidade.

Essa é outra prova de que a vida vai muito além do que se passa diante dos nossos olhos, aqui na Terra e além do que nossa visão e sentidos podem alcançar.

Sônia Regina desdenhou as palavras do filho, fazendo-lhe uma careta de menina mimada e malcriada.

– E tem mais, mamãe. Eu não só acredito em vida após a morte como também em reencarnação.

– Ah, Danilo, aí já é demais. E eu que sinceramente pensei que você fosse inteligente, mas depois dessa...

– Qual o problema de eu acreditar que existe reencarnação, mamãe? No que isso afeta a Senhora? Por que a incomoda tanto? Por que tenho de pensar como a Senhora, para que se sinta em paz comigo ou consigo? Por que eu não posso ficar com as minhas conclusões e a Senhora com as suas, em paz? Acreditar em reencarnação não tira pedaço de ninguém. Para mim, dá sentido à vida, responde às perguntas que me fiz, que todo mundo faz e de um modo muito simples, prático e inteligente. Portanto...

– Só quero ver, quando você estiver morto, e descobrir que a vida acabou, que não há mais nada além...

– Para eu saber que morri, terei de sobreviver de alguma forma, não acha? Como poderei me ver morto se morto estarei? Só mesmo se uma parte de mim, o espírito ou alma, como queira chamar, permanecer viva, é que poderei constatar o fato, não acha?

Após breve reflexão, Sônia Regina respondeu:

– Acho mesmo que ninguém fica sabendo que morreu. É como dormir e nunca mais acordar.

– Mesmo dormindo você está de certa forma, e em certo grau, acordado.

– Essa não, Danilo, por favor!

– Está, sim, pois sonha, visita lugares, sente o tato... Isso nos leva a perceber, mais uma vez, a presença de um espírito que se desmembra do corpo físico e vive outras realidades. Se a morte é como um sono eterno, então a consciência ainda estará atuante, vivendo, entre aspas, tudo o que uma pessoa dormindo "vive".

Sônia Regina não se deu por vencida, opinou mais uma vez, resoluta:

– Então, para mim, a morte nada mais é do que a morte sem consciência alguma.

Danilo, sem pestanejar, respondeu à altura:

– Para isso a senhora não precisa morrer.

– C-como não?! – inflamou-se a mãe.

– Ora, mamãe... Quantas e quantas pessoas já não estão mortas por dentro, em vida? Mortas para o amor, para o que a VIDA nos oferece. Para suas grandezas, poderes que só a comunhão com Deus pode nos fazer alcançar. Muitos são aqueles que já morreram por dentro, só esqueceram de se deitar.

– Eu pelo menos não sou assim.

– A senhora, pelo menos, não. Que bom!

Risos e Ligia Barros comentou algo muito interessante que aprendeu com sua avó.

– Um dia vovó me perguntou: minha neta, quando o sino da matriz toca, é só para informar a hora ou nos despertar para algo mais? Eu imediatamente respondi que era somente para nos informar a hora. Pois para mim, respondeu-me ela, é também para nos lembrar de Deus. Algo que muitos, ao longo dos dias, em meio ao corre-corre diário, esquecem, e, por isso, acabam se dispersando do Seu poder benéfico sobre todos nós.

Quando vejo uma imagem de um santo, não a encaro como algo para ser adorado, uma espécie de totem para os índios, mas, sim, para me fazer lembrar de que o ser humano pode ser bom como aquele, que pela igreja católica foi considerado *santo,* ainda que ninguém no mundo consiga ser um totalmente, porque todos têm suas fraquezas, limites e necessidade de superação e evolução da alma. Os próprios "santos" admitiram suas fraquezas.

Sônia Regina não quis admitir, mas a avó de Ligia havia dito realmente algo que para ela fez muito sentido. A fim de importunar a moça, em outras palavras, rebaixá-la, Sônia Regina perguntou, sem deixar de transparecer ironia na voz:

– Responda-me agora, Lígia, com sinceridade, você já aprendeu a fazer novos pratos? Digo, requintados. Porque arroz e feijão, bife acebolado e ovo frito, isso qualquer um faz, né, querida? Estrogonofe também, afinal, é só abrir uma latinha de creme de leite e jogar nos pedacinhos de carne e...

– Dona Sônia, os pratos que faço podem ser poucos, na opinião da senhora, mas pelo menos eu os faço muito bem. Tanto que pude

ensiná-los ao seu marido e...
 Sônia rapidamente a interrompeu:
 – E mesmo assim ele não aprendeu a fazê-los direito. Se eu não tivesse prestado atenção em tudo que você lhe ensinou, estaríamos comendo gororoba até agora.
 – Que bom então que a senhora prestou atenção. Que bom também que decidiu mudar de ideia, porque naquele dia, se me lembro bem, a senhora jurou, de pé juntos, que jamais se atreveria a cozinhar. Não por achar que não fosse capaz, mas por achar que uma mulher que cozinha não é uma mulher de requinte.
 – É... – Sônia Regina fez bico. – De qualquer modo...
 – De qualquer modo, Dona Sônia Regina, o importante é que a senhora está cozinhando e cada vez melhor. Daqui a pouco vai estar tão boa quanto eu.
 Sônia Regina novamente se enfezou com a moça, tomou seu comentário como uma provocação.
 – Isso qualquer um pode fazer, minha querida. Sua comida nunca foi tão boa quanto pensa.
 – Bem, cada um tem sua opinião.
 Danilo e José Augusto riram da situação e acharam melhor intervir, antes que as duas mulheres se desentendessem.
 Ao acompanhar a namorada até sua casa, de metrô, Ligia Barros desabafou:
 – Sua mãe me odeia, né?
 – Ela anda carrancuda desde que o papai perdeu tudo. Não deve estar sendo fácil para ela se adaptar a nova realidade. Dê-lhe um tempo, um dia ela melhora.
 – E eu acredito piamente nisso, Danilo.
 – Acredita mesmo?
 – Sim. Afinal, ela que nunca foi dona de casa, já se tornou uma. Ela que nunca soube cozinhar, está gostando de aprender. Muitas mudanças positivas estão acontecendo em sua vida. Penso, porém, que ela ainda não se deu conta do fato.
 – Logo dará.
 Ele sorriu para ela, beijou-lhe a ponta do nariz e perguntou, baixinho:
 – Já lhe disse o quanto eu a amo?
 – Já. Mas pode repetir que eu gosto de ouvir.
 Ele fez, complementando com um beijo carinhoso e apaixona-

do. A seguir, olhando para o vagão, ele comentou:

– Nós nunca fomos de andar de metrô, sabe? Tínhamos chofer para nos levar e trazer de todos os lugares que precisávamos ir. Um dia eu pedi ao meu pai que me levasse ao metrô, para que eu pudesse saber como era. Assim fomos os dois e eu me senti um tatu.

Risos.

– E hoje, como se sente?

– Hum... Um tatu crescido.

Riram novamente e a seguir combinaram de pegar um cinema no dia seguinte. Há tempos que não iam a um para economizar. E foi bom assistir a um filme leve e divertido, degustando uma cheirosa pipoca numa das salas confortáveis do cine Belas Artes, na Rua da Consolação. O filme escolhido foi "Procurando Nemo", animação feita para crianças, mas que também fez grande sucesso com o público adulto.

Capítulo 18

Sônia Regina reencontra uma grande amiga

Sônia Regina havia ido a Rua Domingos de Morais, distrair-se com as lojas do lugar, quando encontrou, por acaso, Giselda Ventura, cujo marido perdera tudo na queda da bolsa de valores e desde então, por ter falido, fora desprezado por todos da alta sociedade. Sônia Regina era madrinha do filho mais velho do casal e, mesmo assim, ignorou-os desde o ocorrido.

– Eu soube do que aconteceu a vocês – falou Giselda, parecendo verdadeiramente penalizada com o fato. – Eu sinto muito.

Sônia Regina, num raro momento de humildade, admitiu.

– Eu tenho de pedir desculpas a você, Giselda, e talvez você me odeie por fazer isso somente agora, por estar nas condições em que me encontro, mas...

– Aí é que está, Sônia. O que importa mesmo é que você reconheceu seu erro e está se desculpando por ele.

– Penso que eu jamais lhe pediria desculpas se não estivesse passando o mesmo que você passou.

– Pode ser. Muitas coisas a gente só se dá conta realmente do que significa na vida de uma pessoa, quando passamos o mesmo que ela.

– Quando sentimos na própria pele, você quer dizer.

– Isso mesmo. E seus filhos, como vão? Soube que se casaram, não?

– Sim. Inês se casou com Gabriel Matarazzo e Juliano com Nazira Maluf. Em breve serei vovó, a Inês espera um menino, o Daniel, e a esposa do Juliano uma menina, a Patrícia.

– Que maravilha. E o Danilo?

– Ah, o Danilo? – total descaso na voz de Sônia. – Coitado. Não teve a mesma sorte que a Inês e o Juliano. Namora uma pobretona com quem pretende se casar assim que se formar. Um horror. Tanto o alertei, desde que ele era garoto, para namorar somente garotas do seu nível social, mas não teve jeito. A pobretona o enfeitiçou. Deve ter amarrado o nome dele na boca de um sapo para não perdê-lo. Principalmente quando soube que ele cursaria medicina. *Facinho* que ela perderia um rapaz que poderia dar a ela, ainda que num futuro distante, o status de esposa de médico. Nunca! *Essasinhas* são todas iguais.

– Sônia, querida, você como muitas é super *coruja* com seus filhos.

– É que nos esforçamos tanto para criá-los, que o mínimo que eles poderiam nos dar em troca, é um casamento com alguém que possa nos fazer sentir orgulho desse alguém. Não acha?

Giselda fez ar de "talvez".

– E quanto ao meu afilhado, como anda? – Sônia retomou a conversa. – Estou tão em falta com ele. Tenho sido uma péssima madrinha.

– Não se preocupe. É compreensível, depois de tudo que vocês passaram.

– E ainda estamos passando.

– De qualquer modo, o Juninho está bem... Está namorando firme e trabalhando muito com corretagem.

– Corretagem, é?

– Sim. Vende planos de saúde, seguro residencial e pessoal... Eu mesma me tornei uma corretora.

– Jura?!

– Hum-hum. Só que de imóveis. E estou muito feliz trabalhando como uma. A princípio pensei que não conseguiria, pois nunca antes havia trabalhado fora. Pensei até que não suportaria, mas a necessidade de trabalhar, de fazer dinheiro para pagar as contas no final do mês, me forçou a arriscar o melhor de mim e descobrir, assim, que eu era muito mais capaz do que pensei ser um dia. Sinto orgulho de mim agora. Sinto-me útil, produtiva, capaz, melhor.

– Que bom ouvir isso de você, Giselda. Meus parabéns!

– Inclusive, foi por intermédio do meu trabalho que encontrei uma casa ótima e por um preço excelente para compramos. Com todos lá em casa trabalhando e economizando, tivemos o suficiente para pagarmos à vista. Era preciso, pois depois que o Gilberto perdeu tudo, ficamos até sem casa própria.

– Que bom que conseguiram, fico contente. Acho que eu jamais conseguiria chegar aonde vocês chegaram. Aonde você chegou.

– Que nada! Você também é capaz. Todos são. Basta apostar em si. Acreditar em si. Tomar novas atitudes, ousar...

Elas caminharam até a esquina da Domingos com a Rua França Pinto. Ali, Sônia Regina, comentou:

– Deve ter sido muito difícil para vocês, quando seus amigos se afastaram, não?

– Falsos amigos, você quer dizer – respondeu Giselda, bem humorada, provocando riso nas duas.

– Foi difícil, sim, não nego, mas logo deixou de ser. Somente na ausência desses falsos amigos é que eu e o Gilberto notamos o quanto vínhamos nos distanciando um do outro e, assim reacendemos o fogo da paixão. Foi ótimo. Está sendo ótimo!

Sônia Regina surpreendeu-se mais uma vez com a amiga.

– E quanto a você e o José Augusto? Como andam?

Sônia achou melhor desconversar:

– Sabe do que eu sinto saudade?

– Do quê?

– Do seu bolo de morango.

– Jura?

– Falo sério.

– Eu posso fazer para você.

– Faria mesmo essa gentileza?

– Posso até ensiná-la a fazê-lo.

– Eu cozinhando, sou uma negação. Você acredita que depois que o José Augusto perdeu tudo, acabei sendo obrigada, entre aspas, a ir para a cozinha me atrever a fazer pelo menos o arroz e o feijão? Ou eu aprendia ou teria de viver comendo pão francês com manteiga, queijos e frios pelo resto da vida. – Risos. – Eu que nem sabia fazer um ovo frito, hoje posso dizer que o faço bem, modéstia à parte. O arroz e o feijão também. Até minha salada fica boa e o estrogonofe também.

– Sônia, minha querida, como disse há pouco: a gente é sempre muito mais capaz do que pensamos. Com a ajuda de alguém mais experiente, alguém que lhe ensine o caminho das pedras, você certamente terá mais êxito no que se dispuser a aprender, sentindo-se assim, mais estimulada a prosseguir.

– Hum... Falou pouco mas falou bonito. Eu gostaria de aprender a fazer outros pratos, uns mais sofisticados, pensei até em fazer um desses cursos com um desses renomados *chefs* de cozinha, mas no momento estou sem condições financeiras.

– Eu posso ajudá-la.

– Você?!

– Sim. Modéstia à parte, não é somente o bolo de morango que sei fazer bem. Muitas outras sobremesas eu aprendi, além de muitos pratos salgados. Posso ensiná-la de graça. Aceita minha oferta?

– *Me* ajudar a aprender a cozinhar?

– Sim, começando pelo bolo de que tanto gosta.

– Se não for incômodo.

– Incômodo algum. Vai ser bem divertido. Durante as aulinhas, entre aspas, poderemos lembrar dos velhos tempos e...

– Só que eu não moro mais naquele casarão lindo do Jardim Europa, Giselda. Moro aqui agora, na Vila Mariana, num casarão velho, construído nos anos cinquenta.

– E eu moro no Ipiranga que fica ainda mais distante do que a gente chama de miolo da elite paulistana.

Ela riu e Sônia acabou rindo com ela. Depois de trocarem números de celular, de telefone fixo e endereços, ambas se despediram com a promessa de se encontrarem novamente no sábado próximo, por volta das três da tarde, na casa de Sônia Regina, quando então, Giselda Ventura começaria a lhe ensinar a fazer novos pratos.

Sônia Regina duvidou que a amiga fosse aparecer. Depois de todo desprezo com que ela a tratara após seu marido ter perdido tudo, Giselda certamente a deixaria esperando, feito boba, como revanche pelo descaso com que a tratara, especialmente a seu filho, que era seu afilhado de batismo. Mas Sônia Regina se enganou redondamente com amiga. Às quinze horas, como combinado, Giselda Ventura apareceu na casa de Sônia, esbanjando sorrisos e empolgação para ensinar à amiga um pouco da arte da culinária. Sem delongas foram para cozinha.

– Vou começar lhe ensinando a fazer o bolo delicioso que me pediu – explicou Giselda, enquanto punha um avental.

– Já me deu água na boca – suspirou Sônia Regina, feliz novamente por estar na companhia de uma amiga.

– Hum!

Desde então, Giselda passava suas tardes de sábado e algumas de domingo, ensinando sua comadre Sônia a preparar pratos e mais pratos deliciosos que eram congelados, para serem consumidos ao longo da semana.

– Você é mesmo uma grande amiga – elogiou-lhe Sônia em outro de seus raros momentos de humildade.

– Sempre fomos, Sônia. Tanto que lhe dei meu filho para batizá-lo, lembra?

Avermelhando-se toda, Sônia Regina assentiu.

Entre uma lição e outra, Giselda contava a Sônia Regina sobre a revolução que fez em sua vida, após a falência do marido.

– Mesmo na pior, chegando ao fundo do poço financeiro, nós podemos fazer muito por nós, Sônia Regina. É isso o que a vida tem me ensinado desde que o Gilberto perdeu tudo na bolsa. Se nos inspiramos nas pessoas que deram a volta por cima, quando perderam emprego ou se atolaram em dívidas, nós teremos muito mais coragem e força de vontade para solucionarmos os nossos problemas. Uma das pessoas que mais me inspirou a revolucionar a minha vida, quando mais precisei, foi Linda Buarque. Essa mulher já era uma sessentona quando perdeu o emprego de garçonete e ajudante de cozinha, no restaurante em que trabalhava. Perdera o emprego porque o restaurante fechou, não por falta de profissionalismo, que fique isso bem claro.

Depois de muito procurar por uma nova chance de trabalho, e não encontrar, ela, cada vez mais necessitada de dinheiro, ofereceu-se para fazer faxina na casa de uma conhecida que estava precisando urgentemente de uma faxineira. Seu trabalho foi tão bom que ela foi indicada para outras pessoas e logo ela já não tinha mais nenhum dia disponível na semana para atender outras casas.

A princípio ela ficou, sim, constrangida por ter ido fazer faxinas para sobreviver, mas logo percebeu que todo trabalho é digno, o que importa MESMO, é estar defendendo o seu dinheiro, HONESTAMENTE.

Com as faxinas, Linda passou a ganhar muito mais do que ganhava no restaurante e, desde então, nunca mais parou. Defende seu sustento sem se lastimar, cada vez mais agradecida por ter posto o orgulho de lado e descoberto a melhor solução para o seu caso.

Giselda fez uma pausa e prosseguiu:

– Histórias opostas a de Linda também podem nos ensinar

muito. Tal como a de Heliodora, que vivia reclamando da falta de trabalho, que ninguém lhe dava emprego por causa da sua idade, ou porque todos eram maus e perversos com ela. Só que quando uma oportunidade aparecia, ela sempre punha um obstáculo ou dois, sem perceber que sua verdadeira intenção era realmente boicotar qualquer chance de trabalho, porque no íntimo não queria trabalhar, tanto não queria que vivia a idealizar um novo homem em sua vida, bem rico, para poupá-la de qualquer trabalho.

Giselda fez uma pausa e completou:

– A história de um homem chamado Aparecido também nos ensina muito. Ele reclamava constantemente de falta de oportunidade de emprego. Não tinha faculdade, nem experiência com nada, além dos poucos anos que trabalhou num banco. Então ele colaborou com um candidato a prefeito de sua cidade, com a promessa de que se ele vencesse, ele lhe arranjaria um emprego. O sujeito venceu e quando lhe arranjou o emprego prometido, Aparecido achou que a vaga não estava a sua altura. Então o amigo lhe arranjou outra vaga e depois outra, que Aparecido sempre punha algum defeito. Foi assim até que o amigo se cansou e não lhe arranjou mais nada. Desde então, para Aparecido, o amigo se tornou o sujeito mais traíra da face da Terra, sem perceber que era ele próprio quem causava sua total falta de oportunidade e, consequentemente, prosperidade em sua vida.

Quem não deixar o orgulho e a vaidade de lado, e adquirir um bocado de humildade terá sempre bem mais dificuldade para obter sucesso profissional ao longo da vida.

Muitas pessoas que ocuparam altos cargos numa empresa, se deprimem ao ocuparem postos mais baixos depois de terem sido destituídos de seu posto. Não percebem que o melhor é continuar empregado do que desempregado.

Giselda fez nova pausa antes de concluir:

– Pode não parecer, Sônia, mas eu cresci muito como pessoa nos últimos anos, muito mais do que quando eu tinha uma vida financeira estável.

A mudança de Giselda era mesmo um fato irrefutável, percebia Sônia Regina que, desde então, passou a considerá-la novamente sua melhor amiga.

Nas semanas que se seguiram, Sônia Regina continuou aliviando suas crises de histeria e revolta, dedicando-se à culinária, e ainda que alguns pratos acabassem completamente insossos, queimados, salgados ou doces demais, por ser a primeira vez em que ela os fazia sem a assessoria de Giselda, era cada vez mais terapêutico para ela cozinhar.

Logo, tudo que preparava era elogiado por José Augusto e Danilo que estavam sempre na casa para experimentá-los. Quando Lígia, certo dia, provou deles, também não poupou elogios a Sônia Regina que não perdeu a oportunidade de cutucar a moça, como sempre fazia:

– Isso sim são pratos que devemos aprender para ensinar aos outros. Não feijão, arroz e estrogonofe, onde basta apenas jogar uma latinha de creme de leite e está pronto.

Lígia, sem perder a compostura, respondeu:

– A senhora tem toda razão, Dona Sônia. O paladar agradece quando podemos ter pratos tão diferentes para compor nossas refeições. A Senhora realmente está de parabéns. Agora será a Senhora quem poderá me ensinar muito na cozinha. Assim o Danilo não vai passar fome quando se casar comigo. Vai ter sempre pratos variados para saborear todos os dias.

Enquanto Sônia Regina, torcendo o nariz, mudou de assunto, Lígia e Danilo se entreolharam, sorrindo um para outro, divertindo-se com a ideia.

Em agradecimento às aulas de culinária, ministradas por Giselda Ventura, Sônia Regina fez um bolo para comemorar o aniversário da amiga. Muitos elogios recebeu, pois o bolo estava tão bom quanto ao que Giselda fazia. Sônia também surpreendeu todos com uma torta doce que aprendeu numa dessas revistas femininas.

Dias depois, Giselda reapareceu na casa de Sônia, trazendo uma boa notícia.

– O dono de um dos restaurantes mais bem frequentados do Ipiranga, amigo meu e do Gilberto, também apareceu em casa no dia seguinte para me cumprimentar pelo aniversário e provou do seu doce e amou. Perguntou se você não faria para ele revender, em pedaços, em seus restaurantes.

– Eu?!

– Você mesma, Sônia. Aceita?

– Eu nunca fiz para fora.

– Fará da mesma forma que faz para "dentro"!

Risos.

– Com isso você ganhará algum dinheiro, Sônia. No começo pode não ser muito, mas se o doce fizer sucesso...

Os olhos de Sônia Regina brilharam.

– Está bem. Não custa tentar, não é mesmo?

– É assim que se fala, minha amiga. É assim que se apanha uma oportunidade!

E foi assim que Sônia Regina começou a fazer tortas doces para fora e, pela primeira vez, ganhou dinheiro por seus talentos.

Nesse período, José Augusto continuou decidido a se tornar mais espiritualizado e Danilo, por sua vez, permanecia dedicado a sua faculdade, tendo Lígia, como sempre, ao seu lado, apoiando-o em tudo que precisava. Juliano e Nazira tiveram seu primeiro bebê, uma linda garotinha que recebeu o nome de Patrícia e Inês e Gabriel tiveram o deles, um garotinho muito bonitinho que foi batizado com o nome de Daniel.

Capítulo 19

Uma surpresa para Juliano

Ainda que Nazira mimasse Juliano com uma generosa mesada para ele gastar no clube, com os amigos e com a própria Nazira, a vida de casado para ele era tal qual uma prisão, apesar de ele nunca ter estado numa.

Para Inês, a sensação não era diferente. Por mais que voltasse a ter dinheiro para frequentar os mais caros shoppings da cidade, salões de beleza, butiques, clubes, restaurantes, etc; sentia-se cada dia mais sufocada, como se muitas vezes fosse privada do ar para respirar. Tanto ela quanto o irmão aprendiam, a duras penas, que nem sempre o dinheiro conserta tudo, tampouco compra a felicidade.

Nem bem a filha nascera, Juliano recebeu a visita inesperada de Cleide Pereira na casa onde ele vivia com a esposa.

– Olá, Juliano, lembra-se de mim?

Ele enviesou o cenho como se forçasse a vista para enxergar melhor.

– Sinceramente, não.

– Sou a Cleide que trabalha como faxineira no Clube Pinheiros.

– Sei, e daí? Vá direto ao ponto.

– Bem, é que...

– Desembucha, vai!

– É que, bem, você é o pai do meu filho.

– O quê?!

– É isso! – ela suspirou. – Você é o pai do meu menino. Achei melhor não lhe contar antes. Achei que pudesse não gostar. Que fosse pedir para eu abortar...

– Você enlouqueceu?

– Não, falo sério. Meu filho... Nosso filho já está com um ano e um mês. Ele lembra muito você, fisicamente. O nome dele é Felipe.

– Você bebeu?

– Não, juro que não. Só quero que você reconheça a paternidade.

– Reconhecer?! – ele bufou, irritado. – Você cheirou cola, foi? Para se conceber uma criança é preciso, bem, você sabe, já é grandinha o suficiente para saber, portanto... Você seria a última pessoa na face da Terra com que eu me deitaria. Uma pobretona... – ele novamente bufou e completou, furioso: – Agora, fora daqui, antes que eu chame a polícia.

– Juliano! Você e eu realmente fizemos sexo. Tanto que depois, você me disse, bem claramente, que só se deitara comigo porque estava bêbado. E eu diria mais: bêbado e carente naquela noite.

– Fora!

– Isso não vai ficar assim. Não vai! Vou entrar na justiça, tenho meus direitos. Vou exigir um teste de DNA da criança. E você vai ter de pagar pensão alimentícia para ela. Vai, sim, porque é seu filho. Seu filho!

E assim fez a moça, conseguindo provar de vez que Juliano era realmente o pai da criança. Uma vez que ele estava empregado na empresa do sogro, cabia a ele doravante pagar mensalmente uma pensão alimentícia para o menino, o que o deixou ainda mais furioso, pois se não pagasse, seria preso. O pior de tudo para ele, não foi descobrir que tinha um filho e, sim, que teria de pagar pelo seu sustento todo mês, como exigia a lei. Tudo o que Juliano menos queria na vida era ter compromisso financeiro com alguém, algo que o obrigasse a trabalhar, ter responsabilidades.

Tudo isso causou profunda revolta em Nazira e sua família, especialmente em seu pai, que desde o início, não simpatizara com o genro.

– Eu disse a você, Nazira – lembrou ele, empunhando o dedo em direção ao rosto da filha. – Desde o início eu lhe disse que aquele sujeito não prestava. Que não passava de um rapaz mimado e irresponsável.

A esposa tentou acalmar o marido e como mãe, a filha, que dramatizava a situação muito além do necessário.

– Mas eu gostava dele, *papi*. Sempre gostei. Um moço tão bonito e tão perfeito de corpo não poderia ser imperfeito.

– As aparências enganam, filha. Você foi inocente demais, ou melhor, ainda é.

– *Papi*...

– Em minha opinião, Nazira, não existe nada pior na vida do que um sujeito que não tem responsabilidades pelos seus atos e pela sua vida num todo, especialmente financeira. Um sujeito assim, para mim, não passa de um parasita da sociedade.

– O Senhor queria também o quê, *papi?* Que eu conquistasse o melhor cara do planeta? Com esse meu nariz? Conquistar o Juliano já foi um milagre, caras bonitos como ele não querem saber de uma nariguda como eu.

– Se não está contente com o seu nariz, Nazira, faça uma redução. Dinheiro para isso nós temos, inclusive para pagar pelo melhor cirurgião plástico do planeta se você achar que o melhor do Brasil não a satisfaz.

– Eu e meu nariz... Sempre me causando infelicidade.

– Barbra Streisand também tem nariz grande e, mesmo assim, tornou-se uma atriz e cantora famosa. Amada por muitos e feliz.

– *Papi,* por favor...

A mãe da moça interveio a favor da filha:

– Não diga mais nada, marido. Assim nossa filhinha vai acabar tendo uma síncope. – Voltando-se para a moça, a mulher a abraçou e a fez deitar a cabeça no seu colo. – Relaxe, meu amor. Relaxe. Logo você faz uma viagem para o exterior, refresca a cabeça num delicioso cruzeiro ou *resort* e volta a ficar de bem com a vida como antes.

– *Mami...* – Nazira chorou como se ainda fosse uma menininha cujo doce havia sido roubado de suas mãos.

– Filha, querida...

Ainda que revoltada e infeliz, por saber que Juliano tivera um filho fora do casamento, Nazira acabou perdoando seu deslize.

Capítulo 20

Inês se desespera

Sentindo-se cada vez mais desolada com seu casamento com Gabriel Matarazzo, Inês, morta de saudades de Eduardo Queirós, ansiosa por revê-lo, decidiu procurá-lo mais uma vez. Por mais que tentasse, não conseguia esquecê-lo. Por mais sessões de terapia que fizesse, seu coração ainda batia mais forte por ele. Por mais dinheiro que agora tivesse, para entreter seu tempo ocioso, continuava com o pensamento fixo no rapaz.

Ao ver Inês no supermercado de sua família, onde ele continuava trabalhando como repositor de mercadoria, Eduardo se mostrou feliz por revê-la.

— Inês, você aqui? Que surpresa agradável.

— Olá, Edu, podemos conversar um pouquinho, em particular?

— Estou bastante ocupado, mas... Se for rápido.

— Será rápido, sim.

Ele a encaminhou até uma sala aos fundos do supermercado, onde ficava um depósito, onde puderam conversar mais tranquilamente.

— Em que posso ajudá-la? – perguntou ele sem rodeios.

— Vim vê-lo porque estava com saudades.

— Que bom! Também sinto saudades de você às vezes. Soube que teve um filho, meus parabéns.

— É um menino lindo.

— Bacana. Logo terei os meus também. Não sei se soube, mas vou me casar em poucas semanas.

— Casar?!

— Sim. Por que o espanto, Inês? Obviamente que eu haveria

de me casar um dia, não? Da mesma forma que você se casou, que a maioria das pessoas se casam. Já disse o poeta Vinicius de Moraes: impossível mesmo ser feliz sozinho.

– Mas...

– Mas o quê, Inês?

– E quanto a mim? Eu ainda o amo.

– Ama?

– Sim.

– Se me amasse mesmo não teria se casado com outro, não acha? Todavia você escolheu Gabriel Matarazzo para se casar e agora deve honrar sua preferência.

– Eu me arrependi, Edu. Arrependi-me tanto que estou disposta a me separar do Gabriel para ficar com você. Para a gente se acertar de uma vez por todas.

– Se acertar? Inês...

– É, Edu. Se acertar.

– Inês, minha querida, é tarde demais. Nesse tempo em que fiquei longe de você, eu realmente me apaixonei pela Débora, com quem vou me casar em algumas semanas.

– Débora, quem?

– Uma garota que trabalha aqui conosco.

– Trabalha, aqui? Você está querendo me dizer que se trata de uma funcionária?

– Sim, do departamento de frios.

– Não, não posso acreditar numa coisa dessas.

– Acredite, porque é verdade.

– Você dizia que me amava.

– E amava mesmo, mas depois que você me abandonou, o que esperava que eu fizesse? Que eu passasse o resto da minha vida de coração partido e fechado para um novo amor? É esse o tipo de vida que você queria para mim, Inês? Depois que conheci melhor a Débora, percebi também o quanto eu e você éramos diferentes um do outro, com valores completamente diferentes e segundo pesquisas, um casal deve ter pelo menos 80% de valores iguais para combinar. A verdadeira paixão, o verdadeiro amor acontece mesmo quando os iguais se atraem, não os opostos.

– Que papo cabeça é esse, Edu? Vamos ser práticos.

– Estou sendo, Inês. E agora preciso voltar ao meu trabalho. Desculpe por não poder lhe dar mais atenção.

Ele passou por ela e lhe indicou a porta. Inês deixou o local, cuspindo pelas ventas, odiando a situação e se achando uma idiota por ter procurado Eduardo Queirós, quando ele já não tinha mais interesse por ela. Voltou para sua casa, ansiando ligar para a psicóloga, a fim de desabafar com ela seu maior drama. Uma sessão extra foi marcada para acudi-la diante do seu novo choque com a realidade.

– É o dia da faxina, mas se você não se importar... – frisou a psicóloga assim que Inês chegou ao consultório.

– Não me importo. Estou realmente precisando desabafar.

As duas mulheres se fecharam na sala da terapia, enquanto a faxineira ficou a limpar as demais salas e a sala de espera. Foi então que Inês relatou seu último encontro com Eduardo Queirós, a decepção que teve ao descobrir que ele ia se casar com outra e o conflito que passou a ter diante da situação.

– Quero impedir este casamento, mas não sei se devo – desabafou entre lágrimas.

– Impedir? – espantou-se a psicóloga.

– Sim, eu tenho meios.

– Meios?

– Sim. É algo que nunca lhe contei. Por medo, vergonha, receio...

– Aqui é sua terapia, Inês, tudo o que disser é privado.

– Eu sei. Mesmo assim...

– Não confia em mim?

– Confio, mas não para lhe revelar o que...

Ela mergulhou o rosto entre as mãos, num gesto desesperado e descontrolado.

– Acalme-se. Lembre-se que eu só posso ajudá-la se me expuser todos os fatos que a perturbam.

– Eu sei.

Depois de revelar tudo a sua psicóloga, naquela sessão especial, Inês voltou para sua casa, sentindo-se mais aliviada. Mas o alívio logo cedeu lugar à preocupação, um mal-estar súbito a fez desmaiar, assim que adentrou sua morada com Gabriel, que imediatamente a levou para um pronto-socorro. O mal-estar fora simplesmente sinal de que ela estava novamente grávida, algo que alegrou imensamente o marido e desapontou profundamente Inês. Ela não queria ter outro filho com Gabriel, na verdade, não queria ter mais nada com ele, estava verdadeiramente disposta a pedir-lhe o divórcio, o quanto antes.

Ao reencontrar a mãe, Inês, chorando, expôs seu drama. Sônia a consolou:

— De que adianta você continuar gostando do Eduardo, filha, se vocês tomaram rumos tão diferentes na vida?

— Isso é o que mais me deixa deprimida, mamãe. O casamento dele não pode acontecer. Eu tenho de impedir. Onde já se viu ele se casar com uma funcionária de supermercado? Que corta mortadela, presunto, salame e queijos? O Eduardo não deve ter ficado bem da cabeça depois que ele terminou comigo.

— Foi você quem se separou dele, Inês, lembra?

— Sim, e por influência da senhora.

— Não, minha querida, por influência do bom senso. Eu só quis o melhor para você. E o melhor nessa vida envolve dinheiro. Muito dinheiro. Sem ele...

— Será mesmo, mamãe? Começo a duvidar. Tenho dinheiro de sobra e, no entanto... E agora estou grávida novamente. Não quero ter esse bebê. Não é justo.

— Mas filha...

— O Gabriel é muito feio e desengonçado fisicamente. Se a criança puxar a ele...

— Se seu outro filho nasceu tão lindo, Inês, o segundo há de ser igual.

— Esse segundo filho me prenderá ao Gabriel e o que eu mais quero, no momento, é me ver livre dele.

E novamente ela chorou, desesperada, deixando Sônia Regina também amargurada com a situação que ela mesma contribuíra para acontecer na vida da filha, por acreditar que dinheiro poderia resolver todos os males da vida de uma pessoa.

Na sua próxima ida à sessão de terapia, aos pés do edifício, Inês foi abordada por uma mulher que já vira antes só não se lembrava de onde.

— Ola, boa tarde — disse a fulana.

— Boa tarde — respondeu Inês, tentando puxar pela memória.

— A senhora não está me reconhecendo, não é mesmo?

— Sinceramente, não.

— Sou a mulher que faz a faxina para a doutora.

– A psicóloga, você quer dizer?
– É.
– O que deseja?
– Ter uma palavrinha com a Senhora.
– Eu já tenho faxineira em casa. Duas, na verdade. No momento não estou precisando.
– O meu assunto com a Senhora é outro. Completamente outro.

Inês enviesou o cenho, estranhando a profundidade com que a mulher lhe endereçava o olhar.

– Minha terapia já vai começar, preciso ir.
– Espere. O que eu tenho a lhe dizer é muito importante.
– Diga então, o que é?
– Bem – a mulher limpou a garganta. – Naquele dia em que a senhora veio fazer a terapia, eu estava fazendo a faxina da clínica e... – a mulher tornou a limpar a garganta. – Eu pude ouvir, por trás da porta, tudo o que a Senhora contava para a *doutora*. Sempre tive curiosidade de saber o que um paciente conta para um *doutor* durante uma dessas sessões de terapia.
– Você, o quê? Deixe sua patroa saber disso. Ela a porá na rua no mesmo instante.
– Eu não me importo.
– Não?! Problema seu. Agora deixe-me ir.
– Será que a Senhora ainda não entendeu aonde eu quero chegar? Eu ouvi tudo o que a Senhora contou para a *doutora* naquele dia. Tim-tim por tim-tim.
– Que falta de caráter, de respeito, de...
– Chame a Senhora do que quiser. O que importa é que eu sei tudo agora sobre a Senhora.
– Tudo o quê, criatura?
– Mas a Senhora é muito boba mesmo. Esqueceu-se do que revelou para a *doutora* naquele dia? Estou falando do seu segredinho. Lembrou agora?

Só então Inês percebeu aonde a mulher queria chegar. Avermelhou-se sem querer, enquanto seu rosto se transformava numa máscara de desespero e horror.

– Ah! – exclamou a faxineira. – Agora a Senhora me compreendeu. Muito bem, parabéns! Estamos começando a nos entender.
– Assim que eu contar à terapeuta o que você fez, você será

demitida no mesmo instante.

– Faça o que bem entender. Já lhe disse que não me importo. Agora, se a Senhora não me der uma boa quantia em dinheiro para eu ficar calada, procuro seu marido, ainda hoje, e lhe conto tudo o que sei.

– Eu vou chamar a polícia.

– Chame! De qualquer modo eu ainda poderei contar ao seu marido tudo o que sei. Ninguém pode me calar. A não ser...

Inês voltou a se arrepiar.

– Por que está fazendo isso comigo?

– Ora, minha Senhora, porque quero dinheiro e dinheiro a Senhora tem, de sobra.

– Isso é chantagem.

– Seja o que for, o que eu quero é grana. E quero ainda hoje, mais tardar, amanhã de manhã. Já sei aonde a Senhora mora com o seu marido, posso passar lá para apanhá-lo. Se preferir, nos encontramos aqui, neste mesmo lugar, para me entregar a quantia.

– Não pode ser...

– Mas é. E se duvida que eu sei quem a Senhora e seu marido são, e onde vocês moram... A agenda da *doutora* estava na gavetinha da escrivaninha da recepção da clínica, por intermédio dela foi fácil descobrir seu nome e pegar seus dados na ficha cadastral, guardada no fichário.

– Não pode ser...

A mulher riu, sinistramente.

– Pois é, aceite, dói menos. O nome da Senhora é Inês Bianucci Matarazzo e de seu marido, Gabriel Matarazzo, moram numa casa lindíssima na Rua Groenlândia, numero 98.

Inês estava mais uma vez deveras surpresa com a esperteza da mulher.

– Decida-se logo – enervou-se a chantagista. – Vai trazer o dinheiro para mim ou...

– Calma. Eu preciso de um tempo para conseguir...

– Não lhe darei tempo algum.

Ao avistar um caixa eletrônico do outro lado da rua, Inês se sentiu mais aliviada.

– Aguarde-me aqui. Vou ali tirar o dinheiro para lhe dar e volto já.

Assim fez Inês e quando a mulher recebeu dela, os cem reais

que ela havia sacado, riu explicitamente de sua pessoa.

— A Senhora só pode estar brincando, né? Achou mesmo que eu iria me calar por uma merreca dessas? Cem *real?* Não me faça rir. Quando falo em dinheiro, falo de cinquenta mil *real,* no mínimo, não dessa porcaria.

— Cinquenta mil reais? Você está louca? Eu não tenho essa quantia.

— Seu marido tem. *Te* vira!

— O dinheiro é dele, ou melhor, do pai dele. Nós...

— Não quero saber. Quero apenas o dinheiro em minhas mãos e só.

— Isso só pode ser um pesadelo.

— Amanhã espero a senhora aqui, neste mesmo horário, com a quantia nas mãos. Acho bom trazer.

Inês engoliu em seco e finalmente entrou no edifício onde ficava a clínica psicológica. Sua psicóloga, ao vê-la chegando, chorando e trêmula, procurou imediatamente acudi-la.

Para se ver livre, de uma vez por todas, da chantagista, no dia seguinte Inês lhe deu uma joia valiosíssima, prometendo entregar-lhe outra quantia em dinheiro assim que vendesse outras joias de sua propriedade. O valor de tudo, somado, dava muito mais do que a mulher havia exigido para se calar, generosidade que fez Inês pensar que ela nunca mais a procuraria; que se calaria por toda vida. Algo que não aconteceu, logo a fulana estava novamente atrás de Inês, exigindo nova soma para continuar calada diante do que sabia.

Nesse ínterim, Inês pensou em procurar Eduardo, mais uma vez, para impedi-lo de se casar e ficar com ela, como tanto desejava. Tudo o que ela conseguiu, no entanto, foi ir até a igreja no dia do seu casamento com Débora Bastos, para ter a certeza de que os dois realmente se casariam. Ficou assistindo a tudo por trás de uma das colunas do lugar, enquanto lágrimas rolavam por sua face bela e jovial. Ao vê-la naquelas condições, Letícia foi até ela e procurou consolá-la.

— Calma, minha amiga.

— Era eu quem era para estar lá, ao lado dele, no altar, Letícia.

— Mas, Inês, você optou por se casar com o Gabriel, lembra?

— Eu sei, mas...

– Volta pra sua casa, minha amiga. É o melhor que você tem a fazer, acredite.

Concordando com a moça, receosa também de que Eduardo ou algum membro de sua família a visse ali, Inês deixou a igreja e voltou para a residência onde morava com Gabriel, comparando-o novamente com Eduardo, fisicamente.

– Como eu posso ter sido tão estúpida? – repreendia-se ao volante. – Fiz o que fiz pelo dinheiro, pela garantia de um futuro endinheirado e, no entanto, vivo como se estivesse na miséria. Eu não entendo. Não entendo.

A decepção vivida com Eduardo Queirós e a chantagem interminável a qual Inês era submetida, fez com que ela desse à luz prematuramente ao seu segundo filho, que foi batizado com o nome de Lucas, escolha de Gabriel e seus pais que sempre apreciaram nomes bíblicos.

Inês, por sua vez, jamais se interessou pelo menino. Os médicos consideraram sua reação ao que se conhece como depressão pós-parto. A verdade, no entanto, é que Inês tinha raiva da criança por ligá-la a Gabriel do qual queria ficar longe o quanto antes, pois não suportava mais sequer olhar para ele.

Como diz o ditado: nem sempre os caminhos mais curtos levam à vitória pessoal.

Quando Gabriel descobriu que Inês não tinha mais nenhuma das joias que ele lhe presenteara, chocou-se e exigiu uma explicação. Ela, muito rapidamente, respondeu a ele, o que já havia planejado dizer caso ele descobrisse o fato. Alegou ter vendido todas para ajudar aos pais que continuavam atravessando um período financeiro negro. Por sorte, ele acreditou nela.

Capítulo 21

Outra surpresa para Juliano

Em meio a sua vida de *bon-vivant,* Juliano recebeu a cobrança da pensão alimentícia de Felipe, que ele se esquecera completamente de pagar; na verdade, não pagara por achar que a mãe do menino jamais entraria na justiça para receber aquilo. E agora, o que fazer? Aquilo o forçou a procurar o sogro para lhe falar de seu trabalho na empresa do homem.

– Senhor Maluf, este mês vou precisar do salário adiantado.
– Salário, Juliano? Que salário?
– Ora, Sr. Maluf, o que recebo pelo emprego que me ofereceu aqui na empresa.
– Mas você não aparece aqui há dias, quando vem não chega a ficar sequer meio período. Você está pensando que isso aqui é o quê? Arrimo de vagabundo? O parlamento em Brasília onde a maioria dos políticos eleitos só vão quando lhes convém e, mesmo assim, recebem salário? Comigo não, violão! Aqui, não trabalhou, não ganha! Nem sequer cafezinho.

Pelo sogro e pela situação em si, Juliano subiu pelas paredes da revolta e ódio interior. Visto que seus pais e Danilo não teriam como ajudá-lo, tampouco Inês que vivia veladamente uma chantagem e seu padrinho não se propôs a lhe emprestar a quantia que ele tanto necessitava, Juliano acabou sendo preso.

Ao ver-se na prisão, ele queria simplesmente morrer de ódio e revolta por estar ali, ainda mais quando soube que só teria cela especial se tivesse um diploma nas mãos. Só mesmo naquele momento é que ele se arrependeu por não ter levado a sério sua faculdade. E novamente ele se recordou dos conselhos de seu padrinho e se revoltou contra ele por não lhe ter emprestado o dinheiro que poderia tê-lo impedido de ir parar na prisão.

Nos dias que passou encarcerado, Juliano, ao discordar dos colegas de cela, sem medo de lhes provocar a ira, acabou apanhando muito por não conseguir se defender de todos ao mesmo tempo. Tão machucado ficou, que foi levado para outra cela com presos menos agressivos.

Ao voltar para casa, Nazira imediatamente lhe pediu perdão por ter demorado a lhe prestar ajuda.

– É que o *papi*, Juliano... O *papi* não quis me emprestar o dinheiro. Até que eu vendesse uma joia levou dias...

– O *papi*, o *papi*, o *papi*... – resmungou Juliano enfurecido. – Eu quero mais é que o *papi* se exploda!

– Juliano, meu amor.

– Desculpe, estava nervoso. É claro que eu não desejo mal ao seu pai. Quem desejaria mal a alguém que tanto a adora, não é mesmo?

– Sim, acho que sim. Venha agora ver a nossa filha. Não está com saudades dela?

– Ah, sim...

A verdade é que Juliano nem se recordava que tinha uma filha.

Dias depois, Juliano foi visitar a mãe e quando se abriu com ela, expondo sua vontade de dar fim ao seu casamento tão enfadonho e sem amor com Nazira Maluf, Sônia Regina, por pena do filho adorado, sugeriu:

– Ouça-me, Juliano! O seu problema tem solução.

Ele, que não era de chorar, por pouco não fez, por desgosto e desespero.

– Que solução, mamãe? Se eu me separar da Nazira agora, saio desse casamento com uma mão na frente e a outra atrás. Não é justo, não depois de tudo que passei ao lado daquela chata, insuportável.

– Você não precisa sair desse casamento agora, Juliano.

– Mas eu não suporto mais viver ao lado daquela *mala sem alça*. Se eu continuar morando debaixo do mesmo teto que ela, dividindo a mesma cama, vou acabar afogando aquela nariguda no rio Tietê, numa madrugada dessas qualquer. Isso se eu não me afogar antes dela.

– Não diga bobagens! Há um meio muito mais eficaz para sanar seu problema.
– Não tem!
– Tem, sim!
– Qual?
– Filho, como é que todos os homens resolviam seus problemas quando casados com esposas que odiavam ou passaram a odiar com o tempo? Simples, com uma amante.
– A Senhora está me sugerindo que eu arranje uma amante?
– Sim. Uma amante vai ajudá-lo a suportar sua esposa como ajudou muitos homens no passado e ainda faz nos dias de hoje.
– E a Senhora acha isso certo?
– Ora, Juliano...
– Muito me espanta a Senhora me falando disso assim tão abertamente.
– Quero o seu bem, Juliano.
– O meu bem, traindo a Nazira?!
– Se não há outro jeito. Repito o que disse: com uma amante você conseguirá suportar muito mais facilmente a vida ao lado de sua esposa.
– Como a Senhora pode saber? Já teve um amante, por acaso?
– Não, mas já li em livros e revistas depoimentos de quem já teve. Por isso afirmo, que no seu caso é a solução. A melhor de todas!
– Acontece, minha mãe, que o que eu ganho naquela porcaria de emprego que o detestável do meu sogro me arranjou na empresa dele, mal dá para me sustentar direito, quanto mais para manter uma amante. Isso quando ele me paga. Quando não desconta os dias em que não apareci ou cumpri o horário total de trabalho.
– Não seja besta, Juliano. Arranje uma amante rica. Que pague tudo para você e não o contrário. O Jardim Europa está lotado de mulheres ricas mal casadas, loucas por um jovem bonitão como você para torná-las felizes. Eu mesma conheço muitas delas.
– Velhas como a Senhora?!
– Não sou velha, Juliano. Respeite-me!
– Respeito?!
– É, ainda sou sua mãe e estou tentando ajudá-lo a ser feliz. Arranje uma amante endinheirada, pode ser uma jovem, sim, há

também muitas recém-casadas dispostas a ter um amante lindo como você. Uma delas o ajudará suportar seu casamento até que possa se desfazer dele, herdando uma boa quantia de dinheiro daquela gente nariguda. Se você, por acaso, vier a gostar da tal amante que arranjar e ela for endinheirada, você simplesmente dá um ponta pé na Nazira e fica com ela.

— Serei uma espécie de gigolô de luxo?
— Chame como quiser. Apenas siga o meu conselho.
Nisso, José Augusto chegou.
— O que está havendo aqui?
— A mamãe aqui estava apenas me dando uns bons conselhos, p-a-p-a-i.
— É mesmo?
O tom de zombaria do filho prendeu a atenção de José Augusto.
— Que tipo de conselho?
Juliano riu, debochado.
— Deixa pra lá!
— Eu quero saber!
Sônia Regina se exaltou:
— Não é da sua conta, José Augusto.
Juliano riu ainda mais.
— Deve ser um conselho e tanto para o Juliano estar rindo dessa forma.
— É, é, sim — afirmou o rapaz, cínico como sempre, que em seguida contou ao pai tudo o que Sônia Regina havia lhe sugerido. José Augusto ficou imediatamente horrorizado com o que ouviu. Voltando os olhos para a esposa, inquiriu, com cuidado, como se o efeito das próprias palavras pudessem feri-lo ainda mais.
— Diga-me que o Juliano está brincando, Sônia Regina.
Ela deu de ombros enquanto ele elevou a voz:
— Diga-me, por favor!
Sônia Regina foi implacável:
— Não digo, não!
Os olhos dele se abriram de espanto.
— Quer saber? — atalhou ela, impaciente. — Digo, digo sim! Falei mesmo! Sou mãe e quero o bem do meu filho!
— Você quer o bem dele, sugerindo-lhe que arranje uma amante?

– Exato!

– Perdeu o juízo, mulher?!

– Nunca estive no meu juízo tão perfeito, José Augusto. Quem é você para retrucar comigo? Um fracassado, infeliz, que só nos fez passar vergonha? Nos fez, não, ainda nos faz e muito. Se não fosse pela sua estupidez, nem seu filho nem eu teríamos de nos submeter a tudo isso.

– Tudo isso, o quê, Sônia Regina?

– A esse drama que você nos colocou contra a nossa vontade. Esse drama que se tornou nossas vidas depois do seu fracasso. Essa vida ingrata e miserável que estamos levando de dois anos e meio para cá. Você foi cruel conosco, José Augusto! Cruel! Eu jamais vou perdoar-lhe por isso.

Juliano tomou a palavra:

– Tudo o que a mamãe disse, eu assino abaixo! O senhor desgraçou as nossas vidas! A minha, principalmente, forçando-me a casar com uma moça que não gosto, só por causa do dinheiro da família dela.

– Você fez o que fez porque quis, Juliano! Porque quis!

– Fiz o que fiz por sua culpa, *p-a-p-a-i*. Única e exclusivamente por sua culpa!

– Cada um tem o direito de escolher o que acha melhor para si. A vida concede a todos esse direito! De ninguém é tirado o poder de escolha, da mesma forma que o ar é concedido a todos.

– Não queira jogar em mim a culpa pela sua estupidez, *p-a-p-a-i*. O senhor não tem esse direito.

– Você também não tem o direito de me culpar pelas suas escolhas.

Sônia Regina se exaltou novamente:

– Falem baixo senão os vizinhos vão ouvir tudo. Já é uma vergonha, uma humilhação tremenda termos de morar nesse bairro mequetrefe, fingindo para todos que é por pouco tempo, somente pelo tempo da nossa casa estar totalmente reformada...

– Você deveria ter dito a verdade a todos, Sônia Regina. Desde o início.

– Seria humilhante demais para mim, José Augusto. Ainda mais humilhante do que já está sendo.

– Mentiras... Mentiras nunca fazem bem.

– Olha só quem fala – retrucou Juliano. – O grande empresário

José Augusto Bianucci que teve a petulância de esconder de toda a família que estava falindo.

– Fiz o que fiz na esperança de contornar as coisas. Voltar a prosperar.

Juliano, irônico novamente, gargalhou enquanto José Augusto tentava se defender mais uma vez:

– Errei, errei, sim, ao tentar poupar vocês da verdade, mas quem já não errou nessa vida?

– Ainda não consigo entender, como é que o Senhor conseguiu um emprego na área administrativa, depois de ter levado uma empresa de mais de cinquenta anos a falência. O dono desse lugar só pode ser mesmo um imbecil para confiar a um fracassado e incompetente como o Senhor, algo tão importante.

– Não me ofenda mais, Juliano.

O rapaz, rindo, prosseguiu:

– O Senhor é do tipo de pessoa que se alguém lhe der um barco, leva-o para o redemoinho em alto mar. Cria problemas ao invés de saná-los. Ou melhor, cria problemas somente para ter, porque rico como era, problema é o que o Senhor menos tinha na vida.

– É, talvez você tenha razão, Juliano. Mas você também criou problemas para si, ao se casar com uma moça de que não gosta, só pelo dinheiro dela.

– Que outra medida eu poderia tomar em relação ao meu futuro, senão me casando com uma moça de família abastada? – Juliano bufou. – O Senhor nunca vai me entender porque nunca passou o que eu passei, e sabe por quê? Porque seu pai o deixou muito bem financeiramente. O meu, no entanto, deixou-me o quê? Nada senão uma vida condenada à pobreza.

– Eu ainda estou vivo, Juliano. Posso muito bem dar a volta por cima.

– O Senhor pensa que está vivo, Senhor José Augusto Bianucci, quando na verdade, está morto: para a sociedade, para a sua família, para todos, enfim. Só se esqueceram de enterrá-lo, apenas isso.

– Pois afirmo que eu ainda posso dar a volta por cima, Juliano.

– Ah, pelo amor de Deus... Todos sabem que nesse país só se consegue sair da pindaíba ganhando na loteria, casando-se com um cônjuge milionário, herdando uma bela quantia ou se tornando jogador de futebol. O Senhor mesmo sabe que isso é a mais pura verdade. E tem mais. A sorte não bate duas vezes à porta das pessoas, assim como um raio não cai duas vezes no mesmo lugar.

— Será mesmo? Há sempre exceções.

— O senhor não será exceção, *p-a-p-a-i,* e sabe por quê? Porque o Senhor está acabado. Caído no fundo do poço e soterrado.

José Augusto achou melhor não dizer mais nada.

Mais tarde, naquele mesmo dia, José Augusto ainda se mantinha chocado com a sugestão de Sônia Regina para resolver o problema do filho mais velho. Nada mais nela, lembrava a mulher por quem ele um dia se apaixonou e se casou e quis viver eternamente ao seu lado. Ao lhe revelar o que estava sentindo, Sônia Regina não se deixou impressionar por suas palavras, respondeu-lhe como se atirasse mil pedras pontiagudas e invisíveis:

— Você também não me lembra mais, em nada, o homem por quem um dia eu me apaixonei, José Augusto.

— Mas eu continuo o mesmo.

— Não meu querido, você está a quilômetros de distância do homem com quem um dia eu quis me casar. Hoje você é um falido, uma vergonha para mim e para todos.

— Ainda assim, tenho caráter, Sônia Regina. Sou um homem honesto, acima de tudo.

— De que me vale a sua honestidade, José Augusto?

— Ainda que tente me ferir com palavras, ainda que tenha me desprezado nos últimos tempos, eu ainda a amo, acredita?

— De que me vale o seu amor? Amor não enche barriga, sabia?

— Sônia Regina, não se transforme numa mulher pavorosa, por favor.

Ela voltou a lhe atirar palavras, para feri-lo ainda mais:

— O Juliano está certo em tudo o que disse a seu respeito. Tim-tim por tim-tim!

— Geralmente as pessoas costumam dizer palavras de otimismo para as outras.

— Pessoas tolas, *né,* José Augusto. Pessoas comungadas com uma fé cega.

— Será mesmo, Sônia Regina?

Ela não respondeu, simplesmente passou por ele, indo tomar

seu banho. Foi então que José Augusto voltou a pensar, em tudo que Juliano havia lhe dito. Discordou dele, sim, plenamente, afinal, ele ainda estava vivo, vivíssimo, e disposto a não entregar os pontos, não tão cedo, não enquanto tivesse saúde e entusiasmo para dar a volta por cima em relação a tudo o que havia lhe acontecido nos últimos tempos.

Algo de bom ainda iria lhe acontecer e isso era uma certeza que lhe vinha da alma. Porque toda vez que ele se declarava, silenciosamente ou em palavras: "minha vida chegou ao fim, não tenho saída", uma voz ecoava em sua mente dizendo, lucidamente, o contrário: "Nada está perdido, nunca estará. No final, tudo dá certo!" E nessa voz ele confiava plenamente.

Capítulo 22

A nova investida de Juliano

Nos dias que se seguiram, Juliano decidiu seguir o conselho da mãe Sendo um rapaz bonito e bem apessoado logo se viu desejado por muitas mulheres casadas ou comprometidas, o que lhe permitiu escolher a que mais o atraía e parecia mais fácil de ser dominada.

O nome dela era Vera Lúcia, esposa de Marcelo Cokrane, um dos empresários mais importantes do mercado industrial. O homem trabalhava tanto que não tinha tempo nem para si, quanto mais para a esposa, o que acabou fazendo dela uma mulher carente e infeliz. Com muito dinheiro, mas infeliz.

Juliano e ela se encontravam quando ela dizia que ia para o clube e ele, quando afirmava estar visitando clientes na sua hora de trabalho. Por mais que se aventurasse com ela, ganhasse presentes caros e tudo mais, Juliano continuava se sentindo preso a Nazira, incomodando-se, cada dia mais, com a vida que levava ao seu lado.

– Se a empresa fosse sua... – murmurou ele, certo dia, sem perceber.

A amante se surpreendeu com suas palavras.

– O que foi que disse?

– O quê? – perguntou ele disperso e o assunto se perdeu.

Certo dia, o marido de Vera Lúcia por pouco não pegou a mulher com o amante. Havia recebido um bilhete anônimo dizendo que a esposa o estava traindo com um rapagão e tratou de apurar o caso.

– Não tenho medo de terminar meu casamento por você, Juliano – afirmou Vera, quando o sufoco passou. – Por você sou capaz de tudo.

    Só então ele percebeu que por ela não seria capaz de nada. Ela, para ele, não passava mesmo de um entretenimento, nada além disso. Por isso decidiu dar fim ao caso, sem esperar que Vera Lúcia fosse se zangar com sua decisão. Para mantê-lo ao seu lado, ela ameaçou contar toda a verdade para Nazira e seu marido, o que poderia complicar totalmente a vida do rapaz.

    – O que é isso, Vera? O que estava rolando entre nós não passou de uma aventura. Um entretenimento tanto para mim quanto para você.

    – Para você, talvez, para mim foi bem mais do que isso. Gosto de você, Juliano. Ao seu lado me sinto pelo menos dez anos mais jovem, o que é uma maravilha para uma quarentona como eu.

    Vera Lúcia já entrara na casa dos cinquenta, mas se recusava a admitir o fato, na frente de quem quer que fosse. Até de si mesma. E seria assim até que pudesse mascarar sua verdadeira idade por meio de cirurgias plásticas.

    – Você é uma pessoa muito especial na minha vida, Juliano.

    – Eu sinto muito, mas eu não posso continuar com essa loucura.

    – Loucura?

    – Para mim, é. Uma loucura. Adeus.

    – Volte aqui.

    – Adeus, Vera, e não me procure mais, tampouco ouse pôr seu marido a par do que houve entre nós, ele não lhe perdoará, vai acabar deixando-a sem nada.

    – Ele não passa de um bobo.

    – Não o subestime. Adeus.

    – Juliano.

    Ele não mais parou por causa de seus chamados, continuou, a passos firmes e decididos, para longe dali. Seu pensamento estava tão distante que nem notou o trajeto que fez até a casa do sogro, onde ficara de apanhar a esposa e a filha. Ao chegar lá, o sogro o chamou em seu escritório.

    – Boa noite – Juliano o cumprimentou, procurando disfarçar a tensão.

    – Sente-se – pediu o homem, indicando-lhe a cadeira em frente a sua escrivaninha.

Houve uma pausa até que o dono da casa falasse. Antes, ficou a encarar Juliano, estudando atentamente seus olhos a ponto de deixá-lo constrangido, algo raro de acontecer com ele.

– O Senhor me chamou aqui para...

O homem limpou a garganta e claramente projetou a voz:

– Até quando você pretende continuar traindo a minha filha?

Juliano não esperava por aquilo. Afrouxou o colarinho, tentando pensar numa resposta rápida, o que não aconteceu.

– Sei que vem traindo minha filha há meses – continuou o sogro, fitando o genro com certa repulsa.

– O Senhor está enganado.

– Não se faça de sonso, moleque.

– Senhor...

– Calado! Pus um detetive ao seu encalço, não adianta negar. Tenho provas!

Juliano voltou a transparecer embaraço.

– Primeiro você me aparece com um filho fora do casamento...

– Eu não sabia – defendeu-se Juliano no mesmo instante. – Juro que não sabia.

– Não importa – retrucou o sogro. – Agora você vem com uma amante. O que virá depois?

– Senhor Maluf...

O homem novamente interpelou suas palavras:

– Quero que você se divorcie da minha filha o quanto antes.

– Mas eu amo a Nazira.

– Ama nada! Casou-se com ela só pelo dinheiro dela, ou melhor, pelo meu dinheiro. Mas nem que eu morra amanhã você há de usufruir de um centavo sequer meu. Tudo o que me pertence, será passado diretamente para as mãos dos meus netos, exatamente para evitar que genros e noras interesseiras tirem algum proveito da fortuna que conquistei com muita luta.

– O Senhor é mesmo um ingrato.

– Sei... O que mais tem a dizer a meu respeito?

– Quer saber de uma coisa? Eu estou é com o saco cheio de todos vocês! Seus miseráveis, pão-duros de uma figa. Quero mais é que vocês se explodam.

O homem riu, feliz por ter feito aquele que tanto odiava se mostrar como realmente era. Juliano, furioso, deixou o escritório, batendo a porta com toda força.

— Juliano! — chamou Nazira com sua voz que tanto o irritava.

— Não estou pra conversa, Nazira — respondeu ele, secamente.

— Mas eu tenho uma notícia maravilhosa para lhe dar.

— Ah é, é? — desdenhou ele sem nenhum interesse de saber o que era.

— Acho que você vai ser papai novamente.

— O quê?!

A decepção no rosto do marido tornou-se evidente. Quando o pai da moça ouviu a notícia, também não se alegrou, estava decidido a expulsar Juliano do seio daquela família e a vinda de uma nova criança poderia atrapalhar seus planos.

Dias depois, tal como haviam feito com o marido de Vera, Nazira também recebeu um bilhete anônimo, informando que o marido a estava traindo com uma mulher bem mais velha do que ela e casada. Nazira ficou furiosa e decidiu chamar um detetive para apurar o caso, o qual lhe apresentou fotos, dias depois, comprovando que Juliano realmente estava tendo um caso extraconjugal.

— Você tem uma amante! Uma velha! Não posso acreditar — berrou ela, ensandecida, assim que ele chegou à casa do casal. — Quero o divórcio já, o quanto antes! — completou, histérica.

Os pais da moça mal puderam se conter de alegria, ao tomarem conhecimento da decisão da filha. Juliano, disposto a não perder sua *mina* de ouro, e, neste caso, vale o duplo sentido em relação à palavra *mina,* correu até a mansão dos Maluf na esperança de fazer Nazira mudar de ideia. Foi o próprio pai da moça quem fez questão de falar em defesa da filha:

— Você não passa mesmo de um moleque mimado, irresponsável e mau-caráter. Tão mau-caráter que se deixou ser sustentado por minha filha desde que começou a namorá-la, e tão vagabundo, que nunca levou a sério o trabalho que consegui para você na minha empresa, mesmo sem você ter experiência alguma com a função. Tão irresponsável que mesmo depois de ter tido uma filha, ainda continua levando a vida na flauta, pouco se importando com o sustento dela. Você não vale nada, Juliano Bianucci. Eu percebi isso desde o primeiro instante em que pôs os pés nesta casa. Tentei alertar Nazira, mas ela, cega de paixão, não me ouviu. Que pena!

O homem peitou Juliano da mesma forma que ele o peitava e completou:

– Você não passa de um parasita, uma sanguessuga, um vampiro. Antes vivia a sugar seu pai, depois que ele faliu, passou a sugar minha filha. Tomara que viva longe da minha neta, para que ela não cresça, vendo seus maus exemplos.

O homem tomou ar e completou:

– Saiba que você não vai sair desse casamento com nada do que é nosso. Nem um centavo. Nem o carro que minha filha lhe deu você há de levar.

Diante da extrema humilhação passada por Juliano, ele finalmente conseguiu dizer algumas palavras em sua defesa:

– Não quero nada do que é do Senhor. Não preciso me rebaixar a tanto. Além do mais, o Senhor e sua família são insuportáveis. Gente metida e arrogante que se julga melhor do que os outros por terem o que têm. Quero mais é ver vocês no inferno. Gente feia, nariguda e chata.

– O inferno quem trouxe para esta casa foi você, Juliano Bianucci. Porque você já vive num inferno há muito, muito tempo. É o próprio inferno em pessoa.

– Não tive a mesma sorte que o Senhor.

– Não teve porque não merece.

Juliano, no ápice da revolta, simplesmente cuspiu no chão e limpou a boca, demonstrando profundo nojo. O Sr. Maluf não deixou por menos, disse a toda voz:

– O certo mesmo seria você sair desse casamento sem sequer levar essa sua roupinha bonitinha. Essa mesma que você está vestindo, pois tenho a certeza de que foi comprada com o meu dinheiro, porque desde que você entrou nesta casa, vive sustentado pelo dinheiro da minha filha que é dado por mim.

– Se o Senhor diz que pagou por essa minha roupa...

– E pela cueca também, meu caro. Vai me dizer que é mentira?

– Foi sim, *papi!* Comprei tudo com a minha mesada – confirmou Nazira com raiva.

– Pois bem, o dinheiro que Nazira ganha vem de mim, do suor do meu trabalho.

Juliano, explodindo novamente de ódio e revolta, decidiu não levar para casa mais aquilo que considerou um desaforo. Sendo assim, começou a tirar a roupa, enquanto dizia:

– Como disse antes, não quero nada do que é seu. Nem sua filha, nem a roupa que o dinheiro do Senhor pode me comprar, nada!

Despindo-se totalmente, Juliano juntou as roupas num bolo e arremessou contra o sogro.

– Tome, é seu.

Sem mais, deixou a sala, chocando todos os empregados que cruzavam seu caminho, ao vê-lo nu.

– Seu Juliano – chamou o chofer, ao vê-lo deixando a mansão. – Se o Senhor sair assim, vai acabar preso.

– Não quero nada desse velho... Que ele pegue a fortuna dele e...

– Seu Juliano, por favor.

– Quer saber de uma coisa, meu amigo. Eu realmente só me casei com aquela nariguda por dinheiro. Pelo dinheiro que nem é dela, é do insuportável do pai dela e duvido que ele morra cedo, porque todos sabem que só os bons morrem cedo, bicho ruim, demora.

Novamente ele cuspiu no chão, com raiva, e deixou a mansão chamando a atenção de todos que cruzavam pelo seu caminho. Não demorou muito para ser detido por uma viatura de polícia que o levou para a delegacia mais próxima.

Diante dos últimos acontecimentos, Juliano se viu obrigado a voltar para a casa dos pais no bairro da Vila Mariana, sentido Aclimação, lugar que ele tanto abominava por não ser considerado o melhor bairro da cidade. Chegou lá, como se diz, como uma mão na frente e a outra atrás. Ao vê-lo, Sônia Regina soube de imediato que o pior havia lhe acontecido e com ele, chorou sua triste realidade.

– Não chore não, mamãe. Não tenha pena de mim porque tudo isso que me aconteceu foi uma libertação. Eu não suportava mais aquela vida ao lado daquele nariz de tucano e daquela família intragável. Como pode uma família ter dinheiro e serem tão sem graça como eles? Foi, sim, uma libertação. Hoje me sinto como um prisioneiro liberto. Essa vida que eu levava, ninguém merece. Só desejo para os meus inimigos.

– Mas você ainda tem uma filha com a Nazira, Juliano. Mesmo

que se separem, vão ter de se encontrar vez ou outra.

— Eu sei, infelizmente.

— De qualquer modo, Nazira o ama, duvido muito que lhe peça o divórcio, mesmo com o pai exigindo que ela o faça.

— Sei lá. Só sei que agora, nesse exato momento, eu estou sem cabeça para pensar em coisa alguma. Preciso de um banho e de uma pausa.

— Faça isso mesmo. Depois venha comer algo. Eu preparo.

— Obrigado, mamãe. É tão bom saber que eu ainda posso contar com a Senhora. Que ainda tenho um porto seguro.

A mãe abraçou o filho, emocionada.

Quando José Augusto voltou para a casa, surpreendeu-se ao encontrar o rapaz ali.

— Tá me olhando assim, por quê? Nunca viu, é? — exaltou-se Juliano diante dos olhos abobados do pai. — Saiba que eu só voltei para cá porque essa casa também pertence a minha mãe. Se fosse somente sua, não faria.

— Eu nada disse, Juliano. Por momento algum eu lhe disse que não era bem-vindo a esta casa. Ela é sua também, sinta-se à vontade. Eu só diria a você que tudo que começa errado, termina errado. Esse é também um ditado muito popular.

— E eu diria ao Senhor, o que já lhe disse anteriormente: uma vez fracassado, sempre um fracassado, *p-a-p-a-i.*

— Desde que a pessoa se sinta realmente um fracassado, ela, com certeza, continuará sendo. Desde que se sinta capaz de se reerguer, vitoriosa ela será, foi isso que o mundo espiritual tem me ensinado.

Naquela mesma noite, Juliano recebeu a visita de um agente de uma revista de nu masculino, convidando-o para posar numa próxima edição, por causa do furor que ele causou na cidade, ao deixar a mansão dos Maluf, completamente nu, e ter caminhado por uns bons quarteirões do prestigiado bairro do Jardim Europa, São Paulo. Juliano ficou pasmo com a oferta e, ao mesmo tempo, surpreso por ver que sua revolta com a família Maluf havia causado tanta repercussão.

— O dinheiro que vai receber pelas fotos é bastante apreciável — reforçou o agente.

Ele riu, exibindo seus dentes bonitos e sua arcada perfeita, porém, recusou a oferta. Aquilo seria demais para ele. Sabia que era bonito, mas tomar parte de um projeto destinado ao público gay, para ele seria inaceitável.

– Muitas mulheres também acompanham nossa revista – tentou explicar o agente.

– De qualquer modo, meu caro, qualquer coisa que se relacione a *veado,* eu tô fora. Não por influência de alguma religião que abomina essa gente, mas porque não curto mesmo, sequer para parecer bem diante da sociedade. Entendeu? Agradeço o convite, passar bem.

Assim que o sujeito partiu, Sônia Regina foi mais uma vez franca com o filho:

– O dinheiro que eles oferecem até que não é mau, hein?

– Mas, mamãe...

– Só estou comentando. É que você vai precisar de dinheiro, meu querido, se sua esposa realmente não o quiser mais.

– Se eu tirar foto pelado para uma revista de *bichola,* mamãe, aí que o pai da Nazira vai poder me humilhar ainda mais.

– Você tem razão, Juliano. Toda razão. É capaz até de ele entrar na justiça para impedir que você veja a sua filha.

– Filha?!

– Sim, Juliano. A Patrícia.

– Ah, sim, verdade.

– Você se preocupa com ela, não se preocupa? Digo, com a Patrícia... É a Nazira e a família dela que você não suporta, não é mesmo? Sua filha, bem, você certamente a adora, não adora?

– Gosto... Até que gosto dela sim, mamãe. Apesar de termos tido pouco contato e ela ser menina. Se fosse um menino, talvez fôssemos bem mais chegados.

– Só vou lhe dizer uma coisa, meu filho. Ouça-me com muita atenção. Não pense que se a justiça exigir que você pague a pensão alimentícia para sua filha, a Nazira vai perdoar-lhe se você não pagar.

– Ela não se atreveria.

– Cuidado. Quando o assunto é dinheiro, sentimentos mais nobres se rendem ao fascínio da ganância.

Nas semanas que se seguiram, o divórcio entre Juliano e Nazira

Maluf foi assinado e como ditava o contrato pré-nupcial, caso os dois se separassem antes de completarem três anos de casados, Juliano nada receberia do que poderia pertencer a ela.

    Com isso, ele saiu mesmo com uma mão na frente e outra atrás daquele casamento feito com o propósito de amarrar o burro na sombra, expressão que ele mesmo usou antes de se casar com a moça. Só que agora ele tinha duas pensões alimentícias para pagar, a da filha que tivera com Nazira Maluf e a do filho que tivera com Cleide Pereira. Ainda assim, ele duvidou que Nazira, por ser rica, exigiria dele o pagamento da pensão e o mandasse para a prisão caso não o fizesse. Por isso, desde então, ele só se preocupou mesmo com a pensão que teria que pagar pelo filho que teve com Cleide.

Capítulo 23

Juliano procura emprego

Diante da urgência de fazer dinheiro, Juliano buscou emprego nos classificados dos mais influentes jornais da cidade, comparecendo a muitas entrevistas e se revoltando contra os salários que lhe pagariam caso conseguisse a vaga.

– Esse povo tá doido! – explodia ele, ao chegar à casa dos pais. – Como podem oferecer um salário mixaria como esses? Um absurdo! Mal dá para eu pagar as despesas de um final de semana com uma garota.

José Augusto, que até então se mantivera calado, deixando o filho desabafar, finalmente deu seu parecer:

– Bem-vindo ao mundo, Juliano.

Juliano se irritou ainda mais com suas palavras. Mesmo assim, Josè Augusto continuou a falar:

– Eu também não pagava grandes salários para os meus funcionários. O salário que uma empresa paga aos seus empregados, gira em torno de uma quantia que a empresa poderá continuar arcando, caso tenha uma queda nos seus lucros; porque lucros variam de mês para mês, nunca se vende o mesmo a todo instante. O que se lucra nos melhores meses de venda, supre o que não se lucrou nos períodos mais fracos. Mesmo tendo esse cuidado, muitas empresas fracassam, tal como aconteceu com a minha.

Já que a maioria dos empregados não sabe disso, porque não se interessam em saber desses pormenores, vivem a falsa ideia de que uma empresa com destaque no mercado, jamais enfrenta altos e baixos, jamais têm falta de dinheiro para pagar e sustentar seu funcionamento e, por isso, deveriam pagar muito mais para seus funcionários.

Pensam também que o proprietário jamais enfrenta riscos para manter aquilo tudo, prosperando com êxito. O patrão, ou melhor, o dono da empresa é quem leva a pior caso a empresa feche as portas. É ele quem vai ter de arcar com todas as dívidas. Funcionário nenhum vai sentir pena dele nessa hora. Na verdade, vão amaldiçoá-lo por ter declarado falência, esquecendo-se totalmente dos anos que prosperaram por seu intermédio. Nessa hora, ninguém se importa. É só ódio e revolta. Não digo que todos reajam dessa forma, mas a maioria, sim.

Juliano olhava para o pai, surpreso.

– Além do mais, Juliano, quanto mais você paga um funcionário no Brasil, mais alto vai ser o valor que ele poderá receber caso entre com uma ação contra a sua empresa.

– O quê?!

– É isso mesmo o que você ouviu. Por isso muitos empresários pagam menos do que poderiam pagar, para evitar complicações no futuro. Se a lei fosse diferente, aí, certamente, os salários seriam melhores. Você sabia, que mesmo pagando todos os direitos do trabalhador, exigidos pelas leis, depois de demitido do serviço, por justa causa, um ex-funcionário ainda pode entrar com uma ação contra a empresa, exigindo valores muito além do que já foram acertados na hora de sua demissão?

– Mas se a empresa pagou tudo direitinho...

– Pois é, ainda assim ele pode entrar na justiça, e, na maioria dos casos, ganhar a ação. Quem se dá mal é sempre a empresa porque segundo consta, a lei sempre favorecem os empregados, pouco se importando se o que eles alegam procede ou não. Isso prejudica muito a contratação de novos funcionários e também o aumento de seus salários.

– Estou pasmo – admitiu Juliano, boquiaberto.

– Pois ficará ainda muito mais – riu José Augusto, retomando suas explicações. – Muitos ex-funcionários de uma empresa fazem uso de mentiras para ganharem uma ação. Por exemplo, tivemos uma doméstica em nossa empresa, que trabalhava oito horas por dia e não fazia hora do almoço porque preferia sair mais cedo do trabalho para evitar a hora do *rush*. Foi um acordo feito na base da confiança e ela assinava o caderno de registros, afirmando fazer a hora do almoço e tudo mais, devidamente. Pois você acredita que quando a demitimos, por contensão de gastos na empresa, mesmo lhe pagando todos os seus direitos, ela entrou com uma ação, alegando que não a deixávamos fazer sua hora de almoço, o que era mentira e ainda que tivesse assinado o caderno devidamente, ela ganhou a causa.

Há também o caso de um conhecido meu, que fez de tudo para arranjar um emprego para um primo seu, na empresa de sua propriedade, porque ele estava extremamente necessitado de trabalho. Depois, quando a empresa precisou fazer cortes para conter os gastos, esse primo entrou na justiça contra o único que lhe estendera a mão, pouco se importando com a sua solidariedade e dificuldades financeiras pelas quais passava na ocasião.

O mesmo ocorreu com outro conhecido meu, que empregou em sua fazenda um parente e lhe dava uma parte de terra para ele plantar e vender o que plantava ali, além de uma porcentagem referente ao faturamento da colheita anual. Pois bem, mesmo assim, quando a fazenda foi vendida, o sujeito entrou com uma ação, exigindo um absurdo do empregador como se ele nunca o tivesse favorecido em nada durante os anos em que trabalhara ali. Isso sem contar com a casa em que ele morava na propriedade, sem pagar aluguel por ela, e o carro que ficava a sua disposição com combustível pago pelo próprio empregador. Mais as galinhas, ovos, leite, legumes e verduras que podia usufruir dali e peixes que podia pescar no lago da fazenda em questão.

Tudo isso para lhe mostrar, Juliano, o porquê muitos empresários ou simples empregadores tomam extremo cuidado na hora de empregar alguém, bem como pagam menos do que poderiam pagar por seus serviços. Quanto maior o salário, maior será o valor que terão de pagar caso esse funcionário entre com uma ação no futuro contra sua pessoa ou empresa.

Vale lembrar que muitos dos que entram com uma ação contra uma empresa ou patrão, são instigados a fazer por advogados interessados em lucrar uma porcentagem com o ganho da ação.

– Eu não sabia de nada disso.

– Pois é bom você saber, filho. Assim você evita criticar o que não deve ser criticado e se revoltar contra o que não deve. Você também precisa se dar por contente com o salário que lhe oferecerem, não vai conseguir um melhor do que esses, sendo inexperiente como é.

– Que *droga!*

– Pois é.

— Deve haver um jeito mais fácil de se ganhar dinheiro.
— É o que todos querem. A maioria dos bandidos pensa assim.
— Eu não quero ser um bandido.
— Então...

Ao ver-se totalmente desesperado, Juliano decidiu mais uma vez procurar o padrinho, na esperança de que ele, dessa vez, finalmente tivesse pena dele. Foi procurá-lo com o Chevette emprestado de sua mãe. Encontrou o padrinho, como sempre, no clube, no qual conseguiu entrar, porque a família Maluf ainda não havia bloqueado seu nome. Depois de explicar ao padrinho seu drama, o homem, muito calmamente lhe disse:
— Eu vou ajudá-lo, sim, filho. Afinal, você é meu afilhado de batismo.
— Ah, finalmente o Senhor se lembrou do seu compromisso comigo. Finalmente! — Juliano falou tão alto que todos nas proximidades se voltaram para ele. Juntando as mãos em sinal de louvor ele repetiu, baixinho, com forte emoção: — Finalmente!
— Antes tarde do que nunca! — respondeu o padrinho com seu bom humor de sempre. — Pois bem, se você está realmente a fim de trabalhar, eu tenho um emprego para você na minha empresa.
— Na empresa do Senhor?
— Sim. É o que posso lhe oferecer, por enquanto. Com mais experiência poderá ocupar um cargo melhor.
— Sim, sim, certamente. Eu aceito. Aceito o que for. O Senhor sabe o quanto estou precisando.
— Sei, sim.
— Ah, padrinho, vou lhe ser eternamente grato.
— Que bom, meu filho. Que bom.

Pela primeira vez Juliano aceitou de bom grado o padrinho chamando-o de "filho", algo que ele, em sua opinião, fazia só para irritá-lo por saber que ele não gostava de ser chamado daquele modo.

Uma hora depois, Juliano chegava à empresa do tio, acompanhado pelo mesmo.
— Titio, eu só não sei ainda do que se trata a empresa do Senhor.
— Porque nunca quis saber da minha vida, meu querido afilhado.

Aliás, nunca quis saber de nada além do que gira em torno do seu umbigo, não é mesmo?

– Também não é assim.

– É assim, sim, e você sabe disso.

– É... Não vou negar que sou um pouco egocêntrico.

– Um pouco?

– É...

Risos. Os dois adentraram o local com o padrinho lhe dando mais informações sobre o seu negócio de anos.

– É uma fábrica.

– Uma fábrica?! Padrinho, mas que maravilha! O que farei aqui?

– Você vai ser o gerente de qualidade dos produtos.

– Gerente?

– Sim, meu querido. Logicamente que terá um instrutor. O velho Hanibal. Ele começou a trabalhar aqui quando meu pai começou tudo isso. Há cinquenta anos atrás. Ele já se aposentou faz um tempo, mas continuou trabalhando, agora, no entanto, vai parar de vez.

– Sei.

Juliano foi apresentado a Hanibal que o recebeu calorosamente. A seguir, o moço foi levado para outro salão, onde ficavam expostas as peças fabricadas ali. Nem bem adentraram o recinto e o rosto jovem e robusto de Juliano, desmoronou diante do que viu.

– Padrinho, o que é isso?

– Isso, meu afilhado, é o que produzimos aqui. Não são belos?

– Belos? O Senhor só pode estar brincando.

– Não, obviamente que não, meu afilhado.

Diante do repentino mal-estar do rapaz, o dono do local tratou de acudi-lo rapidamente.

– Juliano. Tragam-me um copo d'água, por favor.

– Padrinho...

O rapaz não conseguiu completar a frase, desmaiou, causando surpresa em todos ali. Somente quando voltou a si, sentindo-se um pouco mais corajoso para falar, é que ele disse:

– Mas, padrinho, aquilo que vi... Aquilo que vi na outra sala... São...

Por mais que tentasse, ele não conseguia completar a frase,

não suportava sequer pronunciar a palavra necessária para descrever sua total indignação. O padrinho então o ajudou:

– Sim, Juliano, são caixões. Essa é uma fábrica de caixões.

O rapaz se arrepiou, estremecendo novamente por inteiro.

– Não vá desmaiar novamente, Juliano, por favor.

– Eu abomino caixões, padrinho. Tenho ojeriza desde garoto. Não suporto sequer olhar para um.

– Eu não sabia. Sinto muito.

E nada mais pôde ser dito, Juliano voltou a perder os sentidos, causando risos, desta vez, naqueles que o observavam. Ao voltar a si, o rapaz se levantou e disse, explosivo:

– O Senhor fez de propósito, não fez? Sempre soube da minha aversão por caixões, velórios, cemitérios e, mesmo assim...

– Juro que não sabia, filho. Se alguma vez me disse, esqueci por completo, perdoe-me.

– Não me chama de filho.

– Juliano.

– Só porque eu estou na pior, necessitado de emprego, o Senhor achou que poderia me tirar uma, não é mesmo?

– Juliano eu só estou querendo ajudá-lo. Só isso.

– Pois que me oferecesse outro tipo de emprego.

– Mas, filho, eu só tenho esse no momento para lhe oferecer. Não posso tirar um funcionário meu de um cargo que o agrade mais, só para alegrá-lo. Tenho respeito pelos meus funcionários, eles precisam do emprego tanto quanto eu preciso deles. Além do mais, para se ocupar postos mais avançados é preciso se mostrar competente e isso requer tempo.

– Ainda não me conformo que o Senhor tenha sido capaz de...

Lágrimas vieram aos olhos do rapaz.

– São apenas caixões, Juliano. Não há nenhum morto ali, filho.

– Pare de me chamar de filho.

Sem mais, Juliano deixou o local, procurando ar livre onde subitamente se curvou e deu golfadas e mais golfadas de vômito.

O homem, muito pacientemente foi atrás do afilhado, tentando mais uma vez contemporizar a situação. Quando Juliano voltou a encará-lo, seus olhos a princípio estavam inteiramente fora de foco e o rosto num tom amarelo esverdeado tipo cor de curau de milho.

Tudo o que Juliano conseguiu dizer para o padrinho foi:
— O Senhor me paga por essa. Não vou deixar barato.

Sem mais, ele seguiu para o estacionamento da empresa onde apanhou o Chevette da mãe e partiu, mesmo sob protestos do padrinho, para que ele não dirigisse nervoso como estava. Pelo caminho, Juliano tentou conter o choro que insistia em querer transbordar de dentro de si.

— Homem não chora! — lembrou a si mesmo, enquanto mordia os lábios trêmulos, porque seu queixo tremia sem parar. — Homem não chora! — repetiu, insistentemente na esperança de conter o pranto. — Não chora!

Depois de relatar aos pais, o triste episódio que tivera na empresa do padrinho, Sônia Regina encontrou novamente uma saída para o filho diante do seu drama.

— Já sei como você pode dar a volta por cima, Juliano! — exclamou ela, radiante.

O rapaz se empolgou.

— Política, meu filho. Política! — explicou ela, vibrante.

— Como assim, mamãe?

— Você é burro, por acaso, Juliano? — explodiu Sônia, ainda com raiva do rapaz por ter se separado de Nazira Maluf. O que em sua opinião foi o mesmo que jogar um bilhete premiado de loteria pela janela. — Estou sugerindo a você que entre para a política. Comece tomando parte de um partido e depois se candidate a vereador, até que chegue onde todo político pode ganhar altos salários e roubar à vontade dos cofres públicos.

— Sônia Regina! — exclamou José Augusta em tom de reprimenda.

— Ah, José Augusto, falei alguma mentira, por acaso?

José Augusto se resignou enquanto Sônia foi além:

— Nesse Brasil, meu filho, só se dá bem quem é esperto. Já diz o ditado: o mundo é dos espertos, não tenha dó!

— Caráter também conta! — lembrou José Augusto, resoluto.

— Só se for em Oz, José Augusto. Onde mora o mágico de OZ!!! Aqui, nessa terra de tupiniquim, só se dá bem mesmo quem é ladrão.

— Isso não é verdade. Meu pai não era um, minha família inteira não era, e todos se deram bem financeiramente.

– Isso é o que você pensa, *né?* Você comprou o peixe que *te* venderam.
– Como assim?
– Ora, fizeram você pensar que eles tinham bom caráter, eram honestos, mas será que eram mesmo? Isso você nunca investigou para saber se realmente era verdade.
– Você está insinuando que a minha família, meu pai, meus tios, eram picaretas?
– Para chegar aonde chegaram, sim! E não estou insinuando, estou afirmando: eram picaretas, sim! Como todo brasileiro que se dá bem neste país de...!
– Sônia Regina você está generalizando.
– Não importa, o que importa é que o Juliano desperte para as verdades do mundo, especialmente do país em que vive. Neste ponto, pecamos ao deixá-lo por fora de tudo, durante todos esses anos. Deveríamos ter exposto a realidade a ele desde que era um garotinho.
– Eu tentei, ele não quis.
– Quando? – exaltou-se Juliano.
– Quando o convidei para me ajudar na empresa, por pelo menos quatro horas diárias. Para que fosse se entrosando com o negócio.
– Quatro horas por dia?! E o Senhor me diz isso assim, com a maior naturalidade?
– Por que não?
– E o clube? Que horas eu teria para ir ao clube?
– Nos finais de semana.
– Ah, *tá,* só isso? E tempo para eu xavecar as garotas?
– Bem, Juliano, foi apenas uma sugestão.
– Mais uma das suas, hein, *p-a-p-a-i?* Sempre inoportunas!
Breve pausa e Sônia Regina voltou a falar, furiosa e empolgada ao mesmo tempo:
– Política é saída para você, Juliano. Você é bonito, bem apessoado, tem uma bela voz e com a ajuda dos assessores de um partido, vai aprender a dizer tudo aquilo que um político deve dizer, para angariar votos. Não sei se sabe, mas tudo o que um político diz, é escrito por assessores, pessoas contratadas para escrever textos com palavras exatas que vão cativar os eleitores. Nada é espontâneo. Mesmo o que parece ser, segue um *script*.

— Sinceramente, mamãe, não sei se sou capaz.

— É capaz, sim! No início pode ser difícil, mas depois, você tira de letra. Seu pai conhece muita gente da política, sabia?

— Conhecia — adiantou-se José Augusto. — Depois de falido, duvido muito que voltem a me dar atenção caso os procure. Se aqueles que pensei serem meus amigos do peito, viraram-me as costas depois que abri falência, imagine esses envolvidos com política. Esse mundo é um mundo de interesses, assim como tudo mais a nossa volta.

— Um pelo menos há de recebê-lo, sim! — salientou Sônia Regina a toda voz. — Ainda mais quando souber que se trata de um rapagão bonito como o Juliano, capaz de servir muito bem ao partido do qual faz parte.

José Augusto fez ar de dúvida.

— Finalmente sairemos da lama — arrematou Sônia, contando com o ovo antes de a galinha botá-lo. — Com um político na família, retomaremos o nosso lugar na elite paulistana, o nosso status, a nossa honra, e a nossa fortuna, que é o mais importante. Agora sei que nada está perdido de vez! Não, não, não! Nada está perdido!

Sorrisos ampliados.

Mesmo assim, Juliano não se sentia capaz de levar aquilo adiante. Nunca se interessara por política. Na verdade, sempre odiou qualquer coisa que girasse em torno dela.

Naquele mesmo dia, Dona Takako apareceu na casa de Sônia Regina para lhe presentear com algumas frutas e legumes que trouxera da feira, exclusivamente para ela. Sônia aproveitou para lhe perguntar, se ela não sabia de alguém que pudesse arranjar um emprego para Juliano e lhe contou os verdadeiros motivos.

— Eu mesma posso arranjar um trabalho para ele — respondeu a mulher muito solícita. — Não sei se é exatamente o que ele está procurando, mas pode ser uma boa pedida até que ele encontre um emprego melhor.

— Que maravilha! — empolgou-se Sônia, chamando Juliano a seguir, para conversar com a tão prestativa senhora.

— Pois bem, filho...

Ao ouvir Dona Takako o chamando de filho, Juliano se perguntou, mais uma vez, por que as pessoas se acham no direito de chamar o outro de filho, mesmo não sendo seus pais.

– O único problema é que você terá de acordar bem cedo – explicou-lhe a mulher. – Por volta das 4, 4 e meia da manhã.
– Da *madruga?!* – espantou-se ele.
– É. Senão não dá tempo de a gente montar as barracas, distribuir os legumes, verduras e frutas e...
Ele riu:
– Por acaso vocês são feirantes? – e gargalhou.
– Somos, sim. Por isso que eu trago sempre algumas frutas e legumes para sua mãe.

Sônia Regina e Juliano se entreolharam, falando-se pelo olhar.

– Você pode trabalhar conosco até que arranje algo melhor – salientou a oriental, querendo muito ajudar.

Sem ter outra escolha, Juliano aceitou a proposta, ainda que acordar de madrugada fosse para ele a morte.

E foi assim que Juliano Bianucci foi trabalhar na feira, lugar que jamais pusera os pés em toda vida. Logo, ele não sabia dizer o que era pior naquilo tudo: se era ter de acordar cedo ou ouvir os feirantes fazendo ofertas em voz alta e chamando insistentemente as "freguesa" sem o "s". Ali, pelo menos, ele conseguiu juntar a soma necessária para pagar a pensão alimentícia do filho, evitando ser preso novamente.

Tão desligado com tudo era Juliano, que não se preocupara até então, porque na verdade não se lembrou, de dar baixa na sua carteira de trabalho em relação ao emprego que seu ex-sogro lhe arranjara na empresa dos Maluf. O Senhor Maluf, por sua vez, mantinha-se calado em relação aquilo, só para manter o ex-genro com um vínculo empregatício para que fosse levado à justiça caso ele não pagasse a pensão alimentícia dos filhos.

José Augusto, apesar de sua vasta experiência com sua empresa, de tão ocupado em endireitar sua vida nos últimos tempos, sequer lembrou que para Juliano pagar a pensão alimentícia do filho, ele teria de ter algum vínculo empregatício. José Augusto se recordou também que se o filho não pagasse pelo que devia, caberia a ele pagar e, sem dinheiro como andava, a coisa complicaria para o seu lado. José Augusto achou melhor também guardar segredo do fato, para forçar Juliano a procurar um emprego e levá-lo a sério doravante. Estava mais do que na hora de ele aprender a ter responsabilidade por suas finanças.

Capítulo 24

Juliano e a política

Enquanto Inês vivia seu drama calada, querendo não mais se preocupar com o que poderia vir a ser, de fato, uma preocupação sem fim, seu marido percebia cada dia mais que algo de muito errado estava acontecendo com ela.

– O que há, Inês? – perguntou ele, pegando-a desprevenida novamente. – Você anda cada vez mais estranha.

Uma sombra desceu sobre o rosto dela, ao ver Gabriel, olhando desconfiado na sua direção.

– Eu? Eu, não! – Ela hesitara antes de responder.

– Você, sim. O que está havendo?

Sua voz se alterou levemente ao dizer as últimas palavras.

– Deve ser a depressão pós-parto, Gabriel. Os médicos já disseram...

– Disseram, sim, Inês, mas... Algo me diz que não é bem isso que a anda deixando nesse estado lastimável.

– Ora, Gabriel, o que seria?

– Aí é que está, Inês. O que seria?

E novamente ele lhe endereçou um olhar desconfiado, que a fez mais uma vez fugir do seu olhar.

Com a mãe, dias depois, Inês desabafava:

– Mamãe, eu trocaria o meu futuro garantido ao lado do Gabriel pelo Eduardo, se ele ainda me quisesse. Por ele eu ainda seria capaz das piores coisas.

– Inês, você não sabe o que diz.

– Sei, sim. Estou bem lúcida. – Ela suspirou antes de completar em tom dramático e teatral: – Eu ainda o amo!

– Mesmo depois de ele ter se casado com outra e sugerido a você que trabalhasse no supermercado da família dele quando você mais precisava?

— Mesmo assim. O que posso fazer? Sou simplesmente louca por ele. Louca!

— Não faça como o seu irmão, Inês. Que jogou uma oportunidade de ouro ao lado de Nazira Maluf e hoje está trabalhando numa feira para juntar dinheiro para pagar a pensão alimentícia do filho que não quis ter, para não ir preso novamente. Ah, como eu tenho pena do Juliano. Pobrezinho. Ele não merecia estar passando por tanta humilhação. Coitadinho.

Mas Inês estava tão apegada aos seus próprios dramas que tudo mais fora dela não tinha importância.

Naquele mesmo dia, logo após Juliano ter ido se deitar, Sônia Regina voltou a falar com o marido a respeito do futuro do rapaz:

— José Augusto, sei bem que você também não quer ver o Juliano terminando a vida numa sarjeta. Por isso eu lhe peço, mais uma vez, vá amanhã mesmo atrás de seus amigos políticos. Um pelo menos há de recebê-lo e ouvi-lo. A política é a única solução para o nosso Juliano, José Augusto. Se está sendo para tanta gente incapaz e sem estudo, ele há de ter uma chance.

Diante da insistência da mulher, percebendo que ela não o deixaria em paz, se ele não fizesse o que ela lhe pedia, insistentemente, José Augusto atendeu ao seu pedido e conseguiu, depois de muito procurar, um político que o recebesse para uma conversa particular. Foi assim que ele pôde falar do filho, da possibilidade de Juliano Bianucci entrar para o partido, a qual foi aceita assim que os líderes do lugar conheceram o rapaz e viram nele, instantaneamente, um potente candidato para as próximas eleições.

Os comentários a seu respeito foram os mais sortidos: "É um canastrão nato, o que prova mesmo que nasceu para a política!", "Bonitão desse jeito, vai conquistar facilmente os votos do eleitorado feminino", "Tem perfil de quem é capaz de tudo para enriquecer, por meios ilícitos, sem se deixar ser descoberto!", "Com essa lábia, ele vai longe!", "Um corrupto como queremos, capaz de não deixar transparecer sua alma de corrupto".

E foi assim que Juliano Bianucci, que nunca na vida havia se interessado por política, entrou para a política brasileira.

Desde o seu ingresso no partido, Juliano passou a receber uma ajuda de custo, exigência dele próprio, até que conseguisse um emprego devido. Começou também a aprender tudo o que precisava fazer e dizer para se tornar um político aceito pelo povo. Fez cursos particulares, especializados em desenvolver o carisma de uma pessoa, o que o fez pensar que finalmente estava no rumo certo.

Seu *personal coach* lhe ensinou:

– Juliano, meu rapaz, daqui por diante você vai dizer que assiste SBT, Record e Bandeirantes, não somente a Globo, combinado?

– Mas eu assisto muito mais é a TV a cabo – retrucou Juliano sem faltar à verdade.

– Mas isso não é popular, meu querido. Muito pouca gente no Brasil ainda tem acesso a TV a cabo*. Isso ainda é considerado algo de elite.

– Mesmo?!

– Hum-hum. Diga também que adora os programas mais populares e isso fará diferença positiva na sua carreira política. A partir de agora, você também terá de visitar favelas, beijar crianças com ranho no nariz...

– Deus me livre!

– Vai ter, sim! Se quiser ser um político querido por todos, vai beijar, abraçar e dizer que a criança é linda.

– Mesmo com ranho no nariz? Sem tomar banho e com mau hálito?

– Mesmo que com fralda cheirando a mijo e cocô.

– Eca!

– É isso mesmo! O povo adora político que se mostra, entre aspas, amigo do povão.

– Dos *pobre, cê* quer dizer?

O *personal* fez uma careta e perguntou:

– Qual é sua religião?

– Católico não praticante.

– Pois a partir de agora vai dizer que é praticante, sim. Vai dizer também que adora evangélico, espírita, budista. Não pode tomar partido religioso.

– Como assim?

– Defender uma religião em particular. Dar a entender que a sua é melhor do que a do outro.

– Mas eu nem frequento a minha.

---

*Realidade do ano de 2002/2003 onde está se passando esse período da história. (Nota do autor)

— Não frequentava, porque a partir de agora... Eleitores adoram políticos religiosos que também se posicionam, de alguma forma, a favor de todo cristão.

Juliano novamente se espantou com as dicas.

— Você vai ter também de defender as minorias. Vai dizer que adora gay, por exemplo.

— Mas eu não suporto *veado.*

— Eu também não. Mas como já tem muito político se rebelando contra eles, para chamar a atenção da mídia, você vai fazer oposição, defendendo-os. Uma grande parcela da sociedade adora quem defende as minorias, especialmente os jovens que são um ótimo filão de eleitores.

— Pelo que estou percebendo, eu terei de me tornar alguém que não sou. Alguém que age e pensa diferentemente do que penso.

— Sim, tal qual faz um ator de novela, que representa o *script* que lhe dão, sem que ele aja ou pense como o personagem.

— Mas isso é legal? Digo, fingir que sou alguém que no íntimo não sou. Eleger-me por meio de mentiras. Criando uma mentira em cima da outra?

— Quando ganhar a eleição e a bufunfa que ela trará para suas mãos, aí sim você me dirá se valeu a pena ou não interpretar uma pessoa que não é.

— Mas...

— Você tem que entender, filho, que as pessoas não querem a verdade. Todos querem, a maioria, pelo menos, um político idealizado por elas. Como esse político não existe, a gente cria para agradá-las e cativá-las e receber seus votos que são, na verdade, o nosso maior objetivo.

— Ser político é complicado, hein?

— Que nada, é fácil. É tudo uma questão de interpretação. Veste-se um personagem e ponto final. Não se esqueça também de se emocionar diante de fatos que você jamais se emocionaria.

— Como, por exemplo?

— Das condições miseráveis que as pessoas vivem neste país. Chore por ver brasileiros, morrendo na pobreza mesmo que ainda não sinta nada por isso.

— Nossa, eu acho que vou ter entrar para a escola de teatro Macunaíma ou Célia Helena.

— Que nada. Eu mesmo o ensino a interpretar.

Juliano mais uma vez se surpreendeu com as palavras de seu

coach.

– E, por favor, não se esqueça das promessas. Prometa tudo o que lhe pedirem, mas tudo, mesmo! Diga que fará o possível, tudo o que estiver ao seu alcance. Se lhe pedirem um show do Roberto Carlos, você afirma que vai conseguir se eleito. Se lhe pedirem um show com a Madonna, garanta-lhes o mesmo. Se lhe pedirem para mudar a capital do Brasil para Salvador, diga-lhes que fará o possível.

– E se eu não conseguir cumprir minhas promessas?

– E quem disse que você vai ter de cumpri-las? Depois de eleito finja que sua memória é que nem a de um computador, deu pane, babau.

Lançando um olhar desconfiado sobre o professor, Juliano indagou:

– Você está tirando uma de mim, não tá? Tudo isso que você está me falando é brincadeira, não é mesmo? Só para me testar.

– Não. Falo sério. Se você quiser ser realmente um político de sucesso deve seguir à risca todas as dicas que estou lhe dando. Estou lhe ensinando o caminho das pedras para que possa trilhá-lo sem pisar nelas. Depois você me agradece quando for eleito. Por meio de presentes, comissões, agrados...

Agora, Juliano, o mais importante: quando alguma falcatrua política for descoberta pelos opositores e a insuportável da mídia, você nega ter conhecimento daquilo, mesmo que tenha. Diz não saber de nada, que tudo aconteceu sem que você soubesse e se mostre totalmente indignado com a situação.

– Mesmo que tenha ocorrido bem diante do meu nariz? Mesmo que eu tenha tomado parte?

– Mesmo assim. Afirme, sem pensar duas vezes, que não sabia de nada, sequer ouviu falar a respeito, e demonstre, se possível por meio de lágrimas, indignação diante dos fatos.

Juliano absorveu a informação, pensativo.

– Espere aí. E quanto a Deus nisso tudo? Sempre ouvi dizer, desde garoto, que quando deixamos de ser bons para o próximo, honestos e solidários de verdade, vamos contra os propósitos de Deus, acabamos no inferno. Penso que se alguém tem realmente fé em Deus, respeito por Ele, não se tornaria um político mentiroso para se eleger, tampouco tiraria proveito dos cofres públicos para enriquecer indevidamente. Tampouco para enriquecer o partido do qual faz parte. Penso que agiria conforme as leis cristãs, não?

– Queridão, deixe eu lhe explicar uma coisa, preste bem atenção. Político e Deus só se misturam. Quando um político vai à igreja no fim de semana, assistir a um culto ou a uma missa, a maioria só faz para ficar bem diante da sociedade, caso contrário, ficaria em casa assistindo TV ou com os amigos num bar, bebendo à custa do povo brasileiro.

– Você está querendo me dizer que a maioria dos políticos só vai à igreja...

– Não estou dizendo, estou afirmando. Se alguns deles tivessem realmente fé em Deus, nos princípios cristãos, você acha que roubariam o país tão descaradamente como fazem? Se fazem é porque não acreditam em providência divina, tampouco em punição pelos seus atos. Se não acreditam, é porque no fundo também não acreditam em Deus.

– Mas...

– Queridão, essa é a vida de um político. Da maioria, pelo menos. Não rotulemos. Digo a maioria, porque o país vem tendo governos corruptos desde muito tempo... Agora, ouça-me bem. Neste mundo político ou você luta com as mesmas armas desonestas ou perderá. Acabará sendo um exército de um homem só.

Juliano, surpreso e abobado novamente, perguntou a seguir:

– Responda-me só uma coisa, se puder.

– Pois não?

– O Senhor acredita em Deus?

– Acredito. Mas acredito também que o mundo é dos espertos, e se é, devemos ser espertos para sobreviver. Certa vez ouvi um espiritualista dizer que nós, seres humanos, fomos jogados neste mundo, selvagem e cruel muitas vezes, para que Deus descobrisse qual de nós se manteria íntegro e de bom caráter, mesmo diante de tanta tentação para nos voltarmos para o mal, passando a perna em nossos semelhantes. É como um teste, ganha aquele que não se deixar render àquilo que denigre o caráter humano. Mas tudo isso não passa de uma suposição, portanto...

– Mas todo político fala muito de Deus. Ganhei graças a Deus. Que Deus proteja todos nós.

– Porque fica bem dizer tal coisa, Juliano. O político tem que dizer aquilo que comove e cativa os eleitores. Essa é a regra, sempre!

Juliano ficou boquiaberto mais uma vez diante das dicas de seu *coach*.

– Queridão, no começo tudo isso pode assustá-lo, mas depois você se acostuma. Quando o dinheiro começar a pingar na sua mão, você se acostuma rapidinho. Acredite! Acontece com todos, até com o mais honesto dos honestos; assim que eleito, ao ver toda grana que o governo arrecada, acaba achando que se tirar um pouquinho dali não fará falta a ninguém, ou ninguém dará pela falta, portanto...

– Mas isso é roubo. É como se a política lhe desse o direito de roubar tal qual faz um ladrão, só que de uma forma mais discreta.

O *coach* dessa vez não lhe respondeu. Tudo o que lhe disse, foi:

– Por hoje é só. Amanhã continuaremos. Passar bem.

Naquele mesmo dia, ao encontrar o líder do partido, o mesmo quis saber dos progressos em torno de Juliano Bianucci.

– Ele ainda tem muito a aprender, meu Senhor, mas logo estará tão político quanto o maior político do planeta.

O homem seriamente o lembrou mais uma vez:

– Não se esqueça de que ele não pode pensar, de jeito nenhum, que nós do partido concordamos com os seus métodos de ensino e tudo o que ensina e...

– Eu sei, meu Senhor, pode deixar. Qualquer revolta por parte dele farei com que pense que tudo que lhe foi ensinado é único e exclusivamente fruto de suas interpretações, nada tem a ver com o partido do qual faz parte, tampouco com os seus dirigentes.

– Perfeito.

– O Senhor não se preocupe. Nunca tivemos problemas antes, não é agora que teremos. Além do mais, o rapaz está necessitado de dinheiro e projeção na sociedade depois que o pai perdeu a fortuna e o status. Tipos como ele logo são capazes de vender a alma para serem eleitos, enriquecer e aparecer.

O homem sorriu, satisfeito.

Sônia Regina mal cabia de felicidade com os novos rumos que a vida de Juliano estava tomando. Não via a hora de o filho ser eleito para esfregar a vitória na cara daqueles que lhe viraram as costas, após ela e o marido perderem a riqueza e o status que tinham. Faria o mesmo em relação aos seus pais, por não a terem acolhido em sua casa como ela tanto desejou.

Certa noite, depois de terminar suas obrigações na sede do partido político do qual agora fazia parte, Juliano seguiu até a faculdade onde irmão cursava medicina para humilhá-lo diante de todos novamente.

– Olá – disse ele, endereçando um sorriso de escárnio para o irmão.

Danilo se surpreendeu ao vê-lo ali.

– Aceita um hot-dog?

– E eu lá sou homem de comer hot-dog, Danilo?! – respondeu Juliano, rindo alto e chamando a atenção de todos a sua volta.

– Aceita então um bombom? Tem com e sem cereja. É com leite Ninho, que tal?

– Melhorou! – Medindo novamente o irmão de cima a baixo, Juliano, com sua escrachada ironia que lhe era tão peculiar, completou: – Precisava vir vê-lo novamente nesses trajes. Ainda custa-me acreditar que se rebaixe tanto por causa de um diploma que, mesmo depois de tê-lo nas mãos, vai custar-lhe ainda um bom tempo para lhe dar algum lucro, para compensar todo o esforço e humilhação que passou.

– No começo todas as profissões são difíceis, Juliano. Requer empenho, esforço e sacrifícios. Estou disposto a passar por tudo isso. Sempre estive. Faz parte da vida.

Juliano tornou a rir, escrachado e Danilo, baixando a voz pediu-lhe:

– Podemos conversar depois, é que no momento estou apurado com as vendas.

De fato, havia muita gente ali querendo hot-dogs, bombons e lanches naturais, feitos pela própria Lígia para atender a todos os gostos e ampliar os lucros. Desde que as vendas aumentaram a moça também ajudava Danilo nas vendas noturnas. Sozinho ele não daria conta de atender todos.

Juliano ficou mais uma vez impressionado com a disposição, desembaraço e total falta de vergonha por parte do irmão para defender seu sustento daquela forma que para ele, era tão humilhante quanto ser feirante, episódio de sua vida que ele apagaria de sua memória, para sempre, se pudesse. Por outro lado, ao comentar com o seu *personal coach*, o sujeito o lembrou de que se a mídia descobrisse o que ele fez, até que seria bom para a sua eleição, pois pessoas humildes adoram votar naqueles que, supostamente, se fizeram na vida, começando de baixo.

Capítulo 25

A verdade vem à tona

No sábado seguinte, por volta do meio-dia, foi comemorado o aniversário de Daniel, o primeiro filho de Inês com Gabriel Matarazzo. Sua família toda estava reunida para a ocasião, juntamente com José Augusto e Sônia Regina. Danilo não fora por ter de fazer trabalhos para a faculdade e Juliano, porque achava aniversário de criança uma chatice. Logo no início, antes de ser servido um saboroso almoço, José Augusto percebeu que Inês estava ainda mais tensa do que das últimas vezes que teve a oportunidade de encontrá-la. Assustado com sua palidez e olheiras, ele decidiu ter um particular com ela.

— Inês, o que está havendo? Você está doente, por acaso? Há meses que noto você entristecida e dispersa. Está cada vez mais apática, cada vez mais magra.

A moça não conseguiu responder.

— Hoje é um dia para você estar alegre, Inês. É o aniversário do seu filho. O que há?

Ao perceber que ela, por pouco não chorou, José Augusto a levou para uma pequena sala onde seguramente não seriam perturbados. Assim que se fecharam ali, ele a fez sentar-se numa cadeira, pegou outra e ficou frente a frente com ela. Os olhos dela finalmente encontraram os seus e ele disse, com ênfase:

— Diga-me agora o que está se passando, Inês. Por favor.

— Oh, papai...

A jovem desmoronou, vertendo-se em lágrimas, enquanto José Augusto procurava consolá-la.

— O que está acontecendo com você, filha? Há tempos que a vejo amargurada, pálida e infeliz. O que está acontecendo?

Ela precisava contar a verdade ao pai, só assim tiraria o peso que não mais suportava carregar na alma.

— Estou sendo chantageada, papai.

— Chantageada?!

— Em uma de minhas sessões de terapia, a faxineira, por trás da porta, ouviu o que eu dizia à psicóloga e, desde então, está atrás de mim, exigindo grandes somas de dinheiro para se manter calada.

— Que horror!

— Você já conversou com sua psicóloga a respeito?

— Sim e ela despediu a mulher há muito tempo.

— E?

— E mesmo assim a danada continua me perseguindo. Vive colada a mim como uma sanguessuga. Parece até um espírito obsessor.

— O que ela sabe que a atormenta tanto, Inês?

A jovem engoliu em seco.

— Filha...

Com grande dificuldade ela acabou se abrindo.

— Diz respeito ao Daniel, papai...

— Ao Daniel, seu filho?

— Sim. Vou lhe contar tudo.

Ela respirou fundo, procurou firmar a voz e foi em frente. Logo falava com maior desembaraço, como se sentisse um alívio em poder despejar sua história para um ouvinte compreensivo.

— Estou sem palavras... — admitiu seu pai quando ela terminou.

Ela sacudiu a cabeça com convicção.

— É mesmo verdade, papai. Acredite.

Houve um curto período de silêncio a seguir, cuja passagem ambos pareceram não perceber. Quando Inês deu por si, Gabriel estava parado rente ao batente da porta, olhando seriamente na sua direção, também com ares de espanto. Por quanto tempo estaria ali, ela não saberia precisar.

— Gabriel, você aqui?!

— Olá, Inês...

De imediato, ele sentiu preocupação e medo em sua voz. Logo percebeu que ela tremia dos pés à cabeça.

— O que você anda me escondendo, Inês? — perguntou ele

sem rodeios. – Sei que me esconde alguma coisa já há um bom tempo. Amante não é, porque pus um detetive à sua cola. Então o que é?

José Augusto achou melhor deixar o casal a sós. Pediu licença e saiu.

– Não vai me dizer, Inês... – tornou Gabriel, furioso. – Eu descubro! Falarei com a sua terapeuta, ela há de me contar.

– É antiético, Gabriel.

– Antiético uma ova!

A moça voltou a estremecer, enquanto ele se aproximou dela e insistiu.

– Diga-me o que está acontecendo, Inês. Sou seu marido, exijo saber.

Inês, sem forças para continuar mentindo para ele, resolveu se abrir, por acreditar que a verdade a libertaria.

– Ando sendo chantageada, Gabriel. É isso.

– Chantageada?!

Inês explicou-lhe toda história.

– O que essa faxineira sabe de tão grave a seu respeito para...

– É algo muito pessoal, Gabriel. Só me abri para a minha terapeuta por ela ser minha terapeuta.

– Se não vai me dizer o que é, vou atrás da tal mulher que a anda chantageando. É dinheiro que ela quer, dinheiro ela terá para me contar a verdade.

– Não faça isso, Gabriel, por favor.

– Então me conte a verdade.

Ao ver-se sem saída, Inês acabou atendendo ao pedido do marido:

– O Daniel não é seu filho.

– O quê?!

– É isso. Ele não é seu filho.

– Como não?

Ela novamente se viu em pânico.

– Explique-se, Inês – bradou Gabriel, convulso.

Com grande dificuldade ela se explicou:

– Gabriel, eu sempre o achei muito feio. Feio, grande demais e desengonçado. Sabia, sempre soube que tinha uma queda por mim, mas por achá-lo feio e esquisito, nunca quis nada com você. Mesmo porque, apaixonei-me pelo Eduardo, desde os meus doze, treze anos. Um cara lindo, que sempre me deixou maluca por ele.

— O que tem tudo isso a ver com o Daniel?

— Eu chego lá. Quando você demonstrou novamente interesse por mim, pouco antes de a gente começar a namorar, eu estava desesperada, meu pai havia falido, eu e minha família estávamos na miséria, eu precisava garantir o meu futuro. Então minha mãe me fez perceber que você seria um partido muito melhor para mim, pois se mostrava muito mais camarada e generoso financeiramente comigo. O Eduardo tinha outra cabeça, para me ajudar, pensou em me oferecer um emprego no supermercado da família dele, nos Jardins, na Oscar Freire. Você já imaginou, eu trabalhando ali, sendo vista por toda elite paulistana? Seria humilhante demais para mim.

— *Tá,* e o que isso tem a ver com o Daniel, Inês?

— Quando percebi que um filho meu com você, poderia nascer tão feio quanto você, eu me desesperei. De jeito algum eu concordaria em ter uma criança que puxasse a você fisicamente, com um rosto semelhante ao seu, com o seu porte físico...

— Eu já entendi. Vá direto ao ponto!

— Bom... Eu ainda era louca pelo Eduardo e ele por mim, até aquela ocasião. Então o procurei e acabei me deitando com ele, não só por desejo, não só por saudade, mas especialmente para engravidar dele, para que meu filho parecesse com ele fisicamente e não com você. Quando me descobri grávida, pedi a Deus para que tivesse ficado grávida do Eduardo e não de você. Soube que minhas preces haviam sido atendidas quando o Daniel nasceu e vi o quanto ele era bonitinho, muito diferente de você e de sua família.

Gabriel estava pasmo.

— Como você pôde ter sido tão baixa?

— Eu quis apenas preservar meu filho de uma aparência...

— Não sou tão feio assim, Inês.

— Para mim você é horrível. Pensei que mudaria de opinião com o nosso convívio, que acabaria achando você bonito com o tempo, mas não. Ainda continuei achando você medonho. Desculpe a minha sinceridade.

— Por isso você ficou tão chateada quando se descobriu grávida pela segunda vez. Porque sabia que a criança dessa vez seria meu filho.

– Sim. Foi isso mesmo! Eu não queria um filho seu, nada que me prendesse a você, pois eu pretendia voltar para o Eduardo se ele não tivesse se interessado por outra garota e se casado com ela.

– Estou pasmo. Parece coisa de novela. Se bem que minha mãe sempre diz que a vida real é muito mais pesada do que o que acontece nas novelas.

– Eu sinto muito.

– Quer dizer que você gastou horrores para manter a chantagista calada.

– Sim. Por medo do que você pudesse fazer contra mim e meu filho. Por medo de se separar e deixar a mim e o Daniel na miséria.

Ele amarrou o cenho, demonstrando grande força para conter a fúria.

– E é isso mesmo o que vou fazer com você, Inês. Você não me merece, nunca mereceu. Fui um idiota em acreditar que pudesse fazê-la se apaixonar por mim, enquanto casada comigo. Quanta tolice. Quero me divorciar de você o quanto antes.

– Eu não me espanto com a sua decisão.

– Acho bom mesmo! Só sei que vai ser um escândalo. Quando todos souberem do que você foi capaz, dos motivos que a levaram a fazer o que fez. Serei ridicularizado na sociedade.

– Ninguém precisa saber de nada, Gabriel. Não quero que o Eduardo saiba da verdade, não quero que ninguém saiba.

Ele a olhou com mais atenção e ela concluiu:

– Diremos que nos divorciamos por total incompatibilidade de gênio. Só isso. Será melhor para nós dois.

– Pois eu vou aceitar sua proposta só para me poupar de uma vergonha maior.

Houve uma pausa até ela comentar:

– Quanto ao seu filho comigo... o Lucas... Bem, eu não tenho condições de criá-lo mais o Daniel, por isso lhe peço que fique com ele.

– Eu já esperava por isso. Você nunca gostou dele, porque sempre soube que ele era meu filho, não é mesmo? Por isso não o quer perto de você. Por isso o despreza desde o nascimento, ou melhor, desde a gravidez. Nunca houve depressão pós-parto, certo?

Ela se fez sincera mais uma vez:

— Eu realmente não quis ter essa criança, Gabriel, não vou negar.

— Você é uma mulher monstruosa.

— Só porque defendo os meus interesses?

— Eu não sou tão feio assim e nem seu filho comigo é.

— De qualquer modo ele me recorda você, o nosso casamento, tudo o que eu jamais deveria ter feito na vida. A minha maior estupidez, a minha maior burrada.

Ela mergulhou o rosto entre as mãos e enxugou as lágrimas. Suspirando, concluiu:

— Ah, como eu precisava dizer tudo isso para você. Como eu precisava pôr tudo isso pra fora. Tirar esse peso que carrego nas costas há meses. Ah, Gabriel, Gabriel...

O moço enxugou as poucas lágrimas que derramou e disse:

— Há um aniversário acontecendo nesta casa... Mesmo assim quero que pegue o filho que você teve com aquele sujeito, seus pais, e sumam daqui. Meus advogados logo entrarão em contato com você para acertar o nosso divórcio. Só mais uma coisa, não pense que vai sair desse casamento com algum centavo meu. Só levará as joias que ganhou de mim, nada mais.

— Nem as joias eu levarei, Gabriel. Esqueceu-se que vendi todas para pagar aquela chantagista ordinária? As que não vendi, entreguei diretamente para ela vender por si mesma.

— Então você vai sair desse casamento exatamente como entrou.

— Talvez seja melhor assim. Adeus.

Sem mais, ela deixou a sala, seguiu para o seu quarto onde começou a fazer as malas. E foi assim que Inês Bianucci voltou para a casa dos pais, dessa vez, levando consigo seu filho mais velho.

O único a saber do verdadeiro motivo que a levou a se separar de Gabriel foi José Augusto. Inês temeu que se a mãe soubesse da verdade, poderia procurar Eduardo Queirós para lhe contar a respeito, o que só serviria para complicar ainda mais tudo entre os dois.

Logicamente que ela pensou em ir atrás de Eduardo, para lhe contar a verdade e, quem sabe assim, convencê-lo a voltar para ela, mas acabou desistindo ao descobrir, por meio de suas amigas, o quanto Eduardo estava feliz casado com Débora.

Diante dos últimos acontecimentos com a filha, Sônia Regina decidiu voltar ao Centro para pedir para que ela voltasse a ter êxito na vida e não mais reviravoltas desagradáveis que a desvirtuaram dos caminhos da riqueza nos últimos dias. Ela também pediu por Juliano, para que ele ganhasse a eleição, o que poderia vir a resolver financeiramente a vida de todos eles. O Senhor Walter e Dona Clara foram bem precisos com ela:

– Ele certamente ganhará se fizer por merecer, minha senhora.

– Mas o Juliano merece porque é um rapaz de ouro. Esforçado e responsável.

– Se é, sua vitória será merecida.

Não foram exatamente as palavras que Sônia Regina queria ouvir, mas a visita ao lugar e o *passe* que recebeu a deixaram mais tranquila.

Enquanto isso, Danilo continuava firme e forte na faculdade de medicina, pagando as mensalidades com a venda de cachorros-quentes, bombons e lanches naturais.

Nesse ínterim, Cleide Pereira apareceu na casa da família Bianucci, na Rua Joaquim Távora, 159, procurando por Juliano.

– Se é sobre a pensão alimentícia, eu já paguei – adiantou-se Juliano, antes que a moça lhe dissesse alguma coisa.

– Não, Juliano. Vim procurá-lo por outro motivo. Diz respeito ao seu filho, ele quer conhecê-lo.

– Disse bem: ele! Em outras palavras: problema dele!

– Juliano, o Felipe é seu filho.

– Por que você quis. Se tivesse pedido a minha opinião, eu jamais teria aceitado essa gravidez.

– Não seja cruel.

– Cruel, eu? Você apronta comigo e depois eu que sou cruel? Qual é? Você esconde a gravidez de mim, decide ter um filho meu sem o meu consentimento e ainda quer se passar por boazinha? Move ação contra mim, por eu não ter pagado a pensão alimentícia do garoto, me põe na cadeia e ainda quer se fazer de santa? Faça-me um favor: nunca mais me procure, *tá?*

– Vim somente por causa do seu filho.

– Seu filho! Entenda isso de uma vez por todas. Foi você quem quis tê-lo, não eu. Por isso, não me procure mais. Agora, tchau! Se manda!

– Você é muito sem educação. Nunca conheci alguém tão insensível e nojento. É quase um monstro e duvido que sendo assim, possa ser um sujeito feliz. Duvido, totalmente.

– Blá, blá, blá – zombou Juliano, dando-lhe as costas e voltando para dentro de sua casa, batendo a porta com toda força.

Cleide Pereira voltou para casa, com lágrimas nos olhos, repassando o pequeno diálogo que tivera há pouco. Em parte, Juliano estava certo, ela realmente não o consultara para ter um filho com ele, escondera a gravidez porque sabia que ele não concordaria com ela.

De certo modo, ela pensou que com uma criança dele, Juliano se aproximaria dela e, possivelmente, apaixonar-se-ia por ela, o que não aconteceu. Em suma, ela usara o filho para ter Juliano aos seus pés, um tiro que saíra pela culatra. Restava-lhe agora encarar as consequências de sua escolha e inventar uma desculpa bem convincente para o menino, se quisesse explicar a ausência do pai em sua vida.

Todavia, o pequeno Felipe continuou sonhando com a possibilidade de um dia vir a conhecer seu pai, algo que jamais deixou de oprimir o coração de Cleide, ampliando cada vez mais a sensação de culpa por não poder realizar o sonho do garoto.

Capítulo 26

Novas lições de vida para Juliano

As eleições finalmente aconteceram em outubro de 2004 e para Juliano, apesar de ter ingressado na política há muito pouco tempo, sua vitória já estava garantida. Perder a eleição foi para ele, outra grande derrota em sua vida. Por nenhum momento contou que não se elegeria.

— Mas já é um começo, meu jovem – disse-lhe o líder do partido, na esperança de reerguer seu entusiasmo.

— Eu tinha tanta certeza de que iria me eleger.

— Todos têm, ou melhor, se apegam a essa certeza. Daqui a quatro anos você terá muito mais êxito.

— Quatro anos? Vou ter de esperar tudo isso?

— Essa é a vida de um político, meu caro. Por isso todos tiram vantagem do poder quando se elegem, para compensar o tempo que esperaram para se eleger.

— O Senhor quer dizer: todos roubam, *né?*

— Fale baixo, por favor. Você está na sede de um dos partidos mais atuantes da história política deste país.

— Mas foi isso mesmo o que o Senhor quis dizer, não foi?

— Você está muito nervoso, meu rapaz, é melhor ir para sua casa. E, por favor, jamais use a palavra "roubar", substitua sempre pela palavra "compensar". É mais adequado e soa melhor aos ouvidos de todos.

Ao chegar em casa, arrasado, Juliano se surpreendeu ao encontrar Danilo ali, como se estivesse esperando por ele.

— Queria me ver humilhado, não queria? – começou ele, lançando um olhar hostil para o irmão.

— Não, Juliano, é lógico que não!

— Queria, sim! Eu sinto. Posso ver nos seus olhos o prazer de me ver derrotado.

– Não, meu irmão.
Sônia Regina foi até o filho mais velho e o consolou.
– Filho, no começo é assim mesmo. Depois...
– Depois, mamãe? Depois, quando? Daqui a quatro anos? Isso se eu ganhar a eleição.
– Essa é a vida de um político, Juliano.
– Foi o que presidente do partido me disse há pouco.
– Pois então.

Danilo pensou em dizer mais alguma coisa para encorajar o irmão, mas desistiu ao perceber que suas palavras poderiam ser mal interpretadas por ele. Juliano, com os nervos à flor da pele como estava, seria bem capaz de compreender tudo errado novamente.

José Augusto também pensou em dizer algumas palavras para o filho mais velho, mas desistiu, pelos mesmos motivos que levaram Danilo a se calar. Inês, por sua vez, manteve-se calada.

Assim que Danilo foi para o seu quarto estudar, Juliano, agoniado, fez novo desabafo:

– Se eu perder a próxima eleição serão mais quatro anos de minha vida jogado fora. Quatro longos anos!

– Vida de político é tal qual a vida de apostador – lembrou-lhe José Augusto. – Cada eleição é uma aposta, um risco, uma chance.

Desdenhando as palavras do pai, o rapaz disse especificamente para a mãe:

– Agora que perdi a eleição, mamãe, não sei mais o que vou fazer da minha vida. Estava contando com o salário que eu ia ganhar como vereador. O pior é que o presidente do partido me disse há pouco que meu trabalho na sede do partido, pode ser temporariamente suspenso por contenção de gastos. Se isso realmente acontecer, não poderei nem contar com a mereca que eles me pagam.

– Eu, infelizmente não posso ajudá-lo, Juliano – adiantou-se José Augusto. – Mal ganho para nos sustentar e...

– Eu não esperava mesmo contar com o senhor, *p-a-p-a-i*.

– Eu também não ganho o suficiente para ajudá-lo, Juliano – arrematou Sônia Regina, chorosa. – O lucro que obtenho com a venda dos bolos só dá mesmo para eu pagar pela faxina da casa e comprar meus cremes, xampus, sabonetes e maquiagem.

– Tudo bem, eu vou encontrar uma saída.

Dias depois, Juliano foi novamente surpreendido pelas autoridades.

– Este é um mandato de prisão.

– O quê?!

– Você novamente deixou de pagar a pensão alimentícia de sua criança.

– Paguei, sim! Está aqui o comprovante.

Juliano pegou o recibo e mostrou às autoridades.

– Não é dessa criança que estamos falando. O processo contra o Senhor deu-se por parte da mãe de sua filha Patrícia Maluf Bianucci.

– O quê?! Mas eles não precisam do meu dinheiro. São ricos *pra* caramba!

– Bom, isso você deve discutir com o juiz depois. Entre com uma ação. Nossa obrigação é levá-lo.

– Em mim ninguém põe a mão! – enfezou-se Juliano, dando um pulo para trás.

– Se vai tornar as coisas difíceis para nós, então teremos de tomar medidas drásticas.

– Meu filho ninguém tira daqui! – gritou Sônia Regina, histérica.
– Não, sem passar por cima do meu cadáver.

Quando um dos policiais tirou o revólver, Sônia Regina se encolheu toda, agachando-se e tapando os ouvidos.

José Augusto interveio:

– Revólver aqui, não, por favor.

Para evitar mais confusão, Juliano acabou deixando ser algemado e seguiu para a delegacia. Assim que partiu, acompanhado das autoridades, Sônia Regina se jogou no sofá, chorando copiosamente.

– Que vida mais ingrata... Eu não mereço isso, não mereço! O que fiz a Deus para merecer uma vida tão miserável como essa? O que fiz?

– Sônia Regina, por favor, não exagere – tentou acalmá-la José Augusto.

– Exagero?! E a culpa é sua, toda sua! Por sua causa nós estamos passando tanta humilhação. Por sua causa, por sua incompetência.

– Se continuar gritando assim os vizinhos vão ouvir tudo.

Só então ela caiu em si e procurou se controlar, o que foi difícil, pois ela estava verdadeiramente furiosa. Mexer com seu filho adorado, era o mesmo que tentar extrair um órgão vital de seu corpo.

Sem pensar duas vezes, Sônia Regina pegou seu Chevette e partiu para a mansão dos Maluf onde armou o maior *barraco*. Diante de Nazira, empunhando-lhe o dedo indicador na face, Sônia Regina lhe falou com todas as letras:

– Onde já se viu mandar meu filho para a cadeia, só porque ele não pagou a pensão alimentícia da sua filha? Vocês não precisam dessa merreca. Se não precisam por que fazer isso com o meu Juliano?

Nazira respondeu no mesmo instante, peitando a mulher, sem medo algum de sua reação:

– Porque minha filha é também responsabilidade dele. Não a fiz sozinha, ele tomou parte da fecundação.

– Mesmo assim, vocês não precisam.

– A Senhora pensa isso, nós pensamos diferente.

Num súbito acesso de raiva, Sônia Regina derrubou alguns enfeites de cima de um aparador e gritou, histérica, novamente:

– Vocês vão ter de tirar meu filho da cadeia. Vão sim!

– Essa mulher é louca! Totalmente louca! – revidou Nazira, tão furiosa quanto sua ex-sogra. – E saber que por pouco eu não tive mais um filho que seria neto dessa doida desclassificada.

– Cale a boca sua nariguda feiosa. Vá fazer uma plástica nesse nariz de tucano. Aproveite e faça também uma operação nesse seu cérebro de minhoca.

– A Senhora me respeite. Está na minha casa.

– Nem que eu estivesse na casa do presidente dos Estados Unidos eu me calaria diante dos fatos.

– A Senhora é mesmo muito baixa.

– Baixa, eu, é?

– Barraquenta.

– Barraquenta, eu, é? Pois eu vou *te* comprovar isso. Sei muito bem rodar a *baiana* quando preciso.

Sem mais, Sônia pulou em cima da moça, puxando os cabelos com suas mãos que mais pareciam ter se tornado duas garras demoníacas. Era grito de dor e de ódio se misturando e ecoando pela sala. Logo, as empregadas, mais o chofer, tentaram apartar a briga, separando as duas.

– Pois eu quero mais é que o Juliano apodreça naquela cadeia. Apodreça! – bradou Nazira, despertando novamente a fúria de Sônia que mais uma vez a agarrou, furiosa.

211

Novamente os empregados apartaram a briga e para evitar nova confusão, levaram Sônia Regina para fora da casa.

Uma das criadas tentou defendê-la:

– Dona Nazira, a mulher está completamente desesperada. Toda mãe fica assim por causa de um filho.

Nazira, espumando de ódio, respondeu, mirando fundo os olhos da defensora:

– Cale a sua boca, senão a ponho na rua, agora mesmo!

A mulher engoliu em seco, arrependida no mesmo instante do que dissera à patroa. Perder o emprego era a última coisa que poderia lhe acontecer na vida, precisava do pouco que ganhava ali para sustentar sua casa, ainda mais com o marido desempregado há mais de um ano. Nazira não era definitivamente o que se podia chamar de patroa cortês e justa para com seus empregados. Contrariada por um, seria capaz de pisar nele como se fosse uma barata indesejável a perturbá-la.

Ao ver-se novamente preso, Juliano queria simplesmente subir pelas paredes tamanho o ódio e a revolta por se ver mais uma vez no meio de gente que ele tanto desprezava. Ele recebera sim, notificações da justiça, informando sobre a pensão da filha, que se não pagasse seria preso, mas jamais, por momento algum, pensou que a ex-esposa, tão rica como era, seria capaz de levá-lo à justiça.

Dessa vez, foi graças a Danilo que juntando suas economias com as de Lígia conseguiu livrá-lo da prisão. Ao voltar para casa e saber de toda história, Juliano ficou mais uma vez surpreso com o irmão.

– Danilo, você é mesmo um tonto... – disse ele com sua irônica sinceridade de sempre. – Onde já se viu pagar para me tirar da cadeia? Esse dinheiro vai fazer-lhe falta e não pense que vou devolvê-lo tão cedo, a mereca que ganho pelo meu trabalho, entre aspas, na sede do partido, mal dá para pagar pela pensão daquele menino indesejado que só nasceu, porque aquela pobre da mãe dele quis e ocultou de mim sua gravidez, caso contrário...

– Não estou cobrando nada de você, Juliano. Você paga quando puder.

– Mesmo?

– Sim.

– Acho bom.

– Só queria que você soubesse que foi a graças a Lígia que a gente conseguiu juntar a quantia necessária. Ela ficou um dia inteiro, com uma amiga, na praça Benedito Calixto e noutro, próximo do MASP, vendendo nossas especialidades.

– Cachorro-quente e bombons...
– Sim.
– É... Quem diria que eu também seria salvo pela venda de hot-dogs e bombons.
– Pois é.

Juliano fez uma careta e completou:

– Agora me responda, com sinceridade, Danilo, você acha mesmo que vai conseguir terminar essa faculdade, vendendo hot-dogs e bombons? Não acha melhor desistir enquanto é tempo? Não quero vê-lo sofrendo depois, de arrependimento, por ter se esforçado tanto e não ter conseguido completar os estudos por falta de dinheiro para pagar os últimos meses.

– Não vou desistir, Juliano, vou continuar arriscando, não tenho nada a perder, só a ganhar. Além do mais, só me falta um ano para eu completar meus estudos.

– Um só?
– É.
– Nossa, como passou rápido.
– Pois é.
– Puxa, se você não conseguir pagar o último ano da *facu,* será o mesmo que morrer na praia, né?
– Mas eu vou conseguir. Sempre achei que poderia. Aprendi a confiar na sorte.
– Está bem. Como diria Silvio Santos: siga por sua conta e risco.
– Ah, quer dizer que você também assiste ao SBT.
– Não me amola.

Os dois riram.

– Como se não me bastasse ter de pagar uma pensão alimentícia do filho que aquela maluca da Cleide teve sem o meu consentimento, agora tenho de pagar também pela filha que tive com a pentelha da Nazira. Assim não dá. Nunca vai sobrar dinheiro para eu voltar a viver como antes. Com o mínimo de regalias possíveis. O certo seria eu arranjar um emprego que me pagasse mais, mas onde? Procurar o padrinho, nem pensar, eu é que não me atrevo novamente a entrar numa fábrica de caixões. Detesto ter de dizer essa frase chavão, mas não tenho outra escolha: que Deus me proteja e me ilumine!

Capítulo 27

Ajuda espiritual

Para ajudar o filho diante de seu futuro tão incerto, José Augusto pediu mais uma vez por ele no Centro que frequentava. Sônia Regina também voltou ao local, por sugestão do marido, que a convenceu de que um *passe* lhe faria bem.

Dona Clara disse a José Augusto algumas palavras diante do que se passava com seu filho mais velho.

— Somos todos capazes de nos virar em qualquer situação, pois temos cérebro, pernas e braços. Quem não se vira geralmente faz por manha, mimo, preguiça ou orgulho. Há muita gente que mesmo sem ter um braço ou uma perna faz muito por si e pelo mundo, o que prova que somos mais capazes do que pensamos, quando queremos. Na vida a regra que devemos seguir é: caiu, levanta! Com esforço, com coragem, chorando, sentindo-se humilhado, e, mesmo assim, levanta!

Não sou do tipo que tem pena das pessoas. Acho isso um insulto. Além do mais, só sentimos pena de quem vive a sentir pena de si mesmo, pena atrai pena e não resolve os problemas de uma pessoa. O certo é orar por ela, incentivá-la a buscar tudo aquilo que reforce sua autoestima para ter coragem de se despir do complexo de vítima e seguir adiante.

José Augusto agradeceu mais uma vez a gentil senhora, por quem tinha profunda simpatia. Nada mais pôde ser falado, pois a tão esperada palestra sobre prosperidade iria começar, surpreendendo todos que esperavam ouvir algo completamente diferente do que foi apresentado. O médium palestrante* começou, dizendo:

---

*Trechos da palestra foram inspirados pelos mesmos mentores de L. Gasparetto, o que muito nos honra para o crescimento desta obra. (Nota dos autores).

– Na minha jornada tentando compreender o ser humano, aprendi que ninguém pode ter êxito na vida, sendo cruel para si mesmo e consequentemente para com o próximo.

Cruel é achar que o mundo tem de dar para você, de graça, tudo o que necessita, enquanto que para se ter qualquer coisa neste planeta, é preciso plantar para colher.

Cruel são os pais que acham que têm de dar tudo para os filhos e os filhos que se acham no direito de cobrar tudo de seus pais, ao nível de sacrifícios.

Cruel é dar algo para o outro, seja o que for, sem jamais ensiná-lo a obter por si.

A alma de todos almeja aprender a fazer o que é necessário por si próprio, porque assim nos sentimos úteis e desenvolvemos o nosso potencial. Quanto mais desenvolvidos, mais nos tornamos livres, independentes e produtivos.

É tão lindo ver uma pessoa que se senta ao piano e toca maravilhosamente bem. Levou anos de empenho para obter aquele resultado. E ela se sente realizada por aquilo, orgulhosa de si e útil.

Muitas vezes eu me revoltei contra Deus, ao ver pessoas na miséria, em condições menos elevadas e deprimentes. Hoje, por intermédio dos meus amigos espirituais, compreendo que essas pessoas estão nessas condições porque é necessário. Só assim podem se tornar melhores. É tal como as horas em que o pudim fica em banho-maria no forno: fervendo, fervendo para ficar pronto e delicioso.

Hoje, quando eu vejo pessoas, passando por um sofrimento, um desafio, uma travessia árdua, financeira, por exemplo, penso: "Que bom, estão se descobrindo, desenvolvendo e conhecendo os seus potenciais, consertando e lapidando suas vidas. Embora doa, estão se levantando e se elevando. Eu não gosto da dor, ninguém gosta, mas eu entendo a consciência da vida, o que ela quer fazer de nós, da mesma forma que compreendo um pai que exige que seu filho se dê bem nos estudos e o estimula a trabalhar, ainda que seja adolescente. Ele está fazendo desse ser, agora sob a sua responsabilidade, um homem, um ser humano digno, que ao olhar para trás, mais tarde, sentir-se-á bem em ser si mesmo, autoconfiante e capaz. Porque aprendeu com esforço próprio a ser quem é.

Nos Estados Unidos os pais estimulam seus filhos na idade dos 16, 17 e 18 anos a saírem de casa e irem trabalhar para defender o seu sustento, porque sabem que quanto mais cedo eles se tornarem responsáveis e trabalhadores, mais independentes e prósperos serão; mais força e habilidade terão para viver.

No Brasil isso é encarado da pior forma. É visto como cruel. Só que a maioria daqueles que se tornaram responsáveis e trabalhadores mais cedo, obtêm, nitidamente, mais jogo de cintura para lidar com a vida do que aqueles que levaram mais tempo para começar. É fato.

A lei do universo é a lei do trabalho.

Trabalho é a maior realidade que existe.

Descobrir-se e evoluir é um constante processo de trabalho.

Evolução é movimento produtivo que, em outras palavras, quer dizer: trabalho.

Mas as pessoas se intoxicam ao pensar que trabalho é escravismo, sofrimento, o ruim da vida... E acabam pagando caro por isso, pois a falta de trabalho e ânimo para trabalhar leva todos à falta de equilíbrio, paz e prosperidade. Já disse Voltaire: "O trabalho nos livra de três males: o vício, o tédio e a pobreza." Disse também que "O trabalho é, na maioria das vezes, o pai do prazer" porque só podemos relaxar de verdade, apreciar realmente o prazer e o lazer, quando não o vivemos a todo instante. Se o vivermos, qualquer lazer se tornará entediante.

Muitos acham cruel aquele que diz que não vai fazer nada por você se você não fizer nada em troca. Mas a vida é mesmo um toma lá da cá. A água é de graça, mas está no rio ou no poço que alguém cavou e para se tirar de lá, é preciso buscar, o que dá trabalho.

Para se ter água potável é precisa tratá-la, o que também dá trabalho. Você não terá água tratada se não fizer por tê-la. Da mesma forma que não terá um solo fértil para plantar, se não tratá-lo devidamente. Se quiser ter os grãos, terá de colhê-los, e assim é com tudo que há na vida. TUDO!

Para se gravar uma música é preciso produzi-la e ensaiá-la. Para fazer um show depois, tal qual o de uma dupla sertaneja, é preciso montar um palco, as luzes, o som, contratar seguranças, dentre outras necessidades para que o espetáculo aconteça com perfeição. Tudo requer trabalho para ficar bonito e perfeito.

Eu gostaria de encurtar o caminho para que todo mundo conseguisse o que tanto almeja profissionalmente de forma menos trabalhosa, mas isso não é possível. Eu seria um tolo, prometendo tal coisa, quando sei que para se ter êxito na vida é preciso trilhar o caminho que requer trabalho, empenho e dedicação. Ou você aceita as regras da vida ou sofre.

Sendo assim, a vida pode parecer cruel para muitos, mas cruel mesmo é a nossa mania de querer fugir da realidade por meio de fantasias e sonhos impossíveis que sempre resultarão numa tremenda frustração.

Cruel é esperar cair do céu, tudo aquilo que você não merece, porque não está pronto para ter.

Cruel é ficar sentado, esperando que as pessoas se resolvam, para o mundo ficar melhor para você.

Cruel é pensar que você é vítima de alguém, quando na verdade, é vítima da sua própria ignorância a respeito das leis da vida.

Cruel é alimentar sonhos de amor, de coração fechado.

Cruel é querer fazer pouco ou muito para os outros, esperando que os outros acabem fazendo tudo por nós.

Cruel é criar ideias maravilhosas, sem mover um dedo para realizá-las.

Cruel é cobrar de você, um comportamento 100% santificado, sabendo que ainda somos imperfeitos, caso contrário, não estaríamos trilhando a jornada da evolução.

Cruel é não querer aceitar a realidade como ela verdadeiramente é. Eu também seria cruel com você, se tentasse mascarar a verdade a sua volta, na esperança de poupá-lo de qualquer sofrimento que possa fazê-lo crescer como pessoa e como espírito.

Por isso, abra os olhos, saia da ilusão, caia na real. Exatamente como dizem os jovens hoje em dia: CAIA NA REAL! Cair na real é aceitar, enfim, a realidade cósmica, formada pelas leis eternas que regem a vida. Para isso, precisamos disciplinar a mente, para nos libertar das correntes da hipocrisia que nos aprisionam às ilusões mundanas.

Ilusão mundana é acreditar que Deus lhe dará castelos ou qualquer outro bem material, de mão-beijada, tal como faria o gênio de Aladim, para que você tenha uma vida de *marajá*.

Ilusão mundana é acreditar que a marca de uma roupa o torna melhor que o outro. É acreditar que morando num bairro de maior poder aquisitivo, você será superior a muitos. É acreditar que se possuir uma joia, um carro específico, uma casa luxuosa, um amigo em especial, só porque ele é abastado, você será mais do que seu próximo.

Ilusão mundana é acreditar que só porque tem melhores condições financeiras, deve ter amigos só do meio, evitando os menos afortunados.

Ilusão mundana é se rebaixar, se menosprezar, julgar-se menos por não ter a prosperidade que você julga ser a mais atraente da atualidade para si mesmo, especialmente para chamar a atenção do seu semelhante. É também acreditar que por ter menos dinheiro e posses, é inferior àqueles que possuem mais do que você. É deixar se abater por esses pensamentos negativos, a ponto de se deprimir, negando sua grandeza interior para alcançar os potenciais inatos de sua alma.

Ilusão mundana é se apegar a futilidades sem fim.

Ilusões, nós vivemos mergulhados em muitas.

Aí, quando a vida lhe mostra a verdade, ou seja, o que são as verdadeiras ilusões e as crueldades que podemos fazer conosco e com o próximo, caímos no abismo negro da depressão. Não precisa ser assim. É isso que todos precisam ter em mente e no coração. Não precisa ser assim. Tudo pode ser diferente. Guarde isso na alma: Tudo pode ser diferente!

O palestrante fez uma pausa antes de prosseguir:

– Ilusão é acreditar também que só o que é negativo, ruim, mal, miserável e doloroso merece a nossa atenção, porque traduzem a realidade da vida. É pensar que o bonito, o próspero, saudável e inteligente, sadio, agradável e feliz, não representam a vida.

Uma vez falando a respeito com uma amiga, ela me disse que a realidade da vida era cruel, porque só havia pessoas más, desgraças, miséria, doenças, pobreza, seca, depressões, infelicidade, corrupção, intrigas, inveja e guerra.

Quando respondi que não concordava, ela se espantou.

Como assim?, indagou.

Expliquei que também fazia parte da vida, a alegria, a prosperidade, o bom gosto e gente boa, muito boa, aliás, 95% da humanidade, caso contrário já teríamos todos morrido há muito tempo, dizimados por terríveis guerras provocadas pelo ego exacerbado de muitos homens.

Não podemos desconsiderar ou ignorar, o que há de bom e positivo na vida. Devemos é aproveitar, corretamente, o presente lindo que Deus nos dá, fazendo dele o melhor que há, sabendo que o nosso futuro depende sempre de um presente bem vivido e aproveitado.

Ele tomou ar e concluiu:

— Certa vez, conversando com minha sobrinha, comentei que não gostava de assistir aos telejornais sensacionalistas, porque só mostram desgraças, miséria, tristezas, dentre outras coisas do gênero. Ela me respondeu, em tom de reprimenda: mas essa é a realidade da vida, tio. Eu, no mesmo instante, discordei: maratonas, estádios lotados de torcedores, vibrando por seu time favorito de futebol, ou para assistir a um cantor da música pop, não fazem parte da vida?

Quer dizer que peças teatrais lindíssimas, filmes e novelas maravilhosas, arte em geral, artistas, a espetacular gastronomia, os parques lindíssimos espalhados pelas cidades do mundo, além de países como o Canadá, onde a qualidade de vida é nota mil para todas as classes sociais, não fazem parte da vida?

Quer dizer que o nascimento de um filho, sua festa de aniversário, a conquista de um diploma, uma casa própria, um carro, uma evolução espiritual, uma superação, não fazem parte da realidade da vida?

E quanto ao universo literário, que leva o leitor a uma viagem surpreendente pelas páginas de um livro, também não faz parte da vida? E quanto a arquitetura, o folclore, a dança, a coreografia, o amor, a paixão, a amizade, etc?

Acho um equívoco julgar o mundo excluindo suas alegrias, beleza e grandeza, prestigiando somente o drama. Se a vida fosse feita somente do que é negativo, talvez já tivéssemos deixado de reencarnar aqui faz tempo, porque o que nos leva à evolução, nos estimula a sermos melhores, é justamente a busca pelo equilíbrio, pela paz de espírito, pela alegria de ser um ser vivo, útil, amoroso e prestativo, trabalhador e talentoso neste planeta e no Além. É, enfim, a busca pelo positivo, próspero e alegre, não o contrário.

Sugiro a vocês, a todos vocês, que procurem ser menos cruéis para consigo mesmos, mais realistas para com a vida e mais positivos para com o mundo. Porque positividade gera positividade, isso é fato, lei cósmica.

Capítulo 28

Uma nova etapa

Depois de mais um dia de peregrinação, em busca de um emprego que lhe pagasse um salário bem melhor do que o que ganhava, trabalhando na sede do partido, onde ele não fazia absolutamente nada, a não ser tomar cafezinho e jogar conversa fiada com outros candidatos, Juliano parou num bar onde bebeu até cair. Foi então que Vera Lúcia Cockrane, sua ex-amante, o encontrou e, ao vê-lo naquele estado deplorável, sentiu-se feliz. Vê-lo naquelas condições tão humilhantes foi para ela como uma punição por ele tê-la deixado.

Ela pensou que ele lhe diria algo, que lhe pediria ajuda, mas não fez, por orgulho.

– Põe essa arrogância de lado, Juliano – disse ela friamente. – Eu posso ajudá-lo, você sabe bem disso.

Ele nada respondeu, a fúria por se ver naquela situação, diante daquela mulher que passara a desprezar com o tempo, fez seu sangue ferver, dando-lhe sobriedade suficiente para se levantar da sarjeta e seguir de volta para sua casa, ainda que de ônibus, locomoção que ele mais odiava na vida.

Não demorou dois dias e Juliano teve nova surpresa com Vera Lúcia Cockrane. Ele caminhava pelo parque do Ibirapuera, procurando espairecer, quando seu celular tocou e ele só atendeu por ser um número desconhecido, pensando ser de alguma empresa para onde havia enviado seu currículo ou feito uma ficha. Vera fizera uso de outro celular, pois sabia que ele desligaria assim que visse seu número, como fizera das outras vezes.

– Só estou querendo ajudá-lo, Juliano. Não desligue.
– Não quero sua ajuda.

— Larga de ser turrão. Eu posso ajudá-lo, você sabe muito bem que posso.
— Sem exigir nada em troca?
— Quem sabe...
— Sei.
— Vamos marcar um encontro.
Ele refletiu rápido e respondeu:
— Está bem. Pode ser aqui mesmo. No parque do Ibirapuera, ao ar livre, num dia bonito de sol como este. Que tal amanhã, por volta desse mesmo horário? Em frente à praça do porquinho.
— Estarei aí.
— Ok.

No dia seguinte, como combinado, lá estava Vera Lúcia Cockrane com Juliano, para terem uma conversa séria.
— Se você voltar para mim, posso ajudá-lo muito, Juliano.
— Eu sabia que tinha uma condição – respondeu ele, erguendo a voz, sem se importar que todos por ali o ouvissem. – Você pensa que só porque tem dinheiro pode tudo? Pode comprar um cara para se deitar com você?
— E posso – desafiou ela, sem também se importar com um escândalo.
Ele riu, sarcástico.
— Você é mesmo muito abusada.
— Eu, é? E você? Um moço mimado e irresponsável. Que nada sabe fazer de melhor na vida do que tentar se dar bem financeiramente, casando-se com uma mulher rica ou ganhando uma eleição.
— Olha, eu só não lhe dou umas...
— Ah, é? Se for macho realmente, vem!
Ele rapidamente procurou se controlar. O que ela queria mesmo, percebeu ele, a tempo, era provocá-lo para complicar sua vida, como vingança por ele não corresponder as suas expectativas.

Nesse ínterim, o padrinho de Juliano havia dado uma carona a José Augusto até sua casa na Vila Mariana, porque havia de ir ao bairro buscar um medicamento numa farmácia de manipulação muito conceituada da região. José Augusto fora trabalhar de ônibus naquele dia por ser o rodízio de seu carro. Sônia Regina, envolta de súbito bom humor e simpatia, convidou o compadre para provar dos pratos que havia feito naquela tarde, para comerem no jantar e também para vender, caso alguém se interessasse. O homem aceitou o convite de prontidão, porque realmente estava com fome, pensara até em passar numa lanchonete ou numa padaria da Av. Lins de Vasconcelos para comer alguma coisinha.

– Espero que goste, compadre – explicou Sônia Regina –, eu ainda tenho muito que aprender.

– O José Augusto me contou mesmo que desde que vocês mudaram para esta casa, você vem se aperfeiçoando na cozinha.

– Eu tento, compadre, porque não tive outra escolha. Na situação crítica financeira em que ficamos, ou eu aprendia a cozinhar ou passaríamos fome.

– Isso prova que de toda situação negativa se pode sempre tirar proveito.

– E o compadre acha realmente proveitoso aprender a cozinhar?

– Pergunte aos grandes *chefs* de cozinha, o que eles pensam a respeito. É por terem se tornado *chefs* excepcionais que tiram o seu sustento.

Sônia fez ar de "será mesmo?".

Ao provar um bocadinho de tudo que ela havia feito, o padrinho teve uma grande ideia.

– Gente! – exclamou, empolgado. – Por que vocês não abrem um restaurante?

– Um restaurante, compadre? Endoidou?

– Não, Sônia Regina. Um restaurante quando dá muito certo é dinheiro na certa e dinheiro é o que vocês mais precisam agora, para dar uma nova guinada em suas vidas, não é mesmo?

– Dinheiro... guinada...

– Sim, Sônia. O que acha José Augusto?

– Mas compadre, para se ter um bom restaurante é preciso ter um bom cozinheiro, um bom *chef,* onde conseguiríamos esse *chef?*

– *Voilà!* – exclamou ele em francês, apontando para Sônia Regina.

– Eu?! – avermelhou-se ela até a raiz dos cabelos.

– Por que não?

– Porque não sou capaz de assumir a cozinha de um restaurante, compadre.

– Você já assumiu alguma para saber? Não se deprecie, tampouco subestime o seu potencial. A meu ver, Sônia Regina, você, assim como todo ser humano é muito mais capaz do que pensa. Basta acreditar em si e aperfeiçoar seus dons, seus talentos, aquilo que se dispuser a aprender.

— Será mesmo?

— *Se dê* uma chance, Sônia... Se não der certo...

Sônia fez bico enquanto José Augusto aproveitou para perguntar:

— Compadre, eu não tenho condições financeiras para alugar um lugar para montar um restaurante. Estou sem crédito na praça, ninguém vai querer me alugar um imóvel, ainda mais um comercial que é caríssimo.

— Você não precisa alugar lugar algum, José Augusto, aí é que está a minha grande sacada. Você já tem o lugar ideal para montar o restaurante.

— Você quer dizer... aqui?

— Exato! Essa casa é grande o suficiente para você fazer dela um belíssimo e confortável restaurante.

Sônia Regina perguntou no mesmo instante:

— E nós vamos morar aonde, compadre?

A resposta dele foi imediata e surpreendente:

— Na edícula da casa, até que comecem a ter lucro e possam alugar um apartamento aqui próximo para morarem.

— Você está sugerindo que vivamos apertados dentro de uma edícula?

— Vocês não querem crescer financeiramente novamente? Alguns sacrifícios serão necessários.

— Mas...

— Vejam bem. Os banheiros, cozinha e local para fazerem as refeições vocês usarão os do restaurante, porque haveriam de usá-los de qualquer modo trabalhando aqui. Transfiram apenas os quartos de vocês para a edícula e ponto final.

— A ideia é tentadora, admito – confessou José Augusto –, mas teríamos de comprar mesas e uma infraestrutura para...

— Meu caro, comece de baixo. Aos poucos, conforme o lucro que for obtido, você vai ampliando e melhorando seu comércio. É assim que muitos começam e é assim que muitos alcançam o sucesso. Muitos que querem começar no topo nem sempre prosperam.

— Mas vamos precisar de mesas, pratos...

– Nesse caso eu posso ajudá-los. Havia um local na minha fábrica em que servíamos almoço, visto que não compensava mantê-lo aberto, fechamos, mas a mobília ainda está toda lá. Posso emprestar para vocês. Dar, não darei, porque tudo que é dado não tem valor. Vocês me pagam tudo quando puderem e se não puderem, me devolvem a mobília.

Sônia Regina pensou mais um bocadinho e disse:

– Não sei não, compadre. Só *franchising* é que dá certo. Porque já tem nome e propaganda e...

– Todo *franchising* teve um inicio, Sônia Regina. Vou lhe contar sobre Ana Maria e o Boticário. A conheci quando fiz um curso de prosperidade com ela num espaço chamado Meta Center no Ipiranga. Ela contou que um dia, visitando Curitiba, descobriu uns perfumes caseiros muito bons e trouxe para São Paulo para vendê-los. O sucesso foi tanto, que logo ele se tornou o grande pontapé para o crescimento da perfumaria O Boticário. De qualquer modo tudo começou modesto e passo a passo.

E tem mais, vocês têm uma vantagem aqui. Moram ao lado de feirantes, não é mesmo? Eles podem trazer frutas, legumes e verduras frescas todos os dias, sem que precisem ir à feira. Eles podem fornecer para vocês também, peixes, aves e carne bovina... Se bem que há sempre bons açougues na região que entregam tudo, é só pedir por telefone.

– Você tem toda razão, compadre! – empolgou-se José Augusto novamente.

– Pensem na minha ideia com carinho.

A próxima pergunta partiu de Sônia Regina.

– E para divulgar o restaurante, como faremos? É preciso dinheiro para isso, não?

– Não necessariamente, Sônia Regina. O José Augusto pode divulgar no Centro que frequenta. O Juliano na faculdade em que estuda. Eu para os meus empregados e conhecidos de clube. Se a comida for boa, o atendimento excelente, o preço justo, tem tudo para dar certo.

– Acho que o Senhor está sendo otimista demais, compadre.

– Vivemos no Brasil, Sônia Regina, onde otimismo e fé são extremamente necessários diante de uma economia maluca que vivemos desde os princípios. Acho que desde quando Pedro Álvares Cabral aportou no Brasil, o Brasil se tornou um caos, politicamente falando. Então, só nos resta mesmo ser otimistas, com fé absoluta

em Deus, trabalhando e fazendo o melhor que pudermos fazer para prosperar, sempre!
– Eu não sei...
– Reflitam a respeito. Só não demorem muito para decidir, pois alguém, nas proximidades, pode ter a mesma ideia. E não se esqueçam de que há muitos escritórios por aqui, onde vocês poderão conseguir muitos fregueses.
Ele fez uma pausa e insistiu:
– Pensem com carinho nessa ideia. É, a meu ver, uma ótima oportunidade para vocês fazerem mais dinheiro e, quem sabe, revolucionar suas vidas.

Ao chegar a sua casa naquele dia, Juliano encontrou seu pai empolgado com a novidade que, muito entusiasmadamente compartilhou com o filho e com Inês.
– O Senhor com um restaurante? – zombou Juliano, irônico como sempre. – O padrinho certamente bebe. Uma pessoa sóbria jamais lhe proporia algo assim, ainda mais para um sujeito que nada sabe sobre cozinha, tampouco tem capacidade para administrar uma empresa.
Dessa vez, José Augusto se defendeu das palavras venenosas do filho.
– Nossa, tá brabinho hoje, tá?
Inês tentou pôr panos quentes na situação, opinando:
– Poxa, papai, se o Senhor acha mesmo que a ideia do padrinho é boa para o Senhor...
– Penso ser boa para todos nós, Inês. Para todos nós!
A jovem sorriu, parecendo tão empolgada quanto o pai. Sônia Regina, por sua vez, manteve-se calada e pensativa. Por fim, disse:
– Eu, tomando conta de uma cozinha de restaurante? Será que sou capaz?
Foi Inês quem lhe respondeu:
– Ora, mamãe, se a Senhora que não sabia fritar um ovo, hoje faz bolos deliciosos e uma comida saborosíssima... Pense no dinheiro que pode receber a cada mês. Dinheiro que a Senhora está precisando e muito para pode fazer o que gosta. Comprar o que gosta. Dinheiro que todos nós continuamos precisando e muito.
– É... Posso tentar.
Juliano, explodindo em gargalhadas, voltou a depreciar a

ideia:

— Só vocês mesmo para acreditarem que podem ter algum êxito, montando um restaurante. Minha mãe que nasceu para ser dondoca, um pai que nasceu para ser um fracassado e uma irmã que jogou fora um casamento milionário, sabe-se lá Deus exatamente por que...

— Você também acabou com o seu casamento, Juliano. Não sei porque está falando de mim.

— O meu caso é diferente.

Inês riu.

— É diferente em quê, Juliano? Ah, por favor!

— Só digo uma coisa – salientou Juliano. – Não contem comigo para nada. Não vou ajudá-los. Já basta eu ter de dormir no mesmo quarto com o Danilo...

— Será provisório, Juliano – lembrou-lhe José Augusto. – Assim que tivermos um bom lucro, poderemos alugar um apartamento ou mesmo uma casinha aqui perto, para morarmos com mais conforto, deixando esta casa inteiramente para o restaurante.

— Até lá, se vocês realmente chegarem lá, pretendo já ter dado um jeito na minha vida. Eu ainda hei de me dar bem, vocês verão.

E foi assim que José Augusto e Sônia Regina montaram um restaurante que recebeu o nome de "Quitutes", o qual logo mostrou a todos que para se levar um restaurante adiante era preciso muito mais trabalho do que supunham. Também para conquistar uma boa freguesia. Até mesmo Inês, que no começo se mostrou empolgada com a ideia, desanimou. Somente José Augusto se manteve otimista de que a persistência os levaria ao sucesso no final.

Enquanto isso, Juliano, após ler uma matéria na internet a respeito de uma ricaça de quase oitenta anos que se casou com um rapaz cinquenta anos mais jovem do que ela, ainda acreditando que era por amor, decidiu fazer o mesmo: encontrar uma senhorinha milionária, solteira ou viúva, com quem pudesse se casar e, assim, receber sua herança em pouco tempo. Sua busca deu com os *burros na água,* nenhuma senhorinha, solteira ou ricaça, acreditou que um rapagão bonito como ele se interessaria por ela, ainda mais por amor. Coube a Juliano conquistar outra mulher casada, para ser sustentado por ela até que ganhasse a eleição e usufruísse do poder que a política, entre aspas, dá aos eleitos.

Capítulo 29

Novos caminhos para a família Bianucci

Enquanto isso, Danilo se empenhava ao máximo para terminar com maestria seu último ano de faculdade.

– Devo parte dessa faculdade a você, Ligia – admitiu ele, envolvendo-a em seus braços. – Sem você eu não teria conseguido chegar aonde cheguei. Se eu tivesse condições financeiras, eu me casaria com você agora.

– Mesmo?!

– Sim, há muito que já queria ter me casado, só não fiz por total falta de dinheiro, você sabe...

– E se a gente se casar e morar na casa da minha mãe? É uma casa modesta, nada comparado ao que você sempre esteve acostumado, mas...

– Sua mãe não se importaria?

– Acho que não.

– Então... Marquemos a data do casamento!

– Ulá lá!

Os dois se beijaram.

Ao contar para a mãe, Sônia Regina foi arbitrariamente incisiva:

– Se você fizer isso, Danilo, você estará acabando de vez com a sua vida. Uma sogra é sempre uma sogra. São todas iguais, só mudam de endereço.

– Dona Palmira, a mãe da Ligia, me parece ser uma mulher muito bacana.

– Agora, enquanto você ainda namora a filha dela. Depois de casado, você verá! Ela se transformará num cão. Viver debaixo do mesmo teto com os outros é muito diferente de vê-los ocasionalmente. Ouça o meu conselho, Danilo. Conselho de uma mãe que ama seu filho. Não cometa essa loucura.

Ele coçou a nuca e perguntou:

— Mas, mamãe, a Senhora nunca morou com sua sogra para saber se é bom ou ruim.

— Mas todo mundo diz que é horrível.

— E só porque todos dizem, é? Muita coisa se diz por aí que não é verdade. Tal como comer manga e tomar leite em seguida, dentre outras.

Sônia Regina quis porque quis ir conhecer a casa onde Lígia morava com a mãe, futura residência de Danilo caso ele realmente se casasse com a moça. Desaprovou o lugar, no mesmo instante em que o viu, tanto quanto o bairro onde a morada ficava situada.

— Filho – opinou Sônia Regina quando a sós com Danilo. – Isso não é bairro para se morar em São Paulo. Se a Vila Mariana já é um horror, mesmo fazendo parte da Zona Sul da cidade, imagine qualquer bairro da Zona Leste.

— Preconceito seu, mamãe.

— De qualquer modo acho que você está se precipitando.

— Quem não arrisca não petisca, não é o que dizem?

Sônia Regina nada respondeu, apenas torceu o nariz e voltou a cuidar dos seus afazeres.

Dias depois, Ligia Barros presenteou seu futuro sogro e sogra com um *site* do restaurante. Pedira para seu irmão fazê-lo, gratuitamente, para divulgar o lugar. José Augusto adorou enquanto Sônia Regina ficou indiferente àquilo, pois pouco entendia dessas modernidades.

Nesse ínterim, José Augusto convidou Inês para acompanhá-lo ao Centro onde ela também poderia receber *passes,* na esperança de reerguer seu ânimo, diante dos últimos acontecimentos que cercaram sua vida. Inês se sentiu muito bem com os *passes*, mas foi numa igreja católica, perto de sua casa, que ela também encontrou forças para abrandar seu desespero e apaziguar seus mais íntimos temores.

O lugar, quando vazio, à tarde, a pouca luz, lhe inspirava paz. Foi ali que ela conheceu um jovem padre que, muito gentilmente tentou ser-lhe prestativo, assim que percebeu que ela não andava nada bem.

— Olá, padre... – disse ela, um tanto emotiva.

– Vejo sempre você por aqui, à tarde, nunca na missa.
– Porque no silêncio daqui me sinto melhor.
– Então se sinta à vontade para continuar visitando a igreja quando melhor lhe convier.
– Padre.
– Sim.

Ela mirou seus olhos, sentindo-se um tanto encabulada e disse:

– Desejo muito uma bênção de Deus. Só Ele pode me ajudar. No amor. Nos últimos tempos, cheguei à conclusão de que o amor pode ser tanto um paraíso quanto, muitas vezes, um campo de guerra.

– Deus há de ajudá-la. Ore com fervor. As orações são sempre muito poderosas ao nosso favor. Por isso a aconselho a orar, muito.

A seguir, os dois conversaram sobre outras coisas e, desde então, Inês se interessou em assistir às missas do padre em questão, sendo que até Daniel ela levava com ela à igreja.

Na próxima vez em que o pai convidou Inês para acompanhá-lo até o Centro, a filha lhe disse, com sinceridade.

– Papai... Queria lhe dizer uma coisa...
– Pode falar, filha.
– Sabe o que é... Não vá se ofender.
– Pode dizer, Inês.
– É que eu não me identifico muito com o Espiritismo. Essa história de reencarnação, outras vidas, carma... É meio que demais pra mim, sabe? Eu me identifico mais é com a igreja católica, acho que porque cresci nela e... Gosto do clima dali, do padre falando, do que ele diz...

– Filha – exclamou José Augusto, abrindo um sorriso bonito para ela. – Sinta-se à vontade para frequentar a religião que melhor agradá-la, que melhor responder a suas necessidades espirituais. Eu ainda vou à missa, não é porque passei a frequentar o Centro que abandonei esse hábito. Também gosto de estar lá. Preenche um lado meu que se acostumou àquilo ou necessita daquilo. Penso que cada religião tem uma parte do todo que todos necessitamos para preencher o nosso lado espiritual.

– Ah, papai, que bom que o Senhor me entende.
– É lógico que *te* entendo, filha.

E novamente ela sorriu, feliz pelo o apoio que o pai lhe deu.

Ao contar para a mãe, Sônia Regina enervou-se no mesmo instante:

– Eu não perco mais tempo com religião alguma, Inês. Não, mesmo!

– É uma escolha da Senhora, mamãe. Eu prefiro continuar seguindo uma, apesar de tudo o que me aconteceu, porque me sinto bem ali.

Sônia Regina fez bico e voltou a se ocupar com os afazeres para o restaurante que, apesar do trabalho que dava, empolgava-a muito levá-lo adiante.

Às vésperas de se comemorar o dia de Santo Antônio, considerado por todos, o Santo Casamenteiro, Sônia Regina sugeriu à filha que lhe pedisse um novo marido e se preciso fosse, recorresse às simpatias para que seu desejo fosse realizado.

– Será mesmo que isso funciona, mamãe?

– Não custa tentar, Inês.

– Tem razão.

– A não ser que você não queira se casar novamente.

– Aí é que está, mamãe. É do Eduardo que eu ainda gosto. É com ele ainda que eu sonho ficar, então...

Ao comentar com seu amigo padre, a respeito de Santo Antônio, o padre comentou:

– Todos poderiam pedir um casamento mais amplo a Santo Antônio. Um casamento com a alegria, um casamento com a paz, um casamento com a prosperidade, um casamento com um presente mais saudável, um casamento com amigos mais *nutritivos,* um casamento, enfim, com tudo que há de bom. Porque não se vive somente com o marido ou com a esposa, o casamento é com tudo que engloba a vida.

Inês novamente sorriu, um sorriso triste que despertou a atenção de seu amigo.

– O que há? Vejo tristeza em seus olhar.

Ela então lhe contou detalhadamente sobre seu amor por Eduardo Queirós e toda a trágica história que os envolveu.

– Eu sinto muito – disse o padre, muito carinhosamente.

– Só que, padre, eu rezo toda noite para que eu e o Eduardo voltemos a ficar juntos. Rezo, rezo e rezo, até promessas faço para que ele se desentenda com a esposa dele e volte a me amar. Peço isso a Deus todos os dias.

— Ninguém deve desejar, tampouco rezar para que uma pessoa fique com você, sendo ela casada, bem casada, com filhos e há muito não demonstra o mesmo interesse por sua pessoa. Rezar, por isso, é o mesmo que desejar o mal para uma pessoa, algo que não faz nem traz bem a ninguém. Consegue compreender a gravidade dos desejos que desrespeitam o equilíbrio do próximo?

Para espanto da própria Inês, ela respondeu que "sim" porque realmente percebera a importância daquilo.

— Se ele tiver de voltar para você, que aconteça de forma natural, não por influência negativa.

Inês voltou para a casa, pensando e repensando nas palavras que o padre lhe dissera. Apesar de achar que ele estava com toda razão, ainda era-lhe muito difícil aceitar o fato.

Com a abertura do restaurante, vendo seu pai e sua mãe sobrecarregados de trabalho, Inês acabou arregaçando as mangas para ajudá-los bem mais do que já se dispusera a fazer. Acabou se tornando uma espécie de pau para toda obra do Quitutes Restaurante. Ajudava a mãe na cozinha quando Sônia Regina precisava de reforço, ajudava no caixa quando o pai estava sobrecarregado, ou como garçonete quando precisavam de mais gente para servir as mesas.

Até mesmo as toalhas para lavar na máquina e depois passar, ela se incumbia de fazer. Já não era mais a garota "Não me toque, não me rele" ou "Isso eu não faço!", tornava-se agora uma jovem consciente da realidade que a cercava e do quanto o trabalho a afastava de pensamentos mórbidos, depressivos e fúteis.

Logo, ela se viu tão envolvida com o trabalho e com o dinheiro que recebia pela ajuda que prestava, que não mais deixou de fazer o que fazia. Para ela, de repente, trabalhar era divertido e gratificante, não só pelo dinheiro, mas porque a fazia se sentir útil e mais viva. Fazia com que parasse também de pensar em besteiras, deixando sua mente mais positiva e serena.

Com o dinheiro que recebia ali, ela pôde matricular o filho numa escolinha infantil, na mesma rua em que moravam, o que tornava fácil para ela levá-lo e buscá-lo.

Na formatura de Danilo estavam todos presentes. Até mesmo Juliano fez questão de ir, não por sentir orgulho do irmão ou para parabenizá-lo pela grande etapa vencida em sua vida, mas para atormentá-lo de algum modo.

— Parabéns, Danilo, você venceu. Por enquanto você venceu.

— Venci no quê, Juliano? Jamais estive numa competição, não que eu me lembre. Do que você está falando?

Juliano riu, sarcástico.

— Você disse que ia terminar a faculdade e eu duvidei. Você provou que podia...

— E você fez disso uma competição comigo?

Os olhos dele responderam que "sim".

— E eu perdi.

— Larga de ser bobo, Juliano.

— Bobo, sei... De qualquer modo você venceu apenas uma parte de sua jornada. Apenas um! As piores ainda virão. Pelo que sei, você ainda terá de enfrentar dois anos de residência, depois pegar plantões, geralmente os de madrugada que são os que sobram para os recém-formados. É, meu irmãozinho, você ainda vai ter de *ralar* muito. Muito, mesmo. Até que consiga dinheiro para abrir um consultório, levará quase uma vida, mesmo que consiga, levará outra para conseguir clientes. Se não fizer parte de algum plano de saúde, vai demorar muito mais, porque hoje em dia, a maioria das pessoas faz uso de um plano para consultar um médico.

Juliano gargalhou.

— Tenho pena de você, Danilo. Muita pena.

Danilo, ainda mantendo o bom humor, respondeu, calmamente:

— Estou disposto a passar por todos os processos que ainda terei de passar para, digamos, triunfar no final. Sempre estive, desde o início. Sempre soube também que o meu diploma não me garante sustento se eu não trabalhar. O diploma de ninguém garante. É apenas um passo de muitos que devem ser dados. É apenas uma chave para abrir muitas portas.

— Você é muito otimista.

— Tenho de ser. Todos têm. O que seria de nós sem otimismo e fé?

Juliano, desdenhando novamente as palavras do irmão, falou, ácido como nunca:

— Danilo, o bom moço... Você não se cansa, não é? Nunca se cansa fazer o papel de bom moço...

– Sou o que sou, Juliano.

– Você é um chato, isso sim! Um chato de galocha.

Danilo riu, nada naquele dia tão especial e vitorioso o faria perder o bom humor.

– Você é um cara de muita sorte, isso é o que você é – continuou Juliano com inveja explícita do irmão.

– Sorte?! – retrucou Danilo, sorrindo. – Tudo o que consegui até hoje foi porque fiz por merecer. Acreditando sempre no melhor. Que no final, tudo dá certo.

– Todo sortudo diz isso.

– Se você me acha sortudo, você também é. Tivemos um pai que nos ajudou muito, uma mãe...

– Me poupe desse papinho de bom moço, Danilo...

O padrinho de Juliano também compareceu à cerimônia para saudar Danilo pelo grande feito. Depois de trocarem um abraço apertado, o padrinho cobriu Danilo de elogios e votos de sucesso em sua carreira.

– Você é a prova viva de que um jovem pode se formar numa excelente faculdade, mesmo passando por muitos sacrifícios, simplesmente pelo poder da persistência e do esforço pessoal.

– E espiritual, também – lembrou Danilo, emocionado. – O papai muito orou pelo meu êxito nos estudos. A Lígia, minha noiva, também.

– Sem dúvida. É uma junção de fatores que nos leva ao sucesso.

E o abraço se repetiu. Ouviu-se então a voz grave e ligeiramente presunçosa de Juliano:

– Padrinho.

O homem imediatamente voltou-se para o rapaz:

– Sim, meu afilhado.

– Que bom que o Senhor ainda se recorda que sou eu o seu afilhado. Porque está parecendo aqui, que o Senhor é padrinho do Danilo, cujos verdadeiros padrinhos já morreram faz tempo.

– Eu sei, é que o Danilo é tal como um afilhado para mim. É tal como um filho para mim.

– Tá, só que o verdadeiro afilhado seu, sou eu. É a mim que o senhor tem que elogiar, não a esse vendedor medíocre de cachorros-quentes e bombons de porta de escola.

– Juliano, meu afilhado, quando você tiver méritos para ser elogiado, saiba que farei com muito gosto. Quanto ao título que deu ao seu irmão, saiba que é muito digno. Foi mesmo por meio da venda de cachorros-quentes e bombons que seu irmão se formou, o que é motivo de muito orgulho para mim e a prova definitiva de que a humildade, a persistência e o empenho fazem diferença total na vida de um jovem.

Voltando-se para Lígia, o padrinho completou:

– Logicamente que Danilo deve muito a Ligia, sua noiva, afinal, pelo que sei, a ideia foi dela, não é mesmo? O estímulo partiu dela e o empenho também foi dela. Não é à toa que dizem que por trás de um grande homem, há sempre uma grande mulher.

– Blá blá blá! – desenhou Juliano, enervando-se à flor da pele.

Ignorando seu ciúme, o padrinho se voltou novamente para Danilo e se fez claro mais uma vez:

– Danilo, meu querido, pensei muito no que lhe dar de presente de formatura esta noite. Cheguei à conclusão de que o melhor para você seria mesmo presenteá-lo com um carro, pois um veículo, no momento, pode e muito facilitar a sua vida, especialmente agora que vai ingressar na residência.

– Um carro?! – a exclamação de espanto partiu de Juliano. – Essa é demais!

– Mas não lhe darei um carro – continuou o padrinho, provocando alívio explícito no afilhado.

– Ah, bom! Ia ser demais, né?

O padrinho retomou sua fala:

– Danilo, vou ajudá-lo a tomar parte de um dos planos de saúde mais respeitados de São Paulo. Em outras palavras: a ser médico credenciado desse plano, o que o ajudará imensamente a ter pacientes, assim que terminar sua residência. Que tal?

– Padrinho! – exclamou Danilo, com lágrima nos olhos de emoção. – Estou sem palavras, nem sei o que dizer.

O rapaz novamente abraçou o homem, demonstrando profunda gratidão. José Augusto e Sônia Regina também estavam surpresos e emocionados com o presente recebido pelo filho recém-formado.

– Epa! – protestou Juliano, quando não mais se aquentou de indignação diante dos fatos. – O que está havendo aqui? O Senhor é o meu padrinho, não dele! Que história é essa de ajudá-lo a... O senhor bebe, confessa! Tenho a certeza de que bebe e há muito tempo. Porque uma pessoa sóbria não reagiria assim, não mesmo!

– Juliano, meu querido, eu faria o mesmo por você se me desse motivos para. Daria, não, darei quando você fizer por merecer. A vida é assim, já diz Djavan numa de suas belíssimas canções: "Sei que a vida é dura, mas ela é justa também... Só quem faz, tem!".
– O Senhor está gagá.
– Nunca estive tão lúcido em toda a minha vida.
– Pois para mim o Senhor está gagá.
– Pois para mim você está com ciúmes. Pior que isso, está querendo ganhar algo sem ter feito por merecer. Na vida tudo é questão de merecimento, ganha sempre mais, quem mais se dispõe a viver.
– Quanta besteira – explodiu Juliano, furioso. Voltando-se para o pai, o rapaz novamente lhe foi impiedoso: – Nem para me arranjar um padrinho que prestasse o senhor conseguiu, *p-a-p-a-i*. Nem para isso.

Sem mais ele deixou a recepção, pisando duro. Sônia Regina foi atrás dele.

O padrinho voltou-se para todos e se fez claro mais uma vez:

– Hoje é dia de festa! Vamos comemorar.

E o sorriso voltou aos lábios de todos ali.

Quando lá fora, Sônia Regina conseguiu alcançar Juliano que se voltou para ela, vermelho de raiva, e expressou sua indignação:

– Eu ainda vou mostrar para o *bostinha* do Danilo que eu sou muito melhor do que ele. Vou mostrar a todos, a Senhora vai ver.

– Vai sim, Juliano. Eu rezo por isso todos os dias.

Sem mais, o rapaz partiu e Sônia Regina voltou para a festa, não mais se permitindo se alegrar com a vitória de Danilo, por causa da revolta de Juliano.

Duas semanas depois acontecia o casamento de Danilo e Lígia na igreja Nossa Senhora da Conceição, situada na Praça Silvio Romero, no bairro do Tatuapé, Zona Leste da cidade de São Paulo, bairro onde Ligia nasceu e morou a vida inteira. A lua de mel foi num fim de semana no Guarujá, pois não dispunham de dinheiro para fazer uma viagem mais longa e dispendiosa. Semanas depois, Ligia se descobria grávida, notícia que alegrou imensamente o casal.

As sementes da vitória, plantadas por Juliano e Ligia anos atrás, começavam a dar seus primeiros frutos. Não é à toa que tudo que se planta e se cuida, dá!

Capítulo 30

Inês reencontra Eduardo
(Começo de 2006)

Com o progresso do restaurante, José Augusto logo passou a abri-lo nas noites de quinta, sexta e sábado. Foi numa dessas noites que Inês, de tão entretida com o que fazia, não percebeu que Eduardo havia chegado ao restaurante com a esposa, sem fazer ideia de que o restaurante pertencia aos pais de Inês. Ao se verem, tanto ele quanto ela ficaram sem graça.

– Inês – cumprimentou Eduardo, levantando-se da cadeira.
– Olá, Edu, como vai?
– Não sabia que estava trabalhando num restaurante...
– O restaurante é dos meus pais. Abriram já há algum tempo e graças a Deus vem lotando, o que é uma maravilha.
– Que bom! Esta é a minha esposa.

As duas trocaram acenos e a seguir, ela entregou a ambos o cardápio e lhes deu algumas sugestões.

José Augusto observou tudo de longe e, assim que pôde, falou com a filha:

– Ele precisa saber da verdade, Inês.
– Não, pai, nunca! Se ele souber, ele jamais vai me perdoar. Vai acontecer exatamente oposto àquilo que planejei acontecer com a gravidez.
– Filha, ele tem o direito de saber que é o pai do Daniel e o Daniel tem o direito de saber que o Eduardo é pai dele.
– Papai, por favor.
– Reflita a respeito, Inês. É importante que você reflita.
– Não me deixe nervosa agora, não mais do que já estou por ter de servir os dois.
– Está bem.

Foi com grande esforço que ela levou os pratos para a mesa onde Eduardo estava sentada ao lado da esposa. Os dois agradeceram e quando Inês percebeu que não demoraria muito a se derramar em lágrimas, afastou-se e correu para o toalete onde se deixou levar pela forte emoção.

Eduardo, percebendo de longe seu estado, assim que pôde, pediu licença à esposa para ir ao toalete e bateu à porta do das mulheres, onde havia visto a Inês se trancafiar. Quando ela o viu, por pouco não desmaiou de susto e vergonha.

– Está tudo bem? Achei você meio cansada...
– Está tudo bem, sim...
– Acho que você ficou sem graça, não é? Por me ver aqui com minha esposa e ter de nos servir.
– Sim, não... Acho que não. Acho que foi mais pelo que a gente significou um dia, no passado.
– Eu sei. Queria muito saber se você está bem.
– *Tô, tô* sim.
– Percebo que não está mais usando aliança.
– Eu me separei do Gabriel já faz tempo.
– Eu sei, mas pensei que nesse período tivesse encontrado outro *cara*. Sendo atraente como é.
– Não aconteceu.
– Pelo menos por enquanto.
– É, talvez.

Breve pausa.

– E você e sua esposa? Como vão?
– Bem. Muito bem. Ela está grávida. Finalmente. Estou tão feliz. Sempre quis ter um filho, você sabe.
– Se sei.
– Você teve um ou...
– Dois. Dois meninos.
– Legal. Eu também quero ter pelo menos dois. Adoraria ter um casal. Mas o que Deus mandar será aceito de bom grado.
– Sem dúvida.

Novos sorrisos e ele voltou para a mesa.

Naquela mesma noite, quando todos já se preparavam para dormir, José Augusto foi até o quarto pequenino da filha, na edícula, ver como ela estava passando. Ao vê-la, acariciando os cabelos do filho adormecido, o pai lhe fez um elogio merecido:

— Você se tornou uma mãe muito dedicada, Inês. Sinto orgulho de você.

— Até eu me espanto comigo mesma, papai.

— E quanto ao outro, Inês? Ele também nasceu de dentro de você. Você não se preocupa com ele? Não sente falta? Saudades? Ele certamente sente de você que é mãe dele.

— Papai, eu sequer me lembro que ele existe. Estou sendo sincera. Aquele menino nasceu contra a minha vontade e...

— Filha, como pode dizer isso, frequentando a igreja como vem frequentando ultimamente? É um contrassenso. Você me lembra aquele tipo de religioso praticante que se diz super devoto de Deus, e, mesmo assim, continua aprontando para o seu semelhante. Continuam se aproveitando de uma brecha qualquer do tempo para rir, zombar, mover ação e se aproveitar do próximo.

— Nossa, papai, o Senhor tem aprendido muito.

— Sim, filha, as palestras têm realmente me ajudado a expandir a mente. Por isso lhe digo, do fundo do meu coração, reflita bem sobre suas atitudes em relação ao seu outro menino. Mas quando se decidir procurar por ele, não faça porque estou lhe pedindo ou porque assim age uma pessoa cristã, faça especialmente porque sentiu na alma o quanto isso é importante para você e para a criança.

Inês assentiu e, desde então, ficou refletindo a respeito, convencida de que realmente o menino, seu segundo filho, ficara muito melhor vivendo na companhia de Gabriel do que na dela.

Admirando o filho adormecido, ela voltou a pensar em Eduardo, em como ele reagiria se soubesse que tinha tido um filho com ela, por meio de um plano que ela traçou para voltar às boas com ele e finalmente se casarem.

No dia seguinte, num horário conveniente, Inês procurou seu amigo padre com quem desabafou. Contou sobre o seu reencontro com Eduardo no restaurante e, no quanto ainda era difícil para ela, não desejá-lo ao seu lado.

— Repito o que já lhe disse anteriormente, Inês. Se o moço que você tanto ama tiver de voltar para você, que aconteça de forma natural, não por influência negativa.

Inês voltou novamente para casa, pensando e repensando nas palavras tão sabiamente ditas pelo padre amigo.

Dias depois, a vida a surpreendia mais uma vez com algo inesperado. Gabriel Matarazzo chegava de surpresa ao restaurante da família Bianucci.

– Gabriel? – assustou-se ela, visivelmente.

– Olá, Inês, precisamos conversar, em particular, se possível.

– Sim, sim...

Ela imediatamente o encaminhou até o quintal aos fundos da casa onde ele, sem rodeios, disse ao que vinha:

– O Lucas, Inês. O Lucas não anda bem de saúde, está fazendo alguns exames importantes, achei que você deveria saber.

Ela realmente não esperava por aquilo. No mesmo instante ela estremeceu e seus olhos umedeceram.

– Sei que não tem interesse por ele. Que deixou bem claro para mim e todos ao seu redor que teve aquele menino contra a sua vontade, só que apesar dos pesares, você continua sendo mãe dele...

– Sim, certamente.

– Por isso vim avisá-la, caso queira vê-lo... Caso queira dar-lhe apoio numa hora dessas.

– Sim, você fez bem. Quando posso visitá-lo?

– Se puder agora, eu a levo.

– Está bem.

Inês foi até a cozinha onde explicou tudo para a mãe e o pai. Visto que Daniel estava na escolinha, ela pôde seguir na companhia de Gabriel até a mansão dos Matarazzo, onde reviu o pequeno Lucas.

– Mas ele é tão bonitinho... – admitiu ela, assim que ficou frente a frente com o menino.

– É, não é? – indagou Gabriel com lágrimas nos olhos.

A seguir ela abraçou o garoto que se sentiu feliz nos braços dela.

– Olá, Lucas, sou sua mamãe.

– Mamãe...

– Sim.

E ela chorou ao abraçar novamente o pequenino que rejeitara, ao se deixar ser dominada pela vaidade e pela arrogância. O amor de mãe, que retesara em seu interior por uma bobagem, vinha agora todo para fora.

— Como é bom abraçá-lo, Lucas — admitiu ela aos ouvidos do filho.

Foi assim que Inês se reaproximou do caçula, o que muito a surpreendeu e transformou seu coração. Quando o menino foi diagnosticado com uma doença rara, Gabriel procurou saber, no mesmo instante, em que lugar do mundo poderia haver cura para o adorado.

— Por sorte somos ricos — explicou ele a Inês —, temos condições de pagar por um tratamento adequado para ele nos Estados Unidos.

— Vocês pretendem levá-lo para lá?

— Sim. O quanto antes. Já estou acertando tudo, via e-mail, com o médico responsável pelo tratamento.

— Que bom. Ainda bem que me procurou antes de ele partir, assim pude me dedicar a ele, me redimir do modo inadequado com que o tratei desde o seu nascimento.

— Sim...

Houve uma breve pausa até Gabriel sugerir:

— Se quiser e puder ir conosco, acho que seria bom para o Lucas.

— Você diz, aos Estados Unidos?

— Sim. Se quiser e puder, é claro.

— Mas eu não tenho condições financeiras para isso.

— Inês, você iria como minha convidada. Logicamente que minha esposa irá comigo, o Lucas é muito ligado a ela também, mas, com sua presença, nessa hora...

— Sim, eu compreendo.

— Você ainda tem passaporte, não tem?

— Sim. E meu visto para os Estados Unidos ainda está válido.

— Então.

— É que eu tenho o Daniel, você sabe. Preciso ver se minha mãe e meu pai ficariam com ele.

— Eu compreendo. Sei que para ajudar o Lucas, você terá de se separar temporariamente do seu outro filho, mas... Eu até o convidaria para ir junto conosco se ele... você sabe.

— Sim, eu sei. Mesmo assim, falarei com meus pais.

E assim foi feito, com Sônia Regina e José Augusto ficando com Daniel, Inês partiu para os Estados Unidos com Gabriel e sua esposa, na busca pela cura do pequeno Lucas.

Em meio a tudo isso, Juliano continuava se dedicando ao partido e vivendo às custas da ricaça que conquistara com o propósito específico de sustentá-lo até que ganhasse as eleições.
Foi então que Vera Lúcia Cockrane descobriu de quem Juliano havia se tornado amante e imediatamente delatou o caso para o marido da mulher. Por pouco, tudo não terminou em tragédia, um escândalo que poderia destruir para sempre a carreira de político que Juliano estava construindo com grande entusiasmo e safadeza.
Ao saber que fora Vera Lúcia quem o delatara para o marido de sua mais recente amante, ele também resolver se vingar dela, procurando seu marido para lhe contar tudo sobre o caso dos dois no passado. Ele tinha provas: cartões amorosos que ela lhe escrevia, e-mails, mensagens de celular e fotos tiradas lado a lado. Com isso, Juliano conseguiu fazer com que o casamento de Vera também acabasse mal.
— Isso pra ensinar você, sua *cachorra* — falou Juliano, com todas as letras. — A não se meter mais com Juliano Bianucci.
— Nossa, estou morrendo de medo — ela o desafiou. — Saiba que você me fez um favor ao contar tudo para o meu ex-marido. Não suportava mais aquele velho. Se eu lhe tivesse pedido o divórcio, eu não teria saído com tanto dinheiro quanto saí depois que você entregou a ele provas da minha infidelidade. Por medo de eu contar a todos o verdadeiro motivo que nos levara ao divórcio, ele acabou me deixando com muito mais dinheiro do que eu receberia se eu lhe pedisse o divórcio.
Ela o enfrentou mais uma vez com o olhar e foi severa:
— Eu saí milionária do meu casamento e você, como é que saiu do seu *casinho* com mais uma ricaça infeliz dos Jardins? Diz pra mim, Juliano, diz.
Ele novamente se segurou para não estapeá-la.
— Adeus, Juliano — continuou ela, sentindo-se vitoriosa. — Vou para a Europa, me divertir, aproveitar a vida enquanto você vai ficar aqui nessa terra de... Adeusinho, querido. Ah, só mais uma coisa: quando perder novamente a eleição, não se desespere, você terá mais quatro anos para tentar novamente.
E rindo, ela partiu.

— Pois eu vou ganhar essa eleição, sua *cachorra,* e ainda serei um dos maiores políticos que este país já viu.

Sua determinação fez com que Juliano aceitasse novas propostas indecorosas de seu partido, com objetivo de burlar a lei, para direcionar verbas e mais verbas ilegais para as contas do próprio partido e de políticos ligados a ele. Infelizmente, a maior preocupação do partido em questão, não era resolver os dramas do brasileiro, tampouco tirá-los da miséria, era mesmo tirar proveito do poder, desviando dinheiro dos cofres públicos, para benefícios próprios.

Nesse período, José Augusto conseguiu juntar dinheiro suficiente para pagar o padrinho, pelas mesas e outros utensílios que ele emprestara para montar o restaurante. José Augusto aprendera que para se ter sucesso numa empresa, devia-se pagar primeiramente seus fornecedores, jamais gastar o lucro consigo mesmo, antes de fazer os devidos acertos.

— Você não me deve nada, José Augusto — respondeu o padrinho, assim que o compadre lhe estendeu o cheque. — Tudo o que lhe emprestei, fica de presente para vocês. Como um troféu pelo empenho com que vocês vêm tocando o restaurante. O que me enche de orgulho.

— Mas...

— Sem mas nem meio mas. Só tenho a desejar-lhe sucesso em dobro no restaurante.

— E eu só tenho a lhe agradecer pela sugestão, pelo incentivo e pela confiança que depositou em mim, de que eu poderia recomeçar minha vida depois dos baixos pelos quais passei.

— Todos precisam de um voto de confiança, meu amigo.

— Obrigado mais uma vez.

Após breve pausa, José Augusto, ainda emocionado, falou:

— Consegui também juntar algumas economias que acho que poderia dar de entrada num apartamento modesto ali mesmo na Vila Mariana... Um desses antigos são mais baratos.

— E por que não tenta?

— Porque tenho receio de fazer um financiamento e não conseguir pagá-lo. Penso também, que o melhor seria eu juntar mais dinheiro para eu dar uma entrada maior no AP, pagando menos depois pelo financiamento. Assim teríamos certeza de que o restaurante realmente emplacou.

– Faça o que seu coração intuir, José Augusto.

– Obrigado mais uma vez por todo apoio que me deu.

– Eu sempre acreditei que você poderia dar a volta por cima. Ainda acredito.

José Augusto sorriu agradecido.

Nos meses que se seguiram, Danilo se dedicou inteiramente e, com entusiasmo redobrado, à sua residência médica. Logo era querido pelos colegas de trabalho e pacientes que atendia.

Quando seu filho nasceu, Danilo e Ligia se realizaram. O menino chamou Pedro, por escolha da mãe. Foi um dia de grande alegria para o casal e seus familiares. Especialmente para José Augusto.

Juliano não quis ir dar os parabéns ao irmão e à cunhada que tanto o ajudou quando muito precisou. Ele só pensava em sair vitorioso de toda aquela história, ganhando a próxima eleição, para provar a todos que um cara como ele, que nunca quis nada com estudo ou trabalho honesto e digno, pode chegar ao poder por meio de uma boa lábia e pelo simples desejo de lucrar em beneficio próprio às custas do povo brasileiro.

Capítulo 31

O regresso de Inês

Quando Inês voltou do exterior, ela seguiu direto do aeroporto de Cumbica para a casa dos pais. Sônia Regina e José Augusto estavam mortos de saudade da filha, tanto que ao verem-na chegando, correram para abraçá-la.
– Filha, que saudades!
– Eu também papai, mamãe.
Todos derramaram lágrimas.
– E seu menino, como está?
– Agora, bem.
– Graças a Deus, filha.
– E o Daniel, onde está?
– Lá em cima.
– Deixa que eu mesma vá vê-lo.
O reencontro da mãe com o filho foi também emocionante.
– Mamãe! – exclamou o menino, largando os brinquedos e indo ao encontro dela.
– Olá, meu querido.
Os dois se abraçaram, fortemente.
– A Senhora demorou tanto.
– Foi necessário. Seu irmão estava doentinho, precisava de cuidados.
– Quer dizer que ele tomou injeção?
– Sim.
Inês riu enquanto o garoto fez uma careta gozada:
– Eca!
– Mas ele vai ficar bem, logo, logo vocês já poderão estar brincando lado a lado.

— Jura?
— Sim. Será bom, não será?
Novamente o menino sorriu de orelha a orelha.
— Que saudade eu estava de você, filho. Que saudade!
Somente à noite, quando o restaurante estava mais tranquilo, é que Sônia Regina, José Augusto e Inês puderam conversar melhor a respeito de tudo que se passou com ela enquanto esteve no exterior.
— Eu amo aquele garoto, mamãe – admitiu Inês entre lágrimas. – Não sei como pude ficar longe dele, desprezá-lo. Onde eu estava com cabeça para...
— Não se culpe, filha.
— *Me* culpo, sim, fui uma estúpida, uma ignorante, uma dondoca.
— O importante, Inês – opinou José Augusto – é que você descobriu em seu coração o amor por seu filho, e esteve ao lado dele quando mais precisou.
— Agradeço isso a Deus todos os dias, papai. Agradeço também pelo Gabriel ter sido tão compreensivo comigo, durante todos esses meses que passamos no exterior, e acho que eu também fui muito mais compreensiva com ele, dessa vez.
— Isso quer dizer que vocês dois têm chance de... – empolgou-se Sônia Regina.
— *Capaz,* mamãe. O Gabriel está muito bem casado e a esposa dele é muito legal, perfeita para ele... Acabamos nos tornando amigas.
— Que bom – alegrou-se José Augusto à revelia da esposa.
— E o restaurante como vai?
— Melhorando cada dia mais, com a graça de Deus.
— Que bom!
— E o Danilo, a Lígia, o Juliano?
Depois de obter as respostas, Inês, adotando um tom mais compenetrado falou:
— Acho que eu preciso procurar o Eduardo para lhe contar a verdade. Se o tempo em que passei longe do meu filho, fez com que eu me arrependesse de cada minuto que passei longe dele, penso que o Eduardo vai acabar sentindo o mesmo quando souber...
— O Eduardo? – estranhou Sônia Regina. – Do que você está falando, Inês? Não estou entendendo nada.

Foi então que Inês explicou para a mãe o que levou Gabriel a se separar dela. Ao término da narrativa, Sônia Regina estava boquiaberta.

– Quer dizer que você... Que o menino é filho seu com Eduardo Queirós?! E ele ainda não sabe?

Inês apresentou seus motivos e, por incentivo da mãe, procurou Eduardo Queirós logo no dia seguinte para pô-lo a par de tudo.

– Não! – suspirou ele, estarrecido. – Você só pode estar brincando comigo, né, Inês? Isso não pode ser verdade. Custa-me acreditar.

– Mas é verdade, Eduardo. Eu sinto muito.

– Quer dizer que o seu primeiro filho com Gabriel na verdade é meu filho?

– Nós tivemos uma tarde de amor, lembra?

– Ainda custa-me acreditar.

– É tão odioso assim?

– Não é odioso. Só que... Você deveria ter me contado tudo há muito mais tempo. Pelo visto não pretendia me contar nada.

– Por medo que você se revoltasse contra mim.

– E estou mesmo revoltado por você ter me ocultado isso durante todos esses anos.

– Eu ia lhe contar tudo, tudo, mas então você me falou sobre a Débora e sua paixão por ela e...

– Estou sem palavras. Como você pôde ter feito o que fez? Você me usou, usou o Gabriel, usou o nosso próprio filho. Você brincou com os sentimentos de nós três, você manipulou o destino... Inês, você foi horrível.

– Não precisa me destruir assim, Eduardo. Eu só fiz o que fiz porque o amava.

– Não, você fez o que fez para se garantir. Foi por um amor egoísta, voltado somente para você.

Ele abaixou a cabeça e chorou. Eduardo, por sua vez, não teve pena:

– Eu vou exigir meus direitos perante essa criança, Inês. Pode estar certa.

A notícia causou grande furor na família de Eduardo e quando sua esposa soube de tudo, ela foi a única a compreender melhor a situação. Ainda assim, a família Queirós exigiu um teste de DNA para comprovar que o menino era mesmo filho de Eduardo.

Na sua próxima visita à mansão dos Matarazzo, Inês apareceu de mãos dadas com Daniel. Gabriel, ao vê-lo, logo se enfezou:

– Inês, eu sinceramente não gostaria que trouxesse esse menino aqui. Você sabe o que ele me recorda, a mim e a minha família.

– Eu sei.

– Então, por favor. Sei que ele é irmão do Lucas e que irmãos devem ser amigos e compartilhar momentos, mas não aqui. Na casa de vocês, tudo bem, aqui não, eu sinto muito.

– Gabriel.

– Inês, compreenda-me. Aprendemos nestes últimos meses a nos dar bem e não quero que isso se estrague, especialmente pelo nosso Lucas. Uma boa relação entre mim e você pode fazer diferença positiva para o nosso menino.

– Eu sei.

– Então, por favor...

– Antes quero que veja isso.

Ela lhe estendeu um papel que ele tomou de sua mão, olhando seriamente para ela.

– O que é isso?

– Acho melhor você ler.

Rapidamente ele atendeu ao seu pedido.

– Trata-se de um exame de DNA. Pelo que li foi pedido pelo Eduardo. Certo?

Ela confirmou com a cabeça.

– O resultado aqui deu negativo. É isso mesmo?

– Sim.

– Sei e daí?

– Você ainda não compreendeu, Gabriel?

Ele enviesou o cenho.

– Onde você quer chegar? Seja clara, Inês.

– Ora, Gabriel, o documento prova que o Eduardo não é o pai do Daniel como eu pensava. Como eu sempre pensei que fosse. Foi a família dele que exigiu que fosse feito esse teste para se certificarem se realmente ele era o pai do menino.

– Se ele não é o pai do garoto, Inês quem é, então? Com quantos mais você me traiu? Diga. Já estou preparado para ouvir.

Ela engoliu em seco.

– Responda, Inês.

— Não seja grosseiro.

— Eu, grosseiro? Acabo de descobrir que você me traiu com mais de um e depois eu que sou grosseiro? Ah, Inês, por favor.

— Quanto tempo ainda você vai levar para perceber que se o Eduardo não é o pai do Daniel, o pai dele só pode ser mesmo você, Gabriel? Você!

Assustado com a hipótese, Gabriel estremeceu. Voltou a ler o exame e depois voltou seus olhos abobados para Inês, detendo-se ali por quase um minuto. Só então ousou encarar novamente o pequeno Daniel, parado ao lado da mãe, de mãos dadas com ela. Sua expressão mudou assim que o garotinho sorriu para ele.

Inês voltou a falar, dessa vez, em tom de desabafo:

— Eu quis tanto que o Daniel fosse filho do Eduardo, que jamais pensei que não fosse.

— Quer dizer... – vieram lágrimas aos olhos de Gabriel.

Inês afirmou com um balanço positivo da cabeça e Gabriel estremeceu mais uma vez. Tentou falar, mas, de repente, as palavras não vinham. Foi assim por quase três minutos. Só então ele disse:

— Por sua culpa eu vivi longe do meu filho por todo esse tempo? Do meu filho?! Você foi cruel, Inês.

— Eu não sabia. Como eu podia imaginar que...

— Eu também fui um estúpido. Se você se deitava comigo, eu também poderia ser pai do garoto...

— É que eu achei *ele* tão bonito, que pensei...

— Que jamais poderia ser meu filho, não é isso?

— É.

Uma breve pausa e ele tomou o menino nos braços, abraçando-o forte.

— Desculpe seu pai – pediu ele, chorando copiosamente. – Desculpe-me por tê-lo desprezado nesses últimos anos. Por tê-lo deixado desamparado, longe do meu afeto.

E novamente ele abraçou o menino que parecia feliz ao se ver acolhido em seus braços.

— Nunca mais eu hei de me afastar de você, meu querido – continuou, emotivo. – Serei o melhor pai do mundo para você e seu irmão, pode acreditar.

O abraço se repetiu, uma vez mais, e, a seguir, Gabriel levou o menino junto consigo para dar a grande notícia a sua família.

Enquanto isso, na casa de Danilo e Lídia, Danilo trocava seu filho que sorria sem parar e movia as perninhas dificultando a troca.

– Calma aí, meu rapaz! – pediu Danilo, adorando a situação.

E o menino continuava se divertindo com o momento. Danilo jamais pensou que ser pai fosse tão maravilhoso. Quando Lígia descobriu que estava grávida pela segunda vez, a novidade foi recebida novamente com grande alegria e festa por todos.

Nesse ínterim, Juliano fazia seu Cooper habitual pelo parque do Ibirapuera, quando Vitória do Brasil, correndo na direção contrária à dele, distraiu-se e colidiu com sua pessoa.

– Olha por onde anda, *fia* – reclamou Juliano, endereçando-lhe um olhar nada amistoso.

– Desculpe – disse ela, rapidamente.

– Desculpo, não! Preste melhor atenção da próxima vez.

– Você é muito grosso, sabia?

– E você é muito *loira*.

– Preconceituoso.

– Bah! – ele fez um gesto de desdém com as mãos e voltou a correr.

Foi então que avistou novamente um pai, bem jovem, brincando de bola com seu filho de não mais que cinco anos de idade. Cenas repetidas já haviam despertado sua atenção noutras vezes, comovendo, de certo modo, seu coração. Feito com que ele se lembrasse da época em que o pai também o levava para brincar no parque ou no jardim da casa em que moravam no Jardim Europa. Algo sempre muito agradável de se recordar, porque era simplesmente sensacional passar aqueles bons momentos ao lado de José Augusto.

Naquele dia, Juliano voltou para casa pensando no quanto seria bom ter um filho para se divertir com ele no parque, como via muitos pais fazerem com os seus. Ao encontrar José Augusto, comentou com ele o que viu e o que se lembrou naquele dia.

– Eram realmente momentos maravilhosos – admitiu José. – Pena que o tempo destrói essas preciosidades.

– Senti até vontade de ter um filho, sabe? – completou Juliano num momento de trégua com seu pai.

— Mas, Juliano, você já tem um. Dois, na verdade.
— Ah, *p-a-p-a-i,* por favor. Aquele menino nasceu contra a minha vontade e a menina, é uma menina, não um menino.
— Ainda assim são seus filhos e podem muito surpreendê-lo.
— Sei não. De qualquer modo, eu preciso me concentrar agora na minha carreira política. Preciso ganhar a próxima eleição a todo custo. Eu tenho de ser alguém.
— Juliano...
— Eu ainda vou ser alguém, o Senhor vai ver.
— Juliano.
— O que é?
— Você já é alguém. Ninguém precisa ser algo que já se é, por natureza divina.
— Mas eu quero ser alguém para a sociedade.
— Como eu fui um dia e descobri que só era, porque tinha dinheiro e status; depois que perdi tudo, perdi todos. Acha mesmo que vale a pena qualquer sacrifício por isso?
Por mais que tentasse, o rapaz não conseguia compreender o real significado das palavras do pai.

Capítulo 32

Juliano em campanha política

Juliano Bianucci havia sido convidado para participar de um programa de entrevista numa estação muito popular de rádio FM de São Paulo. Ao chegar ao local, o mais paparicado político da ocasião foi apresentado a Vitória do Brasil que também aguardava para tomar parte do programa em que ele seria entrevistado.

– Você?! – espantou-se Juliano assim que prestou melhor atenção à moça. – Epa! Eu te conheço, não?

– Que eu saiba, não – respondeu Vitória em tom ponderado e objetivo.

Olhando com crescente curiosidade para a figura a sua frente, Juliano exclamou:

– Conheço *você,* sim! Foi a doida que outro dia trombou comigo no Ibirapuera.

Os olhos dela se arregalaram no mesmo instante.

– E você é o mal-educado, sem graça, que me tratou grosseiramente.

– Você fez de propósito, confessa. Queria ter um bom motivo para puxar papo com um cara bonitão como eu e fez aquilo.

– Por favor.

– Confessa, vai.

– Vê se *te* enxerga.

– Eu me enxergo, sim e você?

A moça se segurou para não lhe dizer mais algumas. Abriu a bolsa e tirou de dentro dela, um vidrinho de florais de Bach, do qual pingou algumas gotinhas debaixo da língua. O *rescue* a ajudaria a se acalmar.

A seguir os dois foram conduzidos até o interior do estúdio, onde

251

o programa seria transmitido e onde ambos foram apresentados devidamente ao radialista que conduziria o programa. Só então Juliano se tocou que Vitória do Brasil participaria de sua entrevista e não gostou nem um pouco de tê-la ali.

— Essa mulher tem mesmo de tomar parte? — exaltou-se ele, ainda que seu assessor, discretamente, pedisse a ele para se controlar e continuar parecendo polido diante de todos.

— Não me calo, não! — enfezou-se Juliano com o sujeito. — Não fui com a cara dessa fulana desde que ela trombou comigo no parque, de propósito.

— Juliano, shh. Não fica bem você, um político em ascensão, tratando uma mulher com tanta grosseria.

— Eu quero que se dane.

— Acho que vou ter de pedir a ela umas gotinhas de floral para você tomar.

— Ah, por favor... Isso é coisa de bicha.

Nada mais pôde ser dito, pois o programa de entrevistas entrou no ar.

— Boa tarde, galera! — começou o radialista, esbanjando simpatia. — Meus queridos ouvintes, hoje, no nosso programa, teremos a presença de um dos políticos mais em destaque da atualidade: Juliano Bianucci. E também da jornalista, cada vez mais querida por todos, Vitória do Brasil, do jornal de bairro mais popular da cidade e do blog anticorrupção no país. Juliano, Vitória, é um prazer ter vocês aqui comigo. Obrigado por terem vindo. Gostaria de começar o programa de hoje, perguntando ao candidato Juliano, quais são seus objetivos em prol da nação, caso eleito.

Juliano, como aconselhado, mentiu, mentiu e mentiu, falando tudo aquilo que, segundo consta, poderia angariar-lhe votos.

— Passo agora para a jornalista Vitória do Brasil, o direito de fazer perguntas ao candidato.

— Obrigada — agradeceu a moça, lançando a seguir um olhar desafiador para Juliano que a enfrentou de cabeça erguida. — Muito bem, candidato Juliano Bianucci. Segundo soube, certa vez, o candidato deixou a casa de sua ex-esposa, no bairro dos Jardins, nu, completamente nu, e andou por alguns bons quarteirões dessa forma. Isso confere?

— Sim, é verdade.

— Como o candidato espera contribuir para uma sociedade

decente dando exemplos como este? Saindo nu pelas ruas, mostrando sua genitália a quem quer que fosse. O Senhor acha que isso é realmente um bom exemplo para os jovens?

– Calma aí, minha querida. Não tire conclusões apressadas.

– Não?! Explique-se.

– Deixei a casa naquelas condições, porque fui humilhado pela família da minha ex-esposa. Por terem muito dinheiro, pertencerem à elite paulistana, ofenderam-me por eu não mais pertencer a ela. Quando meu ex-sogro atacou-me com palavras, dizendo que eu não deveria sair do meu casamento, nem levando a roupa que eu vestia, porque tudo que eu tinha fora comprado com o dinheiro dele, eu, num momento de revolta, despi-me e fui embora. Senti-me humilhado e me sentiria ainda mais se partisse dali, levando aquele desaforo para casa. Mas você tem razão, não fica bem um homem do meu porte, da minha condição social, sair nu por aí.

Ele era realmente um político nato, percebeu Vitória, ao vê-lo reverter a situação a seu favor. Mas ela ainda tinha outras perguntas para *pegá-lo,* como se diz, na gíria.

– Soube também que recebeu uma proposta de uma revista gay para posar nu. Confere?

– Confere.

– Dizem que você não aceitou porque é homofóbico.

– Mentira.

– Dizem que suas palavras foram: detesto veado.

– Olha... Como é mesmo o seu nome? Ah, Vitória... Pois bem, Vitória. Todos sabem que nós vivemos num país preconceituoso... Que o mundo é repleto de preconceito. Se eu aparecesse numa revista destinada ao publico gay, seria massacrado pelos conservadores. Não posaria também porque não ficaria bem para mim, pai de dois filhos, político e cristão. Mas não tenho nada contra os gays, pelo contrário, estou disposto a lutar pelos seus direitos como *cidadões...*

– Cidadãos.

– Cidadãos, cidadões, sou do povo, Vitória, falo como o povo.

A moça ergueu os olhos, indignada mais uma vez com a lábia de Juliano. Esperava, contudo, tirar-lhe a máscara com sua próxima pergunta:

– Soube que foi preso por não ter pagado a pensão alimentícia do seu filho.

– Fui. Fui sim! O que me ensinou muito.

– Por que não pagou? Se fosse honesto e correto, realmente, teria pagado devidamente.

– Mas não tive condições. Tanto que fui trabalhar na feira. É isso mesmo o que a senhorita ouviu.

– Na feira?!

– Juro por Deus. Meu querido e adorado Deus.

E Juliano relatou sua experiência como feirante. Mais uma vez, Vitória do Brasil não se deu por vencida.

– Você é político mesmo porque gosta, ou é por que não teve talento para ser outra coisa?

– Mas que atrevimento da sua parte, atacar-me assim... Até parece que tem alguma coisa contra mim. Eu não *te* fiz nada.

– Sou contra qualquer indivíduo que se torna político, pelo simples propósito de chegar ao poder, para lucrar às custas do povo brasileiro. Isso eu não aceito, não vou aceitar jamais, por isso fico atenta a todo e qualquer candidato.

– Faz bem – concordou Juliano, com a cara mais deslavada do mundo. – Você é mesmo das minhas, lutando por um Brasil melhor e menos corrupto. Parabéns! Você me enche de admiração.

Vitória dessa vez perdeu o rebolado.

Juliano partiu da rádio, sentindo-se um vitorioso. Ao chegar à sede de seu partido, foi elogiado pelos dirigentes, por ter conseguido se safar da jornalista, por meio de respostas rápidas e inteligentes. Mas Vitória do Brasil não era de se deixar enganar tão facilmente. Ela estava disposta a desmascarar futuros e atuais políticos, cujo interesse era depenar o país em proveito próprio. Nada a faria desistir do seu propósito.

Dias depois, no parque do Ibirapuera, Juliano e Vitória do Brasil se encontravam novamente, sem querer. Tanto ele quanto ela se peitaram mais uma vez pelo olhar. Foi quando ele parou numa das lanchonetes do lugar, que ambos novamente ficaram face a face.

– Com tanta gente bonita para eu cruzar nesse parque – disse ele, articulando bem as sílabas, com o propósito de feri-la realmente –, tinha de ser com você que...

Vitória não deixou barato:

– Eu ainda vou apanhar você, Juliano Bianucci. Vou provar

diante desta nação, que você não passa de mais um político corrupto, disposto a depenar o Brasil.

– Tenho pena de você. Qual é o seu problema, hein? Falta de homem, é? Olha, nem que restasse somente você, de mulher, no planeta, eu *te* daria um trato. Não mesmo. É bonitinha, confesso, mas mulher chata comigo não tem vez.

– Você é mesmo um sujeito desprezível. Eu Jamais o deixaria me tocar.

– Vá procurar sua turma, sua doida. Mal amada. Fui!

E ele partiu, antes que saíssem mais faíscas do encontro dos dois.

Com o crescimento do restaurante, Sônia Regina contratou dois sujeitos para o ajudarem na cozinha. Inexperientes com culinária eram bem mais fáceis de serem ensinados a fazer tudo a seu gosto. Foi isso que ela aprendera com gente especializada no assunto. Foi assim que Érico Benedito, um dos contratados, conheceu Inês, e começou a se interessar por ela, algo que ela ainda levaria algum tempo para perceber.

Convidado para outro programa de rádio, numa outra estação, Juliano chegou entusiasmado ao local. Contudo, ao encontrar Vitória do Brasil ali, surpreendeu-se e se irritou, a olhos vistos

– Você, aqui? Isso me parece mais uma perseguição. Um encosto! – Ele bateu três vezes na madeira. – Sai pra lá, Exu!

Ela desdenhou seu comentário, fazendo uma careta de nojo.

– Vocês dois parecem duas crianças birrentas – argumentou o assessor de Juliano que rapidamente se defendeu:

– É ela quem me persegue. Essa mala sem alça.

– Cuidado – atalhou Vitória, seriamente. – Porque eu posso lhe jogar nas costas uma lei Maria da Penha...

– Eu nem sequer a agredi.

– Por enquanto.

– Disse bem: por enquanto. Porque chata como é, é bem capaz de provocar a fúria de um homem. Fazê-lo perder a cabeça.

– Palavras também ferem e machucam uma mulher. Por isso posso me sentir ferida...

– Ah, coitadinha...

Ele riu, exagerado e debochado. Depois, medindo-a de cima

a baixo, completou, ácido:

— Você não deve ter mesmo coisa melhor para fazer da vida, né? Se tivesse pelo menos um homem interessado na sua pessoa... Hum!

Os olhos dela se encheram d'água.

— Ofendi a belezinha, foi?

Ela, muito emotiva, respondeu:

— Sua pessoa me causa repulsa. Assim como a maioria dos políticos brasileiros.

— Se não gosta de nenhum, por que você não se afasta de todos? Faça como se deve fazer com um programa de TV indesejado, mude de canal, se não está contente.

— Antes eu pudesse desligá-lo da vida, como se desliga uma TV.

— Mas não pode, meu anjo. Não, sem ir para a cadeia.

Anunciou-se a seguir que o programa iria começar e Juliano, como sempre, conseguiu sair inteiro das perguntas de Vitória do Brasil, feitas com o propósito de revelar suas verdadeiras intenções por trás da máscara de bom sujeito que ele interpretava tão bem. Ao término do programa, Juliano, num momento raro de humildade, aproveitou para promover o restaurante de seus pais.

— Vou aproveitar para falar do restaurante que meus pais abriram na Joaquim Távora, Vila Mariana. Vale a pena conhecer. A comida é muito boa.

Vitória, delicadamente o interrompeu:

— Nossa, aproveitando para fazer um *merchan...*

— De algo bom, se não fosse, não faria.

— Então não deveria ter dito nada sobre você, porque sinto que de bom, você não tem nada.

O radialista não esperava por aquilo, tanto que ficou temporariamente sem saber o que dizer.

— Gente, o que é isso?

— Pode deixar ela falar — defendeu-se Juliano, fingindo calma. — Não tem problema, não. O que vem de baixo não me atinge.

— Que frasesinha mais medíocre — revidou Vitória, soltando um risinho de escarninho. — Típica de quem não tem cultura suficiente para dizer algo mais inteligente. Você nem sequer é formado, é?

— Não, mas isso não quer dizer que eu não tenha capacidade. Muitos atores de Hollywood só cursaram até o colegial. Os do

Brasil, também.

– É... Só que há uma diferença muito grande entre um ator e um político que se dispõe a cuidar de uma cidade, um estado ou um país, não acha?

Juliano contou novamente até dez; não só para se conter diante do comentário, mas também porque se viu sem chão, pela primeira vez, para responder-lhe à altura.

– Você insiste em me ferir, não é mesmo? – optou ele, por uma chantagem emocional. – O que eu lhe fiz, hein?

– A mim, por enquanto, nada, agora, pela nação, pode fazer e muito de errado para prejudicar os brasileiros. O candidato perfeito para cuidar de uma cidade, um estado ou um país não deve ter somente caráter, ser, enfim, exemplo de tudo que se define de bom num ser humano, precisa ter estudo também. ESTUDO!

– Ah, por favor...

O radialista decidiu novamente interromper a discussão antes que se tornasse pior e chocante demais para os ouvintes.

– E agora, com vocês, uma das mais belas canções de Caetano Veloso: "Você é linda!".

Assim que os dois deixaram o estúdio, Juliano voltou a ser quem era longe do foco da mídia.

– Escute aqui, garota – disse, com raiva explícita. – Quando me vir por aí, mude de calçada, rua, carro, avião, ônibus e metrô, tá?

Ela, fuzilando-o com os olhos, respondeu gravemente:

– Faça o mesmo por mim.

Sem mais, Juliano partiu, resmungando feito um velho ranzinza. Nunca havia conhecido uma mulher tão desagradável como aquela em toda vida.

Vitória, por sua vez, voltou para sua casa, pensando no marido que morrera tão moço e tanta saudade lhe deixou. Juliano Bianucci era mesmo um sujeito insensível, além de mau-caráter, e o Brasil não merecia ter mais um político desse perfil no poder.

Dias depois, Érico Benedito tomou coragem de se aproximar mais de Inês, a ponto de convidá-la para ir ao um cinema na Av. Paulista. Seu convite realmente a surpreendeu, pois só então ela se deu conta de que ele estava interessado nela. Todavia, agradeceu-lhe pela gentileza, inventando uma desculpa para não ir. Não desejava alimentar falsas esperanças no sujeito.

Tempos depois, Juliano, enquanto espiava o movimento do restaurante dos pais, avistou Vitória do Brasil chegando ao local, acompanhada de alguns amigos. No mesmo instante, ele se arrepiou como acontecera nas últimas vezes em que encontrou a moça. Contudo, teve uma ideia, para irritá-la. Para espanto de seus pais, decidiu ele próprio anotar os pedidos da mesa que ela ocupou.

Ao vê-lo, Vitória estremeceu.

– Você?!

– Ora, você! – respondeu ele, mais cínico do que nunca.

Ela se avermelhou toda.

– Aqui não vai me tratar mal, vai?

– Não, é lógico que não! – respondeu ele, sorrindo amarelo para ela. – Porque aqui os fregueses têm sempre razão.

– Que bom ouvir isso de você. É sinal de que tem algum juízo nessa cabecinha.

– Tenho, tenho sim. Mas cuidado. Todos sabem que quando um cliente não é *nice* com o garçom, muitos deles cospem na comida que lhes servem.

– Você não ousaria.

– Será?

– Prejudicaria a imagem do restaurante ao ser descoberto, seria demitido.

– O restaurante é dos meus pais.

– Ah?! O tal que você fez *merchan* na rádio.

– O próprio.

– Pois bem, só uma besta mesmo faria algo para prejudicar o restaurante dos próprios pais.

– Ainda acho que valeria a pena.

E novamente os dois se enfrentaram pelo olhar.

– E olha – continuou ele, no seu tom mais cínico –, não vá pôr fio de cabelo na comida, só para sair daqui sem ter de pagar pelo que pediu, ok?

– Tenho índole, meu caro. Algo que você, certamente, desconhece.

– Sei...

– Saiba, que depois de eu vê-lo aqui, eu certamente iria embora com meus amigos. Porque sua presença me incomoda, tremendamente. Mas se eu for, sei que você ficará feliz, por isso, não vou

lhe dar esse gostinho. Eu, não!
— Então vai ter de me suportar, tanto quanto eu terei de suportá-la.
— É isso mesmo.
— Então tá. É guerra que você quer, é guerra que você terá! — e rindo completou: — Brincadeirinha.

Sorrindo, cinicamente, ele indicou a todos, os pratos mais elogiados do restaurante e anotou os pedidos. Ao perceber que ele, por dentro, estava explodindo de raiva, Vitória do Brasil se deliciou com a situação.

Minutos depois, tudo foi servido devidamente e muito elogiado por Vitória e os seus; contudo, na hora de recolher os pratos, Juliano não se conteve, derrubou propositadamente um copo com refrigerante sobre a moça.

— Você fez de propósito! — ralhou ela, quase chorando de raiva.
— Não, juro que não! — respondeu ele, fazendo voz de coitadinho.
— Você é um cínico...
— Calma, não há motivos para se irritar tanto. A não ser que já chegou aqui irritada, porque anda irritada, constantemente, por não ter um homem, né? Ou o teu lance é mulher?

Sem pensar duas vezes, Vitória lhe deu um tapa no rosto.
— Cara, você é muito babaca.
— E você deve ser muito mal amada.

Outro tapa e ele massageou a face. Logo, José Augusto correu para lá na esperança de apaziguar a situação.
— Vitória, minha querida, desculpe.
— Vocês se conhecem?! — espantou-se Juliano.
— Sim, do Centro — respondeu o pai, enquanto entregava toalhas de papel para a cliente se secar.
— Essa é demais.

Assim que Juliano se afastou, pisando duro, Vitória voltou a falar com José Augusto:
— Quer dizer que o Senhor é pai desse... Jamais poderia imaginar que um senhor tão simpático e espiritualizado tivesse um filho tão... — ela novamente suspendeu o que ia dizer.
— O Juliano, vez ou outra, é mesmo meio estourado, peço desculpas por ele.

— O senhor é pai, eu entendo.
— Obrigado. Depois desse incidente, seu pedido é uma cortesia da casa.
— Não, eu faço questão de pagar. Depois, o seu filho vai me jogar na cara que eu... O Senhor sabe como ele é.
— Mil perdões, mais uma vez.
— O Senhor é um homem e tanto, não tem culpa de ter um filho como... Desculpe-me, novamente. Fui indelicada.
— Tudo bem.

Assim que Vitória com seus amigos partiram, Juliano voltou-se para o pai e falou, furioso:
— Eu odeio essa mulher. Simplesmente odeio!
E ele estava realmente sendo sincero.

Semanas depois, Danilo comemorava o final de sua residência. Uma nova etapa vencida. Outras viriam, mas ele se mantinha disposto e preparado a passar por todas. Semanas depois, Lígia dava à luz ao segundo filho do casal, uma linda garotinha que se chamou Isabela, grande alegria para todos novamente.

Capítulo 33

A vitória de Juliano

Com a aproximação das eleições de 2008, muitos candidatos eram convidados para entrevistas e debates na TV. Juliano foi um desses convidados para debater as necessidades da cidade, dos estados e do país; e foi onde ele, novamente, encontrou-se com Vitória do Brasil, face a face.

– Quem convidou essa mulher? – rilhou ele com seu assessor. – Em todo lugar que eu sou convidado, ela tem de aparecer, é?

– Fale baixo – pediu o assessor em meio a um sorriso fingido.

– Mais um pouco e eu torço o pescoço dela.

– Dizem que o amor e ódio andam de mãos dadas, meu caro.

– Ah, por favor. Olhe pra mim. Sou do tipo que pode ter a mulher que eu desejar. Não preciso de esmolas.

– *Tá.* Agora relaxe e se concentre para não fazer feio na entrevista. Lembre-se de que o programa é ao vivo, estará sendo transmitido ao vivo para milhões de telespectadores.

– *Tá.*

E o programa foi ao ar com Juliano se sentindo mais tenso do que de outras vezes em que participara de algo do gênero. Vitória do Brasil, percebendo sua fraqueza, aproveitou-se para tirar proveito dela, fazendo-o perder o rebolado diante de todos que assistiam ao programa.

Eu preciso vencer essa eleição, repetia Juliano para si mesmo, em silêncio. É a única forma de eu me tornar alguém, de eu ser superior ao Danilo. De eu sentir orgulho de mim mesmo. Por isso eu preciso fazer bonito diante de todos, preciso convencer todos a votarem em mim. Em mim!

O que Vitória disse a seguir, atingiu Juliano da pior forma.

– Sabe quem você é, Juliano Bianucci. Um *cara* que, sem talento para ser feliz numa profissão de respeito, por nunca ter sido responsável como deveria, sem ver outra escolha, optou por ser político. Aproveitando-se da simplicidade alheia, que é capaz de acreditar em você, só pela aparência bonita que tem, sem contar com o que ela esconde, que é seu verdadeiro íntimo, suas verdadeiras intenções por trás da sua ambição de alcançar o poder.

Ele permaneceu mudo, olhando esquisitamente para ela. Por um momento, todos ali pensaram que ele ia perder as estribeiras e saltar sobre ela. O suspense permaneceu. Ela, mirando fundo seus olhos, voltou a desafiá-lo:

– Estou certa, não estou?

Ele continuou mudo, causando grande comoção no recinto.

– Quem cala, consente? – desafiou ela mais uma vez.

O clima pesou ainda mais.

– Senhor Bianucci – chamou-o o apresentador. – Está tudo bem com o senhor?

Finalmente ele pareceu voltar a si.

– Está, sim.

– O Senhor tem algo a dizer a Dona Vitória do Brasil, diante do que ela acabou de dizer?

Ele abaixou a cabeça, refletiu por segundos e finalmente disse:

– Sim. Tenho, sim.

– Então, por favor...

Ele novamente encontrou os olhos dela, estudou-os atentamente e disse:

– Ela está certa.

Rapidamente ecoou pelo estúdio um murmúrio de vozes.

– O que foi o que o Senhor disse? – questionou o apresentador, mal acreditando no que ouvira.

– Eu disse que ela está certa em tudo que disse a meu respeito.

– O Senhor pode se fazer mais claro?

– Certamente que posso. – Ele tomou ar e prosseguiu: – Sou mesmo um *cara* que viu na política a chance de enriquecer. A chance até mesmo de ser feliz. De ser alguém admirado na sociedade, sem ter méritos verdadeiros para isso. Nem formado eu sou. Não porque não tive oportunidade de estudar, mas porque sempre odiei estudar, nunca tive responsabilidade para com os estudos. Para que me preocupar com estudos se meu pai era milionário? Para quê, era o que eu sempre me perguntava. Mesmo depois da falência do meu pai, continuei incapaz de estudar devidamente. Pelo contrário, aproveitei-me da desculpa de que não tinha mais *grana* para pagar a faculdade, para me safar dela, de uma vez por todas.

– Mas o Senhor na sua campanha defendeu tanto a importância dos estudos na vida do jovem.

– Defendi, para que eu parecesse bonito diante dos outros. Também porque hoje eu realmente acho, ou melhor, tenho a certeza, de que o estudo é realmente importante na vida de qualquer um. Não importa a profissão que se escolha fazer, o estudo amplia a nossa inteligência. E tem mais, durante a campanha, eu abracei as causas da minoria, sendo que eu nunca me importei com a minoria; tampouco gosto da minoria. Nunca gostei de gay, sempre tirei sarro de todos. De preto, então, sempre mantive distância. Sou racista, sim! Racista e preconceituoso. E não vou à igreja também, a nenhuma, porque nem sei se acredito em Deus. Sabe o que eu sou, na verdade? Uma mentira ambulante para tentar me eleger. Pelo menos, fui essa mentira, agora, ufa, estou me libertando dela. Porque mentir cansa, sabe? Ter de visitar favela quando se sente ojeriza por elas, ninguém merece. Ter de abraçar criança com ranho no nariz, quando se tem nojo e gays, quando não se suporta um, é pavoroso. É desgastante e, por mais que eu fosse recompensado financeiramente ao ser eleito, o preço que se paga para chegar lá, não me agrada nem um pouco. Isso se eu chegar lá, *né?*

Ele fez uma pausa, umedeceu a boca com água e prosseguiu:

– Além do mais eu tenho dois filhos, um casal, não quero que eles se tornem um *cara* como esse que eu me tornei nos últimos tempos. Quero ser exemplo para eles, como o meu pai, o meu avô e o meu bisavô tentaram ser para mim. Se for para eu ser político, quero ser exemplo para uma geração, para muitas, infinitamente.

Mas eu aprendi muito durante esse meu envolvimento com a política. Aprendi que o político ideal é aquele que assume o poder, para trabalhar pelo povo de sua cidade, estado ou país, como acontece em países mais evoluídos, e quando não trabalham

263

devidamente, são demitidos como acontece numa empresa cujo funcionário não trabalha de acordo. O político brasileiro, honesto e consciente, quando eleito, não deve jamais se esquecer de que ele é apenas um empregado do povo brasileiro, se não agir corretamente, um próximo deve assumir seu lugar.

Ele suspirou e acrescentou, emotivo:

— Nesse período, eu também percebi que Deus deu a todos nós um planeta lindo para se morar, mas que é preciso cuidar dele devidamente, para que continue em perfeitas condições para a nossa existência. A mesma missão é dada aos dirigentes de uma cidade, um estado ou um pais. Se não fizerem bem feito, sofreremos pela sua má administração e... Eu quero um país maravilhoso onde meus filhos sintam orgulho de morar e dizer, pelo mundo afora, que são brasileiros. Não um país que lhes cause vergonha por ser devorado pela corrupção, feita em cima da ingenuidade das pessoas. É isso o que eu realmente sonho para a minha pátria. Pátria minha tão sofrida desde muito, muito tempo.

O silêncio permaneceu quando Juliano fez nova pausa. Então, ele se voltou para Vitória do Brasil e disse:

— Quanto a essa mulher, essa Senhora, eu só tenho a agradecê-la por ter me dado coragem suficiente para assumir diante de todos quem sou realmente e quais eram minhas verdadeiras intenções ao me candidatar. Em meu nome e dos meus filhos eu, sinceramente, só tenho a agradecê-la. Obrigado, obrigado por ter me feito dizer a verdade, o que eu realmente sentia em relação a tudo isso.

Vitória do Brasil estava pasma com a transformação de Juliano Bianucci, juntamente com todos os brasileiros que assistiram ao programa de TV. No dia seguinte, não se falava noutra coisa na mídia e pelo boca a boca senão em Juliano e na sua coragem de assumir, diante de todos, quem no íntimo era. O mais emocionante para todos foi perceber o quanto ele estava disposto a mudar para se transformar num sujeito que realmente fosse motivo de orgulho para os seus.

Os eleitores diziam, abertamente, que era de um sujeito assim que o Brasil precisava para prosperar. Um político que teve a coragem de dizer o que pretendia, abertamente, num programa ao vivo de TV.

Juliano se surpreendeu quando o padrinho apareceu na casa dos Bianucci para lhe dizer algumas palavras.

– Padrinho, será que o Senhor consegue para mim alguma coisa na fábrica de caixões? Depois de eu ter desistido da política, estou necessitado outra vez de trabalho e... Tenho pensão alimentícia para pagar e quero também voltar para a faculdade. De que me adiantará pedir aos meus filhos um dia que cursem uma faculdade, se eu não tiver cursado uma por puro desleixo?

– Juliano, meu bom Juliano, que bom ouvi-lo dizer tudo isso. Que bom vê-lo desperto para realidades mais admiráveis no ser humano. Sinto orgulho de você agora.

– É, depois de tantos tropeções, acho que aprendi a ser um sujeito melhor.

– Acho mesmo é que você cresceu como pessoa e como espírito.

– Talvez.

– Agora me diga, como vai trabalhar na fábrica se abomina caixões?

Juliano riu.

– Padrinho, meu padrinho, a morte é inevitável, não é mesmo? Portanto, acho que está mais do que na hora de eu me acostumar a ela.

Os dois riram.

– Que faculdade pretende cursar?

– Vou retomar a faculdade de administração. De todas as profissões, é a que eu mais me identifico, a que eu acho que realmente eu possa vir a executar com supremacia no futuro.

– Que bom ouvir isso. Aquela moça teve grande importância na sua coragem de se abrir diante de todos.

– Totalmente.

– Você não a viu mais?

– Não. E é melhor assim. Ela não me suporta. Eu também não...

– Mesmo depois de ela...

– O Senhor tem razão, pensando bem, agora, acho que já não me importo mais com ela; afinal, ela já não tem mais por onde me atacar, não é verdade? E isso é bom.

O padrinho, batendo de leve mais uma vez nas costas do afilhado, elogiou-o.

— Quando posso começar? — perguntou Juliano demonstrando empolgação.

— Amanhã mesmo! — respondeu o padrinho, animado.

O próximo passo de Juliano foi procurar Cleide Pereira em sua casa.

— Você aqui, que surpresa!

Ele limpou a garganta para se fazer claro:

— Andando pelo parque do Ibirapuera, vi tantos pais brincando com seus filhos, que senti vontade de fazer o mesmo se tivesse um. Só então me toquei que já tinha um e nunca lhe dei um pingo de atenção sequer... Estou aqui para isso, quero conhecer o garoto, quero que ele me conheça e que possamos sair juntos para ir ao parque, jogar bola, tomar sorvete, brincar... Levar, enfim, uma vida *legal* entre pai e filho.

Cleide, ainda abobada com o que ouviu, respondeu:

— Muito me admira ouvir isso de você, Juliano.

— Eu também estou admirado comigo, por ter chegado a esse ponto. Ao mesmo tempo, estou também contente por isso tudo ter ocorrido. Pode ser a oportunidade que estava faltando para eu descobrir, finalmente, a importância de um filho na vida de um *cara,* muitas vezes, babaca como eu, e a importância de um pai na vida de um filho.

— Nunca é tarde para se tornar um *cara* melhor, não é mesmo?

— Ao que parece...

— Vou chamar o Felipe. Quer entrar?

— Não, estou bem aqui.

Um minuto depois, a moça reaparecia trazendo pela mão, o filho já com 6, 7 anos de idade na ocasião.

— Felipe, meu filho. Esse é o seu pai que você tanto queria conhecer.

— Meu pai?! — o menino abriu um sorriso bonito.

Juliano agachou-se de cócoras e saudou o garoto, com mais simpatia:

— Olá, Felipe, como vai?

O sorriso do menino foi mais tímido dessa vez.

— Vim convidá-lo para dar uma volta no parque, o que acha da ideia?

O sorriso do garoto voltou a se ampliar e para lá foram os dois, a princípio, imersos em certo constrangimento até que foram se acostumando com a presença um do outro, em meio às voltas pelo parque, admirando os patos deslizando sobre o lago do lugar e aproveitando os brinquedos ali disponíveis para todos. Juliano se deixou envolver tanto pelo menino que quando se deu conta, estava com o garoto sentado em seus ombros, conversando com ele, como se fosse seu melhor amigo.

Ao chegar a sua casa, Juliano procurou José Augusto para lhe contar as últimas.

– Hoje fui buscar meu filho na casa da mãe dele.

José Augusto se surpreendeu com suas palavras.

– Que bacana, Juliano.

– De tanto ver *caras* como eu, no parque, brincando com seus meninos, senti vontade de ter um filho, foi então que me lembrei que já tinha um, na verdade, dois e... Lembrei também, da época em que o Senhor me levava ao parque e jogava bola comigo, e era sempre muito divertido. Época em que éramos dois grandes amigos.

Forte emoção calou-lhe a voz temporariamente.

– De repente, eu queria voltar no tempo para poder resgatar a nossa amizade e tudo de bom que vivíamos, lado a lado. Ao lembrar que meu pai ainda está aqui, sempre esteve, fui eu quem se afastou dele; percebi que tudo entre nós poderia voltar a ser como antes, quando éramos dois grandes amigos e não somente pai e filho. Gostaria de viver o mesmo com meu filho para que ele, no futuro, se recorde com saudade e orgulho do tempo que passou ao lado do seu pai como eu me recordo do meu.

José Augusto estava deveras surpreso e emocionado diante das palavras do filho. Com forte emoção, foi ele quem se pronunciou dessa vez:

– Sua chegada em minha vida foi uma grande alegria, Juliano. Transformou os meus dias em uma festa constante. A minha e a de seu avô. Jamais pensei que ser pai fosse tão bom e tenho certeza de que seu avô, também ficou fascinado por ter se tornado avô, o seu avô. Acho que a gente o amou tanto que a gente acabou...

– *Me* mimando, não é?

– Talvez...

Ambos riram, de leve.

– O Senhor me disse uma vez, que era ainda muito cedo para se julgar um fracassado, lembra? Afirmou que ainda poderia dar a volta por cima e está dando. O que me espanta e, ao mesmo tempo, me enche de admiração. Quem diria que esta casa, que eu e a mamãe tanto odiamos, nesse bairro que a gente tanto criticou, um dia poderia se transformar num restaurante cada vez mais querido pelos paulistanos, hein?

– A vida está sempre disposta a nos surpreender, filho. Como você está me surpreendendo hoje com suas palavras, e a si próprio com elas.

Juliano novamente riu e o pai foi até ele e o abraçou.

– Eu disse tanta besteira para o Senhor que...

– Você estava nervoso e revoltado, é natural. Jamais o levei a sério, porque sabia que muito do que expressava em palavras, era fruto de sua revolta. O que levei a sério, serviu-me para me tornar ainda mais forte para prosseguir e ainda dar a volta por cima. Provar que no final, tudo sempre dá certo.

Juliano intensificou o abraço.

– Saiba, Juliano, que hoje me sinto muito mais vitorioso, por estar conseguindo me reerguer, passo a passo, do que me sentia no passado com a nossa empresa.

O abraço se desfez e cada um enxugou os olhos, umedecidos. Juliano, ainda com voz embarcada de emoção, disse:

– Quero que o Senhor conheça o meu menino, quero que vá junto conosco ao parque jogar bola e... fazer todas aquelas coisas gostosas que fazíamos no passado.

– Faremos, sim. Será um prazer.

Logo, no dia seguinte, Juliano trouxe o filho para que o avô pudesse conhecê-lo e vice-versa. Logicamente que os três só puderam ir ao parque, por volta das dezesseis horas, quando José Augusto terminou seus afazeres no restaurante.

Sônia Regina também ficou espantada com o neto, que acabou jantando com os avós, na companhia do pai, vivendo um momento inovador em sua vida. De repente, para ela, ter netos se tornara algo também interessante.

A aproximação do filho fez com que Juliano se lembrasse da filha que teve com Nazira, com a qual nunca mais teve contato, desde a separação do casal. Ao aparecer na mansão dos Maluf, procurando pela menina, Nazira chocou-se.

— Você nunca quis saber da menina, por que esse interesse agora?

— Porque percebi o quanto um filho pode ser interessante na vida de um pai. E um pai na vida de um filho. Acho que andei sendo relapso em relação a isso, um verdadeiro babaca e espero reparar meus erros a partir de agora. Reparar minha ausência na vida dela, se você não se importar, é claro.

— Acho que vou me beliscar para saber se não estou sonhando.

Ele riu tão espontaneamente que ela riu com ele.

— Minhas conquistas ultimamente têm sido mais interiores do que exteriores, Nazira.

— Que bom ouvir isso, Juliano. Aguarde um minuto. Vou buscar a Patrícia.

E foi assim que Juliano também se reaproximou da filha e, logo, suas transformações se tornaram notícia na mídia, por repórteres que continuavam interessados na sua pessoa porque muitos brasileiros também se mantinham interessados nele. Podia se dizer que Juliano se transformara numa espécie de celebridade depois das revelações bombásticas feitas no debate político da TV.

Noutro dia, no parque do Ibirapuera, Juliano foi surpreendido mais uma vez pela aparição de Vitória do Brasil.

— Olá – disse ela.

— Não vai brigar comigo outra vez, vai? – brincou ele.

— Não, dessa vez eu venho em paz.

— Que bom. Por falar em *que bom,* que tal tomarmos um sorvete?

— Uma boa pedida para um dia quente como este!

Foi enquanto caminhavam, saboreando um gostoso picolé que Vitória mais uma vez elogiou a atitude de Juliano diante das câmeras.

— Soube que desistiu da política. Não devia.

— Não?! Como não, depois de tudo que revelei?

— Por ter tido a coragem de se mostrar como realmente era, é que muitos brasileiros agora gostam muito mais de você do que antes.

— Você acredita mesmo que minhas palavras fizeram tanta diferença assim para o nosso povo?

— Sim, especialmente num momento em que o nosso país se

revela cada dia mais dominado pela corrupção. Você, Juliano, é uma semente do bem que pode florescer muito mais, acredite.

– Sério?

– Sim. Por isso acho que você deveria voltar para a política e quando eleito, lutar por todos nós. Com dignidade e justiça. Fazer valer, finalmente, o bordão: ordem e progresso.

– Mas...

– Você fez diferença. É de um sujeito assim que o Brasil precisa, o que não esconde sua verdadeira face e se mostra disposto, diante de todos, a mudar, a fazer uma política correta, no nível das mais avançadas e respeitadas do mundo.

– Será que serei capaz?

– Será, sim. Quando esmorecer, lembre sempre que o nosso povo precisa de você e desse povo faz parte, seu filho, sua filha, sua família, todos aqueles que muito ama.

– Suas palavras me emocionam, Vitória. Vou seguir o seu conselho, mais uma vez.

E um sorriso bonito iluminou o rosto de Juliano Bianucci tanto quanto o de Vitória do Brasil. Com isso, Juliano retomou sua candidatura, desta vez, mais forte do que nunca. Nas eleições, foi o vereador mais votado. Uma grande festa foi realizada em sua homenagem, Sônia Regina mal se cabia de felicidade por ver o filho, triunfando na política como ela tanto desejou que fizesse.

– Eu consegui, mamãe! Finalmente eu consegui! – exclamou Juliano, radiante.

– Estou muito orgulhosa de você, meu querido. Muito orgulhosa.

A seguir, foi a vez de o padrinho abraçar o afilhado e cobri-lo de elogios, mais uma vez.

– Para mim, Juliano, você conquistou duas vitórias: uma política e outra pessoal. Parabéns!

Danilo e Ligia também estavam presentes à cerimônia, para abraçar o eleito. Até mesmo Vitória do Brasil estava na recepção em homenagem a Juliano Bianucci que tirou fotos e mais fotos ao seu lado, de sua família e com os dois filhos em cada braço, sorrindo, feliz, fortificando a imagem do novo político brasileiro, o mais desejado por todos.

No dia seguinte, Juliano se reuniu mais uma vez com os dirigentes do partido do qual fazia parte.

– Meu plano deu certo, pessoal – riu Juliano, agradecido por sua astúcia. – Só havia mesmo uma forma de eu me destacar nesse meio político, fazendo o que nenhum outro ousou fazer: dizer a verdade e, depois, dar provas concretas de que eu havia realmente me tornado um *cara* bem mais responsável e digno do que fui. Só mesmo assim, percebi logo, poderia fazer com que todos acreditassem que se eu chegasse ao poder, o Brasil estaria em boas mãos. Funcionou como eu esperava. Maravilha!

– Você foi muito astuto, Juliano. Parabéns! – elogiou-o um colega.

– Você tem uma lábia. É mesmo um político nato – elogiou-lhe outro.

– Você foi tão convincente que conseguiu até me enganar.

– A todos nós!

– Eu cheguei até a chorar diante do seu depoimento da TV. *Cara,* parabéns!

– Você é o cara, Juliano. O cara!

E ele tinha de ser, para ser motivo de orgulho para todos que o conheciam, especialmente para si mesmo. Só assim poderia superar Danilo na sua íntima e velada competição com ele.

– Este país logo vai estar em minhas mãos – arrematou Juliano, sorrindo sinistramente.

– Sim, Juliano, e, finalmente compensaremos todos os gastos que tivemos durante todos esses anos para tentarmos chegar ao poder.

– Vitória!

– Vitória!

E Juliano se sentiu mais uma vez, o mais esperto de todos os brasileiros. Infelizmente o país ainda acreditava nele. Como em muitos com a mesma lábia.

Capítulo 34

A vez de Sônia Regina

Com o sucesso do restaurante, José Augusto e Sônia Regina conseguiram juntar quantia suficiente de dinheiro para comprarem um apartamento à vista e, bem melhor e maior do que pretendiam, no início. Assim eles puderam finalmente se mudar da edícula da casa na qual viveram por tantos anos. Enquanto admiravam o apartamento recém-adquirido, ainda completamente vazio e sem a pequena reforma que pretendia fazer, Sônia Regina, muito emocionada voltou-se para José Augusto e lhe disse, o que sempre tivera dificuldades para dizer, por nem sempre conseguir expressar com facilidade suas emoções.

— Desde o início você acreditou que conseguiríamos...

— Acho que você também, Sônia, pois continuou empenhada no restaurante mesmo não dando lucro no início. Foram quase três anos sem termos um lucro merecido.

— Eu sei. Apesar de querer, por muitas vezes, ter fechado o restaurante, eu sempre mudava de ideia, porque se ele desse certo, no final, eu me sentiria de certo modo tão vitoriosa quanto você.

Ela fez uma pausa e, com lágrimas vindo aos olhos, admitiu:

— Acho que lhe devo desculpas, José Augusto.

Sua frase o surpreendeu.

— Desculpas?!

— Sim, pelo modo como o tratei nesses últimos anos, pelas palavras que usei para feri-lo. Pelo desprezo e por toda revolta que joguei contra você.

Ela tomou ar:

— E você suportou tudo calado, jamais se afastando de mim, jamais deixando de me sustentar quando, muitas vezes, eu não merecia por ter sido tão injusta, estúpida e malcriada com você. Você, sim, soube honrar sua promessa diante do altar: prometo estar contigo na alegria e na tristeza, na saúde e na doença, na riqueza e na pobreza, amando-te, respeitando-te e sendo-te fiel, em todos os dias de minha vida, até que a morte nos separe. Isso me fez admirá-lo ainda mais e... Há muito que eu queria lhe dizer tudo isso e nunca consegui. Porque admitir isso para você, de certo modo, fere o meu ego. Como fui estúpida em calar isso dentro de mim por causa de um ego ferido. Não vale a pena. Não mesmo.

– Que bom que você está descobrindo tudo isso em você, Sônia Regina.

– Sim, é mesmo muito bom. Porque hoje, graças a tudo que passei, posso perceber que sou muito melhor como pessoa do que no passado.

– Até mesmo como espírito.

– Sim. Eu era fútil, mimada e sem graça. Apegada a valores sem valor. Apegada a amigos que só se importavam comigo pelo que eu tinha, não pelo que sou, como ser humano. Os meus valores eram todos distorcidos, tanto que por eles eu prejudiquei a vida de Inês e Juliano. Por influência minha, Inês se casou com um rapaz que ela não gostava, só para se garantir financeiramente e, mesmo assim, não valeu a pena, tudo saiu errado. O mesmo em relação ao Juliano, coitado. Onde já se viu eu, incentivá-lo a ter uma amante, a qual por pouco não desgraçou a vida dele? Como fui tola.

– Que bom que você reconhece tudo isso, e que hoje pensa diferente, Sônia.

– Sim e devo muito a você. Na verdade, eu devo tudo a você por ter permanecido ao meu lado, me incentivando a prosseguir, jamais desistindo da vida. Hoje eu me sinto muito mais produtiva. Muito mais eu, muito mais feliz. Saber que posso prover minhas necessidades pelo meu trabalho, por ter me tornado uma cozinheira de mão cheia, é algo muito gratificante. Algo que eu gostaria imensamente que muitas mulheres descobrissem.

Ele abraçou a esposa e ela chorou em seu ombro.

– Quando eu o chamei de inútil, incompetente e fracassado, na verdade eu estava me vendo em você. Espelhando o que no íntimo, eu pensava de mim, em você. Porque naquela ocasião, eu queria ter a capacidade que tenho hoje, para poder contornar a situação, ajudá-lo, bem como aos nossos filhos. Quando dizem que a gente critica no outro, aquilo que incomoda em nós mesmos e não admitimos, é a mais pura verdade.

– Vamos recomeçar a nossa vida nesse novo apartamento, Sônia.

– Vamos continuar a nossa vida, José Augusto, porque recomeçar a gente já recomeçou faz tempo. O que podemos viver agora, são os frutos colhidos desse recomeço longínquo.

– Verdade.

Os dois se beijaram e uma nova etapa começou em suas vidas; em que o amor, mais uma vez, triunfou no final.

O próximo passo de Sônia Regina foi procurar seus pais. Ao vê-la, depois de tantos anos longe da casa dos dois, o casal realmente se surpreendeu.

– Filha, você aqui! Que surpresa mais agradável! – exclamou seu pai.

– O bom filho a casa torna – completou sua mãe, abraçando Sônia. – Entre, entre. Fique à vontade.

Demoraram alguns segundos até que Sônia tivesse coragem de dizer ao que vinha. Quando teve, a mãe a elogiou:

– Eu e seu pai estamos muito orgulhosos de você, Sônia Regina. Você realmente se transformou, nos últimos anos, numa mulher admirável. Parabéns! Meus sinceros parabéns!

O pai também opinou:

– Sua mãe tem razão, filha. Você nos enche de orgulho.

Sônia Regina, contendo-se para não chorar, respondeu:

– Eu também ando muito orgulhosa de mim nos últimos tempos. Quando olho para trás e vejo quem fui, quão incapaz eu era com tudo, e quem sou hoje, surpreendo-me e me elogio. Eu não sabia fritar um ovo, pôr à mesa, tomar conta da minha própria casa. Hoje, sei tomar conta da cozinha de um restaurante cada vez mais querido pelos paulistanos. Querido e elogiado, por quem entende de boa gastronomia e bem atendimento. Sei até lavar minhas próprias roupas, administrar a organização da minha própria casa. Fazer as compras num supermercado, procurar preço, gastar com sabedoria. Hoje, me interesso por muito mais do que a vida tem a nos oferecer do que antes, e o melhor de tudo, é que me interesso e participo de tudo que me desperta a atenção. Hoje, tenho poucos amigos, mas os que tenho, são amigos de verdade. Super amigos!

Que me acrescentam algo de positivo e estão comigo para o que der e vier, da mesma forma que eu estou por eles.

– Que bom, filha. Que bom – elogiaram novamente seus pais.

– E eu devo tudo isso, em parte, a você papai e a você, mamãe.

– A nós?!

– Sim, a vocês. Se tivessem me acolhido nesta casa quando os procurei, assim que o José Augusto faliu, eu, certamente, não teria me tornado quem sou hoje: uma mulher que sente orgulho de ser si mesma! Uma mulher muito superior ao que fui. Uma mulher que sente orgulho em ser um ser vivo neste planeta e entende por que Deus lhe deu a vida.

– Filha, que bom ouvir tudo isso de você – elogiou novamente a mãe.

– Sim, filha – completou seu pai.

– Peço desculpas por ter me revoltado contra vocês, por não terem correspondido as minhas expectativas. Fui uma estúpida. Uma dondoca, mimada e malcriada. Mas se não fossem vocês...

Ela finalmente deu vazão ao choro contido.

– Obrigada. Obrigada por nunca terem desistido de mim. Minha casa está aberta para receber vocês, quando bem quiserem. Podem me visitar, quando bem entenderem.

E mãe, pai e filha se abraçaram formando um triângulo amoroso e feliz.

– Só um adendo. Quando eu disse que jamais ajudaria vocês ao atingirem uma idade mais avançada, quando ficassem debilitados por causa da idade, e joguei a função nas mãos da Rosa Maria, saibam que menti. Eu não pretendia abandoná-los nessa hora. Mesmo com raiva de vocês, essa nunca foi a minha intenção. Só disse o que disse porque estava com muita raiva. Eu jamais os abandonaria porque os amo. Imensamente.

E novas lágrimas rolaram pela face dos três, unidos nessa vida em família, ensinando um ao outro a arte de viver e evoluir como pessoa e, consequentemente, como espírito.

Na festa de inauguração do apartamento comprado por José Augusto e Sônia Regina, com o lucro obtido com trabalho árduo e assíduo no Quitutes Restaurante, estavam presentes somente seus amigos queridos e verdadeiros. Giselda com sua família, a quem Sônia Regina era imensamente grata por tudo que lhe ensinou; o padrinho, cuja ideia do restaurante transformou suas vidas, os pais de Sônia e os filhos do casal. Foi uma noite de grande alegria para todos. Uma vitória para aqueles que jamais pensaram que poderiam dar a volta por cima.

Quando a sós com José Augusto, Sônia Regina comentou:

– Sinto-me, ultimamente, disposta a fazer algo que nunca fiz em toda vida: agradecer. Agradecer por tudo que tenho.

– Que maravilha, Sônia! – ele a elogiou, abrindo-se num sorriso amoroso. – Há muito que já venho agradecendo a Deus por tudo que tenho. Mesmo depois de falido, eu passei a agradecê-Lo, pois ainda me restava um físico saudável para trabalhar e uma cabeça pensante para dar a volta por cima. Além, é óbvio, do ar para respirar, dos meus filhos para amar, e de você, quem eu sempre tanto amei. A vida nos dá tantas maravilhas que poucos reconhecem e valorizam. Dizem que quanto mais agradecemos, o pouco ou muito que temos, amplia-se. Penso eu, hoje, que isso é a mais pura verdade.

– Pois eu realmente me sinto grata a tudo que tenho agora – argumentou Sônia, resoluta. – Demorei muito para reconhecer o que tinha e agradecer por tudo.

– Cada um tem o seu momento de despertar, meu amor.

– Sim. Mas acredito que hoje, agradeço por tudo, com mais fervor, porque sei que foi construído por mim. Que cada mudança positiva que aconteceu na nossa vida, nesses últimos anos, tem minha participação ali. Meu suor! Minha força! E isso é fantástico. Jamais pensei que me sentir útil, ativa e trabalhadora pudesse fazer com que eu me sentisse tão bem.

– É tão bom quando a vida nos surpreende, não é mesmo?

– Sim, sem dúvida.

Na próxima ida do casal ao Centro, Sônia Regina relatou para Dona Clara, tudo o que sentia agora em relação à vida e a sua pessoa, e o quão grata era a Deus por sua transformação pessoal e espiritual.

– Que bom que você reconheceu tudo isso, Sônia Regina. A vida se torna muito mais leve, quando reconhecemos nossas vitórias pessoais e espirituais.

Ela sorriu e a simpática senhora perguntou a José Augusto:

– Você também reconhece suas vitórias, não é mesmo, meu filho?

– Sim, Dona Clara, reconheço e agradeço por elas já há muito tempo.

– Que bom!

Uma pausa e a mulher, mudando o tom, disse:

– Acho então que chegou a hora de vocês saberem que...

Diante do suspense da mulher, o casal Bianucci se agitou.

– O que Dona Clara? Diga-nos, por favor.

– Posso mesmo?

– Por favor – agitou-se Sônia Regina, cada vez mais ansiosa.

– É que... Está na hora de vocês saberem que tudo isso pelo que vocês passaram, foram vocês mesmos quem decidiram passar, antes de viverem essa nova reencarnação.

Sônia Regina e José Augusto se entreolharam, sérios e silenciosos. Nada foi dito até Sônia Regina explodir numa gargalhada, levemente exagerada.

– Dona Clara, essa foi boa! Por um minuto eu pensei que a Senhora estivesse falando sério. – E novamente Sônia riu, indignada.

– E estou – respondeu a simpática senhora. – Tudo o que passamos, são escolhas nossas, feitas no plano espiritual, para o nosso crescimento espiritual.

– Não, por favor, Dona Clara, essa já é demais! Imagine só que eu escolheria passar por dificuldades, antes de encarnar neste planeta. Só se eu estivesse mesmo maluca, completamente fora de mim.

– Bem... – a mulher achou melhor, dar um pouco mais de tempo a Sônia, até que ela pudesse compreender melhor aquela realidade espiritual.

Ao voltarem para casa, naquele dia, José Augusto comentou com a esposa:

– Já temos dinheiro para comprar novamente um título no nosso velho clube, Sônia... O que acha?

Ela refletiu por quase um minuto e disse:

– Não, José Augusto. Usemos esse dinheiro para algo mais

277

proveitoso. Aquele lugar está repleto de pessoas que pensamos ser nossos amigos e não eram. Pessoas falsas, que só se importavam conosco por termos dinheiro e status. Não quero mais me envolver com gente assim.

– Está bem. Concordo com você. Façamos algo mais proveitoso com essa quantia.

– Sim. Que tal se a gente fizer um cruzeiro nas nossas próximas férias?

– Boa ideia.

Um sorriu para o outro, felizes por estarem novamente afinados um com o outro, cada dia mais.

Ao adentrar o apartamento e ver Inês, lendo um livro, Sônia Regina se interessou pelo título.

– "Medo de amar", parece-me bom – comentou.

– E é, mamãe. Foi a Lígia quem me emprestou. É de um autor espiritualista chamado Marcelo Cezar, ditado pelo espírito Marco Aurélio.

– Você, lendo um livro espírita?!

– Por que o espanto?

– Tão católica como é.

– Bobagem, mamãe. Muitos católicos leem livros espíritas. Soube até que alguns padres e muitos evangélicos, também são adeptos dessa leitura. Não é de se espantar, afinal, é uma literatura agradável e positiva. Como toda literatura, só tem a nos fazer bem.

– Você conseguiu me despertar o interesse. Acho que vou ler um. Qual sugere?

– Tem esse da Mônica de Castro que é muito bom.

– "Até que a vida os separe", o título é interessante.

– A história também. "Quando o passado não passa" da Eliza Masselli é sensacional. E o famoso "Violetas na janela" da Vera Lúcia Marinzeck de Carvalho, imperdível.

Sônia Regina olhou com redobrado interesse para as capas dos livros. Então tomou coragem de dizer à filha, o que muito ansiava:

– Inês, minha querida... Acho que lhe devo desculpas.

– Desculpas, mamãe, ora, por quê?

– Por ter sugerido a você que se casasse com o Gabriel Matarazzo, quando na verdade gostava do Eduardo Queirós. Eu não devia ter feito isso. Jamais deveria tê-la induzido a pensar que Gabriel lhe daria mais garantias financeiras no futuro, do que o Eduardo. O amor deveria ter sido seu único guia, nada mais.

– A Senhora só tentou me ajudar.

– Uma ajuda que destruiu sua felicidade pelo resto da vida? Acha certo?

– Ora, mamãe.

– Não sei se devo lhe pedir perdão. Certas coisas não se perdoam. Não, mesmo! Essa é minha opinião.

– Se a Senhora soubesse que a minha vida ao lado do Gabriel, não seria nada satisfatória como pensou, a Senhora certamente não teria me estimulado a me casar com ele. A Senhora só fez o que fez, porque acreditou que esse era o melhor para mim na época.

– E também porque eu estava desesperada, Inês. Seu pai havia perdido tudo, eu estava inconformada e revoltada. Não queria vê-la passando pelo mesmo que eu estava passando. Na ocasião, jamais pensei que eu poderia dar a volta por cima, voltar a prosperar. Jamais pensei que tivesse capacidade para isso, talento e força de vontade. Eu realmente estava desacreditada da vida e de mim mesma.

– Mas isso é passado, mamãe. A senhora hoje é uma nova mulher, uma super mulher, eu diria.

A filha abraçou a mãe, derramando algumas lágrimas.

– Tem certeza, mesmo, de que não guarda ressentimentos em seu coração, pelo que fiz a você?

– Absoluta. Não sou mais, também, aquela Inês mimada do passado, mamãe. Sou também uma nova mulher e, muito mais feliz por ser quem me tornei, ao longo do tempo.

Novo abraço e novas lágrimas.

– E quanto a sua vida afetiva? Você é ainda muito moça para acabar só. Deveria abrir seu coração novamente. Não vá me dizer que tem medo de amar, como diz o título do livro que está lendo.

– Não, acho que não. É que ainda não pintou um *cara,* ou melhor, o *cara* que me desperte algo mais profundo.

– Tomara Deus que isso aconteça logo. Antes de você estar usando bengala.

– Vire essa boca pra lá!

Risos.

Na semana seguinte, foi comemorado o aniversário de Isabela, filha de Danilo e Lígia. O casal também estava feliz, por terem conseguido comprar um apartamento na planta, numa rua tranquila do bairro do Cambuci. Levaria ainda alguns anos para o apartamento ser entregue, mas eles não tinham pressa, estavam felizes morando com Dona Palmira, mãe de Lígia. Ela, sim, sentiria muito a falta do casal, quando dali se mudassem. Foi então que Danilo a convidou para morar com eles ou que ela vendesse sua casa e, com o dinheiro, comprasse outra ou um AP pertinho deles. Quem sabe até, no mesmo prédio dos dois. Algo que no final, acabou dando certo. Provando mais uma vez que o ditado popular "No final, tudo dá certo" está mais do que correto.

Dias depois, Érico Benedito arriscou novamente convidar Inês para ir a um cinema. Dessa vez, porém, a moça acabou aceitando, por não ter mais desculpas para dar ao rapaz. Depois do cinema, ambos acabaram indo comer alguma coisa na Bella Paulista, casa de pães, na Haddock Lobo. Foi uma tarde agradável em que ambos se descontraíram tremendamente na presença um do outro. Desde então cresceu a amizade entre Inês e Érico Benedito.

Capítulo 35

Hora de recomeçar novamente

Foi num dia mais sossegado no restaurante, que Sônia Regina se deu conta dos escândalos que estavam acontecendo no país, envolvendo políticos de diversos partidos e outras coligações. Pela primeira vez, ela deu verdadeira atenção ao fato e se arrepiou ao ter uma visão assustadora do filho, sendo levado algemado num camburão. O que teria sido aquilo? Imediatamente ela procurou o Centro Espírita e foi conversar com Dona Clara a respeito.

— O que vi e me assustou tanto, Dona Clara, foi uma visão do passado ou algo que pode acontecer no futuro?

— Filha, repasso a pergunta a você: o que sente, na alma: viste um lampejo do passado ou de um futuro próximo?

Não foi preciso dizer mais nada, Sônia Regina obteve a resposta quase que imediatamente.

Ao voltar para casa, aguardou por Juliano e quando ele chegou, revelou-lhe o que havia visto e tanto a deixou alarmada.

— Mamãe, desde quando a senhora se tornou supersticiosa?

— Nunca fui, tem razão, mas... O que vi me deixou arrepiada. Não quero vê-lo envolvido com nada que possa prejudicá-lo, Juliano. Se no passado, sugeri a você que entrasse para a política, para se dar bem, hoje penso diferente. Veja quantos políticos estão sendo pegos por corrupção. Não quero vê-lo atrás das grades. Não de novo, por favor.

— Fique tranquila, mamãe.

Ela mirou bem seus olhos e insistiu na pergunta:

— Tem mesmo certeza de que nada de mau pode lhe acontecer?

Ele corou, apesar de não querer.

— Do jeito que a senhora fala até parece que eu sou um bandido.

Ela suspirou e disse:

– Pense nos seus filhos, Juliano. Na vergonha que será para eles se você for preso por corrupção. Nós mesmos nos sentiremos envergonhados por você. Por isso, reflita bem antes de tomar parte em qualquer negociação escusa, por favor.

De algum modo, as palavras da mãe assustaram o moço que assim que pôde, foi ter uma palavra a respeito com os dirigentes do seu partido, para se garantir diante daquilo. Logicamente que todos lhe asseguraram que nada que o envolvesse ou a qualquer um do partido poderia ser descoberto; que ficasse tranquilo, Deus os protegeria.

Deus os protegeria?, questionou-se Juliano, com seus botões. E desde quando Deus protegia desonestidade? Ao que se lembrava, aprendera, quando ainda era criança, que Deus protegia os bons e justos, honestos e de caráter, não o contrário. O mal era coisa do demônio do qual todos deviam se proteger, tampouco cair em tentação. Desde então, Juliano ficou ressabiado, mas ao se lembrar de que a maioria dos políticos no Brasil sempre conseguiram se safar de suas safadezas, relaxou.

Os tempos, no entanto, eram outros. Com o avanço da tecnologia, tornou-se muito mais fácil descobrir qualquer ato corrupto por parte de qualquer um no poder. Foi assim que Juliano foi descoberto e decepcionou, gravemente, todos aqueles que puseram fé na sua pessoa. Que acreditaram, sem sombra de dúvida, de que ele era uma nova esperança para o Brasil. Diante das acusações, tudo o que Juliano disse, foi:

– Eu não sabia. Juro por Deus que não sabia de nada. Fui um joguete nas mãos do meu partido. Usaram meu CPF, meu RG, meus dados pessoais sem que eu tomasse conhecimento. Fui um *laranja* sem o meu total consentimento. Estou arrasado. Devastado por dentro. Nesse partido não fico mais. De agora em diante, quero fazer parte de um partido honesto e justo, que lute realmente pelo crescimento do país.

Muitos acreditaram nele porque eram seus fãs. Ainda que suspeitassem de que ele não dizia a verdade, preferiram pensar que estavam enganados, para não se frustrarem, ainda mais, por terem posto fé num mau-caráter desalmado. Outros se decepcionaram amargamente com ele, e também consigo mesmos, por terem se deixado levar por sua lábia. Alguns chegaram a perder a esperança de que o Brasil pudesse ter, realmente, um dia, líderes honestos no poder.

Mesmo com provas irrefutáveis contra Juliano, ele continuou repetindo:

– Eu não sabia. Juro por Deus que não sabia de nada. Fui usado pelo meu partido. Usado!

Chegou até a chorar diante dos repórteres, comovendo alguns, mas não aqueles que decidiram fazer justiça pelo povo brasileiro.

Em meio aos processos contra ele, diante de José Augusto, Juliano admitiu, entre lágrimas:

– Dei voltas e mais voltas para fugir da pobreza e, no entanto, acabei voltando para o mesmo lugar, se é que realmente um dia me distanciei dela.

– Sabe, filho, aprendi com a vida, nesses últimos doze anos, desde que fali, que ninguém pula as etapas pelas quais deve passar, para engrandecer-se como ser humano.

– Mas o Danilo, papai... O Danilo saiu vitorioso de tudo isso.

– O Danilo, Juliano, só chegou aonde chegou, porque foi paciente e persistente. Deixou o orgulho de lado, a vaidade e a vergonha para continuar batalhando por sua meta de se formar numa faculdade, como tanto queria. Ele foi estudioso e disciplinado, corajoso e determinado. Mesmo assim, depois de tanto empenho, ele ainda está na luta para mostrar a todos, que é um grande médico, podendo, assim, vir a ter muitos pacientes que confiem nele. Mesmo depois de conquistada essa nova meta, ele vai ter de continuar trabalhando, dia a dia, para defender seu sustento, criar seus filhos, dar-se um futuro melhor.

– Mas eu achei que sendo político eu me daria bem.

– Fazendo safadeza, Juliano?

– Mas tantos já fizeram e se deram bem.

– Os tempos são outros, meu filho. Com a tecnologia de hoje, é muito mais fácil descobrir as falcatruas, a corrupção em si, e desmascarar políticos que fingem ser bons sujeitos só para ganhar a confiança do povo brasileiro e tirar proveito disso.

– O que os meus filhos vão pensar de mim, quando a justiça provar tudo a meu respeito? Vou ser uma tremenda vergonha para eles. Vão carregar, aonde quer que vão, e para sempre, esse meu passado corrupto.

— Sim, mas se você se reerguer com o tempo, eles poderão dizer a todos, orgulhosamente, que você errou, sim, mas se redimiu dos seus erros por meio de ações verdadeiramente dignas de elogio e caráter.

Juliano se emocionou novamente diante das palavras do pai.

— Um dia eu disse ao senhor, que o senhor era um fracassado, lembra? Hoje, sou eu o fracassado.

— E eu repito a você o que disse na ocasião, diante de suas palavras: "Desde que a pessoa se sinta realmente um fracassado, ela, com certeza, continuará sendo. Desde que se sinta capaz de se reerguer, vitoriosa ela será, foi isso que o mundo espiritual tem me ensinado."

— O senhor acha mesmo que esse conselho funciona na prática?

— Mas é lógico! Veja o que se tornou minha vida depois que o segui.

De fato, o pai estava certo, percebeu Juliano, mais uma vez.

— O que pretende fazer agora? — perguntou José Augusto, após breve silêncio.

— Olha, papai, com sinceridade, não sei. Sinto-me tão desanimado, tão sem rumo, tão sem motivação.

— Pois eu vou lhe dar um conselho... Diante do que você está passando, você precisa fortificar o seu lado espiritual. Algo que nunca fez, concorda? Não deve, porém, buscar essa força na esperança de voltar a se dar bem à custa do próximo. Mas para se dar bem à custa do BEM, Juliano. Do BEM!

E para o Centro, Juliano seguiu com o pai, onde foi apresentado a Dona Clara, que lhe deu um *passe* e muito fortificou seu lado espiritual, depois que ele passou a frequentar o lugar. Juliano ainda ficava sem graça diante de todos que o reconheciam e, muitas vezes, fuzilavam-no com os olhos, pelas safadezas que fez, como político, algo que ele sempre soube, de antemão, que poderia levá-lo à desgraça, caso fossem descobertas. Esse, agora, era o preço que ele tinha de pagar pelas atitudes escusas que tomou, ao chegar ao poder.

Foi numa de suas visitas ao Centro que Juliano reencontrou Vitória do Brasil. Ao ver-se diante dela, corou e de cabeça baixa, disse:

— Você vai me detonar mais uma vez, não vai?

A resposta dela o surpreendeu, consideravelmente.
– Não Juliano. Dessa vez, não!
– Não?!
– Não! Só vou lhe dizer que a sua derrota não é só uma vitória para o Brasil, para todos os brasileiros, mas é, também, para si próprio, como espírito e como brasileiro.
– Uma vitória para mim?!
– Sim. Para você! E há mais uma coisa que eu gostaria de lhe dizer.
– Vai me mandar para o inferno, não vai?
– Não, nele você já está. E foi você mesmo quem o atraiu para si, *infernizou* sua própria vida. Só vou lhe dizer, que eu ainda acredito que você possa se tornar um cara muito melhor do que já foi. Um cara mais digno e responsável, honesto e de caráter invejável para muitos. Porque tem um filho e uma filha que precisam de um pai que lhes dê bons exemplos e não de um que lhes cause vergonha.
– Você tem razão. Toda razão. Mas acho que já é muito tarde para isso, não?
– Nunca é tarde para recomeçar. Nunca é tarde para se renovar. Nunca é tarde para se transformar num sujeito, exemplo de tudo que é bom para o ser humano.
– Eu jamais serei Jesus.
– Sei que não. Mas poderá ser um cristão praticante.
Ele novamente se sentiu tocado pelas palavras da moça.
– Você me surpreende, sabe? Sempre me surpreende.
– Porque posso ver em você, quem você nunca viu. Um cara que está mais preocupado em superar o irmão, nas suas conquistas do que propriamente ser feliz.
– O quê?!
– É isso mesmo o que você ouviu, Juliano. Reflita mais a respeito, depois. Só não esquece que o mais importante na vida de qualquer um, é procurar ser feliz e não se sobressair mais do que os outros. Ou simplesmente de um em questão.
Ele novamente corou e sorriu, sem graça.
Ao deixarem o Centro, ambos decidiram estender a noite no barzinho ali próximo, onde ficaram a conversar por uma longa e agradável hora. Já não eram mais inimigos. Não mais precisavam ser. Agora compartilhavam valores semelhantes. Dignos.

O final desta história é simples. Sem ver outra escolha, Juliano foi finalmente trabalhar na fábrica de caixões do padrinho, onde desmaiou por muitas vezes até se acostumar, definitivamente, com o lugar. Foi preciso, obviamente, muita coragem para superar seus medos, a mesma que teve de ter para surpreender Vitória do Brasil com um beijo.

– Acho que há muito já queria tê-la beijado – admitiu ele, emotivo. – Mas você me irritava tanto, tanto...

– Não é à toa que dizem que o ódio e o amor andam de mãos dadas, não é mesmo?

Ele riu, ela riu e o beijo se repetiu.

Depois de assumirem o namoro, Juliano foi morar com Vitória com quem futuramente se casou. Inês e Érico também acabaram juntos. Danilo se tornou um médico muito querido por todos e, com Lígia, criava seus filhos com muito amor, respeito e bons exemplos. José Augusto e Sônia Regina continuaram dedicados ao restaurante que se tornou um dos mais bem frequentados de São Paulo. A família de Dona Takako continuou firme e forte como feirantes, apesar da crise que assolou o Brasil nos últimos anos. Cleide Pereira finalmente encontrou um cara por quem, finalmente, apaixonou-se sem segundas intenções; Nazira Maluf, depois de muitas crises existenciais também conheceu outro sujeito, com quem tinha grande possibilidade de vir a ser feliz. Eduardo Queirós e Gabriel Matarazzo continuaram felizes com suas esposas e filhos. Quanto ao padrinho, este continuou passando suas tardes no clube, aproveitando o melhor que a vida poderia lhe oferecer, sem nunca se esquecer de estender a mão a quem precisasse.

E quanto a nós, brasileiros, continuamos com fé de que a política no Brasil vai se igualar, um dia, com a graça de Deus, à natureza divina de nossas terras.

No Centro, tempos depois, Juliano e Vitória perguntavam a Dona Clara:

– O que fazer por nós, brasileiros, diante de uma crise dessas com tanta gente corrupta no poder?

– Bem... – respondeu a sensata senhora. – O mundo espiritual nos ensina o seguinte. Como não podemos saber com exatidão, qual partido ou político é realmente honesto, tem mesmo boas intenções para conosco, brasileiros, só nos resta pedir a Deus, por meio de orações, que ilumine o nosso país e o nosso povo para que cheguem ao poder somente aqueles que possam realmente fazer diferença positiva para a nossa gente. Aqueles que possam realmente honrar o lema: ordem e progresso. Fazer com que sintamos orgulho de sermos brasileiros por nos tornarmos exemplo de caráter e prosperidade para o mundo todo. Porque já está mais do que na hora de vivermos isso na prática e só mesmo Deus, que tudo vê, tudo ouve, pode nos ajudar se todos nós nos alinharmos a Ele em prol da nossa nação.

E Juliano e Vitória se sentiram tocados, mais uma vez, pelas sábias palavras de Clara.

Este livro é dedicado a Luciana Colato que realmente se formou numa faculdade, vendendo hot-dogs e lanches naturais. Ao Bruno Rossi que, com seus pais, juntamente com muita persistência e qualidade, abriram um dos melhores restaurantes de São Paulo. A Andressa Zanchetta que conseguiu terminar sua faculdade de odontologia, sem repetir ou pegar DP em nenhuma matéria, caso contrário perderia a bolsa que conseguira na faculdade. E aos demais brasileiros que, enfim, ousaram acreditar em si e hoje são exemplos de que podemos, sim, dar a volta por cima e prosperar honestamente e com fé.

Este livro é dedicado também a todas as editoras espíritas e espiritualistas que, mesmo diante do caos econômico em que se tornou o nosso país nos últimos anos, continuam firmes no propósito de divulgar os pensamentos cristãos, em prol de um mundo cada vez mais digno de se viver.

A todos os brasileiros e especialmente a você, leitor, os nossos mais sinceros votos fraternos.

Com carinho, os autores e coautores desta obra.

Para adquirir um dos livros ou obter informações sobre os próximos lançamentos da Editora Barbara, visite nosso site:

www.barbaraeditora.com.br
E-mail: editorabarbara@gmail.com

ou escreva para:
BARBARA EDITORA
Rua Primeiro de Janeiro, 396 – 81
Vila Clementino – São Paulo – SP
CEP 04044-060
(11) 2615 8082

Contato c/ autor: americo.simoes@uol.com.br
Facebook: Américo Simões - Romances
Blog: http://americosimoes.blogspot.com.br